hänssler
THEOLOGIE

Armin Sierszyn

2000 Jahre Kirchengeschichte

Band 1

Von den Anfängen bis zum Untergang
des weströmischen Reiches

Hänssler-Theologie
Kirchengeschichte, Band 1

3. Auflage 2001

Internet: www.haenssler.de
E-Mail: info@haenssler.de
Umschlagfotos: The Jerusalem Publishing House
Umschlaggestaltung: Dialog Werbeagentur, Waldbronn
Druck und Bindung: Kessler Verlagsdruckerei Bobingen
Printed in Germany

Bestell-Nr. 392.294
ISBN 3-7751-2294-X

Ziel und Absicht dieses Buches

Das vorliegende Buch ist der erste Band einer Kirchengeschichte in vier Bänden. Der Stoff wird in möglichst flüssiger Sprache dargeboten, damit auch Studienanfänger und Nichttheologen problemlos folgen können.

Die Anmerkungen enthalten zusätzliche Erklärungen oder fachliche Ergänzungen. Die Literaturhinweise erleichtern den Einstieg in ein Thema von persönlichem Interesse.

Der Leser wird erstaunt sein, wie schon die älteste Christenheit mit Fragen ringt, die uns heute noch oder wieder bewegen, zum Beispiel: Mission und Pluralismus, Esoterik und New Age, Bibeltreue oder Bibelkritik, Kirche mit engem oder weitem Zaun, Glaube und Philosophie, feministische und antifeministische Tendenzen, Kirche und Staat, Kulturrevolution, geistliche Abenteuereien, Streit um Jesus, Recht und Grenzen der Prophetie, Vorherrschaft des Papstes, Zölibat, Intoleranz gegen Heiden usw. Das Buch vermittelt uns darum einen Zugang zu den elementarsten Fragen von Theologie, von Seelsorge und persönlichem Glauben.

Die Geschichte vermag uns nie genau zu sagen, "wie es gewesen ist". "Voraussetzungslose Wissenschaft" - so quasi "pur" - ist ein Phantom früherer Generationen. Wir haben nie die Geschichte selber im Griff; erhalten sind uns nur Quellen, also Nachrichten von Zeugen und Zeitgenossen oder späteren Schreibern aus ihrer damaligen Optik. Wohl sehen wir heute aus der Distanz und dank reichhaltigster Forschung manche Dinge klarer. Doch haben auch unsere Zeit, unsere Erkenntnis und unsere Wissenschaften ihre Grenzen. Das Jahr 2000 ist nicht die Spitze der Weltweisheit. Vermutlich haben frühere Generationen gewisse Segmente des Lebensganzen nicht nur anders, sondern auch zutreffender verstanden als wir. Denken wir nur etwa an eindrückliche Gestalten des Mönchtums! Die moderne historische Denkweise und ihre Methoden haben darum ihre Berechtigung, doch ihre Prinzipien - etwa die Analogie - sind nicht "allmächtig" (E.Troeltsch). Diese Bescheidung gehört zur sachgemäßen Wissenschaftlichkeit. Die Geschichte der Kirche Christi ist natürlich völlig eingebettet und verzahnt mit der allgemeinen Geschichte. Dennoch stehen über dieser Geschichte geheimnisvoll die ewigen Worte des Meisters: "Ich bin bei euch alle Tage..., und die Pforten der Hölle werden sie nicht überwinden!" Auf dem Stuhl der Wirklichkeitserkenntnis sitzt nicht der Mensch. "Gott ist im Himmel, und du bist auf Erden!"

Der Verfasser betrachtet es als seine Aufgabe, mit der gebotenen Zurückhaltung auch Hinweise auf geistliche oder biblische Zusammenhänge einfließen zu lassen.

Themen wie die Mission, die Entstehung des NTs, Irenäus oder das Mönchtum habe ich mit besonderer Liebe bearbeitet. Gerade das Mönchtum – dogmatisch gewiß auch kritisierbar – verlangt mit seinem Reichtum auch von Protestanten großen Respekt! Wer auch nur lesenderweise, aber mit kritischer Ehrfurcht, etwa an die Klosterpforte Benedikts tritt, dem eröffnet sich eine Lebenskompetenz, die uns Modernen mit unserem bisweilen fast zu gesunden Menschenverstand staunen läßt.

Ich danke meinem Kollegen, Herrn Prof. Dr. Dr. Eberhard Grossmann (STH Basel), für seine fachliche Durchsicht des Buches, meinem Schwiegervater, Herrn Sekundarlehrer Pfenninger, für die Korrekturlesung und dem Hänssler-Verlag für seine spontane Bereitschaft, das Werk herauszugeben!
Der Text der dritten Auflage ist unverändert. Hingegen wurden etliche Anmerkungen aktualisiert.

Bäretswil, den 15. August 2001 Armin Sierszyn

Inhalt

I. Die Kirche in den ersten drei Jahrhunderten

1. Die christliche Mission[1]

Die ersten Zeugen

In den ersten Jahren nach der Himmelfahrt sind es die Apostel, ihre Schüler und Helfer, die das Evangelium verbreiten. Ihre Namen sind uns aus der Bibel bekannt: Jakobus, Petrus und Johannes (Gal 2,9); ferner nennt Apg 1,13 Andreas, Philippus und Thomas, Bartholomäus und Matthäus, Jakobus, Simon Zelotes und Judas. Sie alle haben die Himmelfahrt erlebt und von Christus selber den Missionsbefehl erhalten.

Später kommen zu diesem engeren Kreis - außer den sechs Diakonen[2] - noch hinzu: Paulus, Barnabas, Markus, Lukas, Silas, Timotheus, Titus, Priscilla und Aquila.

---

[1] A. v. Harnack, Die Mission und Ausbreitung des Christentums in den ersten drei Jahrhunderten (4.A.1924, ND 1966); E. Dassmann, Kirchengeschichte I (2.A.2000) 25lff.

[2] **Stephanus** bleibt nicht nur Armenpfleger. Er ist auch Missionar und Exponent der griechisch sprechenden Christen. Als erster stirbt er den Zeugentod. Er nennt die Juden "halsstarrig, unbeschnitten an Herzen und Ohren..., Verräter und Christi Mörder" (Apg 7,51 f.). Seine Freunde - nicht die Apostel - müssen fliehen, unter ihnen auch **Philippus**, der in Samarien auftaucht und später mit seinen vier Töchtern als Evangelist in Kleinasien lebt (Eusebius, Kirchengeschichte III,39).

Freunde von Stephanus tragen die Botschaft nach Phönizien, Zypern und **Antiochia**. Männer aus Zypern und Kyrene betreten bewußt den Weg der Heidenmission. Antiochia entwickelt sich zu einer griechischen Gemeinde mit Juden- und Heidenchristen. Die Jerusalemer Urgemeinde sendet **Barnabas** quasi als Visitator in die neue Gemeinde (Apg 11,22-26). Mit Paulus, den er in Tarsus holt, arbeitet Barnabas ein ganzes Jahr am Aufbau der jungen Gemeinde. Hier werden die Gläubigen zuerst Christen genannt. Die weltoffene Stadt am Orontes wird zur Missionsbasis.

Diese wichtigen Zeugen, welche die Bibel ausdrücklich nennt, sind aber nur ein kleiner Teil der ersten Missionare. Tausende sind beim ersten Pfingstfest in Jerusalem dabei und lassen sich taufen: Parther, Meder, Elamiter, Leute aus Kleinasien, aus Ägypten, Libyen, Arabien, Rom usw. Sie erzählen auf der Rückreise und in ihrer Heimat, was sie in Jerusalem gefunden haben. Männer aus Afrika und Zypern bringen das Evangelium nach Antiochia (Apg 11,20). Wer verkündet zuerst die Botschaft in Rom? Nicht etwa Petrus oder Paulus. Es sind namenlose Missionare, Männer und Frauen, reisende Handelsleute, Sklavinnen und Sklaven usw. Sie sind für die Mission mindestens so wichtig wie die Apostel.

Christen als Menschen dritter Klasse?

Auch nach dem Tod der Apostel geht der Zeugendienst weiter. Paulus predigt auf öffentlichen Plätzen (Apg 17). Diese Verkündigung unter freiem Himmel verschwindet in der nachapostolischen Zeit. Warum? Im ersten Jahrhundert werden die Christen noch als jüdische Sekte betrachtet. Das Judentum genießt seit Cäsars Zeit religiöse Duldung. Die Römer und alle übrigen Völker des Reichs anerkennen gegenseitig ihre Götter. Sie sind Pluralisten. Nur die Juden lehnen den Staatskult ab und verweigern eine bildliche Darstellung ihres Gottes. Diese Exklusivität legt man ihnen aus als Mangel an Gemeinsinn. Sie sind ein zweitklassiges Volk. Sind die Römer das **genus primum**, so sind die Juden das **genus alterum**. Immerhin kennen die Juden noch das Opfer.

Etwa ums Jahr 100 stellt sich für die römischen Behörden immer deutlicher heraus, daß die Christen mehr sind als nur eine jüdische Sekte[3]. Sie pflegen einen neuen Glauben. Auch

---

[3] Auch das Verhältnis zwischen **Juden und Christen** verschlechtert sich. **Jakobus**, der leibliche Bruder des Herrn, leitet als erster die Jerusalemer Urgemeinde. Zu Lebzeiten Jesu verstand er dessen Botschaft noch

sie verweigern die Anbetung des Kaisers, aber sie fügen noch mehr Abstoßendes hinzu: sie verzichten auf Opfer und lehren, daß Sünder bei Gott willkommen sind. Christen sind deshalb das **genus tertium**, also Menschen dritter Klasse. Darum steht seit etwa 100 n. Chr. die Todesstrafe auf dem christlichen Glauben. Für die Mission heißt dies: Es wird unmöglich, wei-

---

nicht (Mk 3,21.31 ff.). Erst als ihm der Auferstandene erscheint, erkennt er den Sohn Gottes (1 Kor 15,7). Jakobus verkörpert das strenge Judenchristentum Jerusalems (Gal 2,11 ff.). Ihr Mittelpunkt bleibt der Tempel. Hier hoffen sie, ihre Brüder nach dem Fleisch für den Messias zu gewinnen. Hegesipp berichtet im 2. Jahrhundert über Jakobus: "Weder trank er Wein und geistige Getränke, noch aß er Fleisch. Ein Schermesser kam nicht auf sein Haupt, er salbte sich nicht mit Öl und brauchte kein Bad. Diesem allein war es gestattet, in das Heiligtum hineinzugehen. Denn er trug kein wollenes, sondern ein leinenes Gewand. Und er ging allein in den Tempel, wo man ihn auf den Knien liegen und für das Volk um Vergebung bitten fand. So wurden seine Knie hart und schwielig wie die eines Kameles, weil er immer auf den Knien lag..., und man nannte ihn den Gerechten...". Die Juden hoffen, mit seiner Hilfe den Einfluß der Christen einzudämmen. Am Osterfest des Jahres 62 soll er von der Zinne des Tempels herab das Volk vor Jesus und seiner Botschaft warnen. Jakobus aber bezeugt Jesus als den Christus und Herrn. Darauf stürzen ihn die enttäuschten Pharisäer und Schriftgelehrten von der Zinne des Tempels. Als er den Sturz überlebt, wird er gesteinigt. Ein Walker schlägt ihm schließlich sein Walkholz auf den Kopf. Unter diesem Eindruck verläßt die Urgemeinde Jerusalem und zieht - aufgrund einer Offenbarung - in die von den Juden verachtete heidnische Stadt Pella östlich des Jordans (Hegesipp/Klemens → Eusebius II,23; III,5). Im Jahr 70 wird **Jerusalem** von den Römern vollständig zerstört.

Der babylonische Talmud erzählt, Samuel d. Kleine habe im Auftrag des Rabban Gamaliel in Jabne gegen 100 n. Chr. das Gebet über die Häretiker, den 12. Abschnitt des **Achtzehnbittengebets** (eines der wichtigsten jüdischen Gebete) neu formuliert. Dort heißt es: "und die Nazarener und die Häretiker mögen augenblicklich zugrunde gehen" (Ritter I,13); Justin vermerkt: "ihr verflucht in euren Synagogen die, die an Christus glauben!"(Dial. 16,4). Umgekehrt beschuldigt Melito von Sardes (gest. vor 190) die Juden des Gottesmordes. "Du hast den getötet, der dich belebt hat. Was hast du getan, Israel? ... Du hast deinen Herrn inmitten von Jerusalem getötet!"

terhin frei auf öffentlichen Plätzen zu missionieren. Zu Beginn des 2. Jh.s stirbt der berufstätige, von einer Gemeinde unterhaltene Missionar aus.

Der römische Staat als Missionar wider Willen

Wie wird jetzt evangelisiert? Der römische Staat selber wird zum größten Wohltäter der jungen Kirche - durch die Verfolgungen. Er lenkt die Aufmerksamkeit der Heiden auf die Christen. Christenprozesse werden zu öffentlichen Schauspielen mit der Absicht, den Christusglauben als töricht und wahnsinnig darzustellen. Doch der römische Staat macht die Rechnung ohne den Wirt. Die Christenprozesse werden zu äußerst wirksamen Missionsveranstaltungen, weil die Gefolterten ihre Henker segnen und den lebendigen Gott preisen.

Tertullian schreibt ums Jahr 200: "Wir werden zahlreicher, sooft wir von euch dahingemäht werden. Das Blut der Christen ist der Same der Kirche"[4]. Die Märtyrer sind im 2. und 3. Jahrhundert die besten Missionare. Vor dem Richter und in aller Öffentlichkeit legen sie ihr Christuszeugnis ab und besiegeln ihren Glauben mit dem Blut. Der römische Staat füllt ganze Amphitheater und ebnet den Weg zur Ausführung des Missionsbefehls Christi. Die Menschen gedachten es böse zu machen, Gott aber gedachte es gut zu machen (1. Mose 50,20).

Polykarp stirbt den Feuertod

Ein anschauliches Beispiel bietet das Martyrium des Bischofs Polykarp von Smyrna in Kleinasien[5] im Jahr 155. Irenäus nennt ihn einen Schüler des Johannes.

---

[4] Apologeticum 50.

[5] Eusebius, Kirchengesch. IV,15.

Nachdem der junge Christ Germanicus in der Zirkusarena von Smyrna mit den wilden Tieren gekämpft hat, erklärt der Zirkusleiter die Spiele für geschlossen. Doch der aufgebrachte Pöbel schreit: Man suche den Bischof Polykarp, auch ihn wollen wir sehen! Freunde haben inzwischen den 90jährigen Bischof auf einem Landgut versteckt. Polykarp gibt sich ganz dem Gebet für die Gemeinde hin. Schon drei Tage vor seiner Gefangennahme hatte er eine Vision. Er sah, wie sein eigenes Kopfkissen in Flammen aufging. Zu seinen Freunden sagte er: "Ich muß lebendig verbrannt werden."

Als ihn die Häscher entdecken, erschrickt Polykarp nicht. Im Gegenteil, sein Gesicht erstrahlt. Er bittet die Verfolger um eine Stunde Aufschub zum Gebet und offeriert seinen Feinden ein kleines Mahl. Die Stunde wird ihm gewährt. Dann schleppen ihn die Verfolger vor den Statthalter. Das schaulustige Volk wartet bereits auf vollbesetzten Plätzen.

Der Prozeß beginnt. Der Statthalter fordert den Bischof auf: "Schwöre, und ich werde dich freilassen! Lästere deinen Christus!" Polykarp antwortet: "Schon 86 Jahre diene ich ihm, und er hat mir kein Leid getan. Wie kann ich meinen König, der mich erlöst hat, lästern?" Der Statthalter: "Schwöre beim Glück des Kaisers!" Polykarp: "Vernimm mein offenes Bekenntnis: Ich bin Christ." Statthalter: "Ich habe wilde Tiere. Ihnen werde ich dich vorwerfen, wenn du nicht nachgibst." Polykarp: "Laß sie kommen!" Statthalter: "Wenn du dir aus den wilden Tieren nichts machst und hartnäckig bleibst, lasse ich dich vom Feuer verzehren!" Polykarp: "Du drohst mit Feuer, das nur eine Zeitlang brennt und bald wieder erlischt. Du kennst nicht das Feuer des kommenden Gerichts und der ewigen Strafe, das den Gottlosen bestimmt ist. Doch warum zögerst du? Hole herbei, was du willst!" Nun schreit das ganze Volk, Heiden und Juden, von Smyrna auf, Polykarp müsse vor die Löwen. Weil die Tierhetzen aber schon vorbei sind, wird der Greis zur Feuerstrafe verurteilt.

Das aufgebrachte Volk schleppt Holz und Reisig aus Werkstätten und Bädern herbei und schichtet es um den Verurteilten herum auf. Man will ihn annageln, doch er erklärt: "Laßt mich so; der mich für das Feuer bestimmt hat, wird mir auch Gnade geben, unbeweglich auf dem Scheiterhaufen stehen zu bleiben." Wie einst die drei Männer im Feuerofen, wird Polykarp durchs Feuer nicht versehrt. Im Gegenteil, die Umstehenden empfinden einen Wohlgeruch wie von Weihrauch und kostbarem Gewürz. Der Scharfrichter muß ihm schließlich den Todesstoß geben.

Schließlich sammelt die Gemeinde seine Gebeine, "die wertvoller sind als Edelsteine und kostbarer als Gold. Wir bestatteten dieselben an geeigneter Stelle, wo wir uns womöglich in Jubel und Freude versammeln, um mit der Gnade des Herrn den Tag seines Martyriums und seiner Geburt (!) zu feiern". Polykarp ist der zwölfte Christ in Smyrna, der seinen Glauben mit dem Blut bezeugt[6].

Die Christen fallen auf

Aber auch ohne die staatliche Propaganda müssen die Christen die Aufmerksamkeit der Gesellschaft auf sich ziehen. Die Frauen der Christen schminken sich nicht wie die Heidinnen, weil sie täglich die Ankunft des Herrn erwarten. Sie verzichten auf purpurnen Putz, auf Goldfäden an den Kleidern usw. Dafür tragen sie einen Schleier zum Gottesdienst. Christen speisen nicht in parfümierten Sälen, sie verzichten auf Tafelmusiker. Ihre Mahlzeiten sind schlicht. Sie danken Gott für die Speise.

Die Christen besuchen kein Theater, dessen Spiele sich meistens in Ehebruch-Szenen erschöpfen. Sie meiden die (kultischen) Zirkusspiele. Sie bekränzen und beweinen ihre Toten

[6] Der ursprüngliche Bericht der Gemeinde wurde überarbeitet (Märtyrerkult!). G. Buschmann, Das Martyrium des Polykarp (1998) = KAV 6. Deutsch in: Bibliothek d. Kirchenväter = BKV; M. Slusser, Martyrium III/I, TRE 22 (1992) 207ff.

nicht. Sie lesen keine Romane, die alle von Ungläubigen geschrieben sind. Sie spielen nicht Würfel und verzieren ihre Türen nicht an des Kaisers Geburtstag, weil dies einer religiösen Verehrung gleichkäme.

Die Gläubigen besuchen die gefangenen Christen in den Bergwerken (z.B. in Sardinien). Besonders die Diakone bemühen sich unter Lebensgefahr um ihren Loskauf. Die Gemeinden unterstützen ihre Armen und Witwen. Die römische Gemeinde zählt um 250 n. Chr. etwa 1500 Hilfsbedürftige (Euseb VI,43). Die Kirche Christi ist also in jeder Hinsicht sehr sichtbar.

In Alexandria sind bei einer Pest um 200 n. Chr. die Christen die einzigen, die nicht aus den Häusern fliehen und die die Toten beerdigen. Bischof Dionys schreibt 50 Jahre später:

> Die meisten unserer Brüder schonten aus großer Nächstenliebe ihre eigene Person nicht und hielten fest aneinander. Furchtlos besuchten sie die Kranken, bedienten sie sorgfältig, pflegten sie um Christi willen und schieden freudigst zugleich mit ihnen aus dem Leben… Ja, viele starben selbst, nachdem sie andern durch die Pflege die Gesundheit wieder verschafft und deren Tod gleichsam auf sich verpflanzt hatten… Bei den Heiden aber fand gerade das Gegenteil statt. Sie stießen diejenigen, welche zu erkranken begannen, von sich, flohen von den Teuersten hinweg, warfen die Halbtoten auf die Straße und ließen die Toten unbeerdigt liegen… Als dies bekannt wurde, pries man den Gott der Christen (Euseb, KG VII,22 & IX,8).

Ähnliches wird auch aus Karthago berichtet (vita Cypr. 10). Kaiser Julian, der späte Christenfeind, meint resignierend: Am meisten wurde die Gottlosigkeit (d.i. der christl. Glaube!) gefördert durch die Philanthropie in bezug auf die Fremden und die Fürsorge für die Bestattung der Toten. Laktanz liefert die Begründung: Wir werden es nicht dulden, daß das Bild und Geschöpf Gottes den wilden Tieren und Vögeln als Beute hingeworfen wird, sondern wir werden es der Erde zurückgeben, von der es genommen ist.

Die Christen verwerfen die Abtreibung. Sie betrügen nicht. Sie halten Wort. Sie setzen keine Kinder aus, und sie lehnen die Homosexualität ab.

So taucht bei den Heiden die Frage auf: Warum hat das Böse keine Macht über die Christen? Warum können sie so leicht auf die Lustbarkeiten der Welt verzichten? Suchende gehen zu Christen und fragen sie nach dem Geheimnis ihres Glaubens. So wächst die Gemeinde trotz Missionsverbot.

Die Mission der Alten Kirche ist nicht organisiert. Es gibt weder Missionsräte noch Missionsgesellschaften. Es wird planlos missioniert. Alle Christen sind beteiligt. Man ist immer zugleich Zeuge, oder man ist kein Christ.

Der Inhalt der christlichen Mission: Ist der Christenglaube "primitiv" ? (Celsus)

Die Mission des 2. Jahrhunderts ist Verkündigung von Mensch zu Mensch. Mit Ausnahme der Märtyrerberichte haben wir deshalb keine Nachrichten über die Evangelisationsinhalte. Um 180 n. Chr. schreibt jedoch der neuplatonische Philosoph Celsus ein Kampfbuch gegen die Christen mit dem Titel "Alethes logos" = Wahres Wort. Von Celsus selber ist nichts mehr erhalten, wohl aber die Gegenschrift des Origenes, "Kata Kelsou" = Gegen Celsus[7]. Origenes zitiert Satz für Satz des Celsus und widerlegt dessen Behauptungen.

Der Philosoph Celsus verspottet die Christen. Er sagt: Der Christenglaube ist unterphilosophisch, recht für die Ungebildeten. Christen sind primitiv glaubende Leute. Kein Vernunftmensch hält es unter ihnen aus. Im Gegenteil, intellektuelle Eigenschaften werden bei ihnen als Übel angese-

[7] Ins Lateinische übertragen durch Rufinus "Contra Celsum", deutsch in: BKV (2.A.) Des Origenes Schriften Bde. 2 u.3.

hen. Kommt jedoch einer ungebildet und dumm daher, dann heißen sie ihn herzlich willkommen. Damit kann Celsus nichts anfangen. Er will Gott mit seinem Verstand erkennen. Nur eine philosophische Religion kann er achten.

Wir können daraus schließen, daß die Gemeinden des 2. Jahrhunderts Christus noch ganz im Sinne der Evangelien vertrauen. Zwar wissen wir von Theologen dieser frühen Zeit, die versuchen, den Glauben mit einem wissenschaftlichen Gewand zu schmücken (Apologeten!); aber in den Gemeinden hat man nicht vergessen, daß Paulus vor der Verfälschung der Botschaft durch die Philosophie warnte. Mit drastischen Farben malt Celsus den Glauben des christlichen Fußvolkes:

> Wie wir sehen, wagen in den Privathäusern die Wollarbeiter, die Schuster und Walker, völlig ungebildete und ungeschliffene Leute, in Gegenwart ihrer durch Alter und Weisheit hervorragenden Herren den Mund nicht aufzutun. Sobald sie sich aber ohne Zeugen mit jungen Leuten und solchen Weibspersonen allein wissen, die ebenso unverständig wie sie selbst sind, dann sind sie wunderbar beredt und weisen nach, daß man verpflichtet sei, ihnen zu folgen... und mit solchen Worten setzen sie sich wirklich durch (Orig. c. Cels. III,55).

Gemeinschaft mit Räubern und Giftmischern?

Wir wissen durch Celsus aber noch mehr. Er schreibt: Die Priester der besseren Religionen sagen vor dem Höhepunkt des Gottesdienstes: Wer reine Hände hat und verständig spricht, der trete zum Altar; wer rein ist von jeder Schuld, wer ein gutes und gerechtes Leben geführt hat, der nahe sich dem Altar. Aber die Christen! Sie laden alle ein. Ist einer ein Sünder und unverständig, so sagen sie, das Reich Gottes werde ihn aufnehmen. Damit, so Celsus, meinten die Christen doch Räuber, Einbrecher, Grabschänder und Giftmischer.

Solches passe völlig zu ihnen, denn Jesus sei selber auch nur ein Räuberhäuptling gewesen. Fälschlicherweise habe er sich als der Sohn einer Jungfrau ausgegeben. Tatsächlich wäre er der Sohn eines Soldaten namens Panthera und einer Ehebrecherin.

Die Celsus-Kampfschrift zeigt, daß die Christen des 2.Jhs. keinerlei Zugeständnisse an Philosophien machen. Sie wissen: Als Menschen sind wir verloren und brauchen deshalb einen Heiland, der für uns am Kreuz gestorben ist. Auch sie bezeugen den von der Gesellschaft Ausgestoßenen Gnade und Gericht. Tertullian formuliert es um 200 n. Chr. so:

> Unsere Lehre stammt aus der Säulenhalle Salomos, der selbst gelehrt hat, man müsse den Herrn in der Einfalt des Herzens suchen. Zusehen mögen die, welche ein stoisches und platonisches und dialektisches Christentum eingeführt haben... Wenn wir glauben, so wünschen wir über den Glauben hinaus nichts mehr. Nichts als die Glaubensregel zu wissen, heißt, alle Wissenschaft zu besitzen (De carne Christi 2).

Die altkirchliche Mission dringt auf freie, persönliche Gewissensentscheidung. Je drohender die Gefahr der Verfolgung ist, um so echter und klarer sind die Entscheidungen. Bereits im Jahr 111 meldet der Statthalter Plinius vom Südufer des Schwarzen Meeres dem Kaiser in Rom: "Viele stehen in der Gefahr des Christentums in Stadt und Land."

Sechs Gründe für die rasche Ausbreitung

1. Der ganze Raum vom Zweistromland bis Spanien und Britannien ist eine **politische Einheit** und gehört zum römischen Kaiserreich. Von Britannien bis zur Sahara und zum Zweistromland herrschen *ein* Wille, *eine* Verwaltung, *ein* Gesetz.

2. Im ganzen Reich gibt es neben den vielen Provinzsprachen und Dialekten *eine* Weltsprache, die man überall ver-

steht. Es ist das Weltsprachen-Griechisch oder **Koine-Griechisch**, das seine dialektischen Besonderheiten abgestreift hat[8]. In dieser Weltsprache wird das NT geschrieben und das Evangelium verbreitet.

Überall sind damals die Griechen. Sie sitzen an allen Küsten vom Schwarzen Meer bis nach Spanien. Ihnen gehören Städte bis tief nach Persien hinein. Sie leiten den Handel in Indien wie in England. Süditalien heißt kurzweg "Groß-Griechenland", so groß ist dort die Zahl der Hellenen. Griechisch ist die herrschende Sprache nicht nur in Kleinasien und Südfrankreich, sondern auch im traditionsreichen Ägypten und sogar in Rom. Es ist die Sprache der gebildeten Welt.

3. Überall, wo Griechen leben, gibt es auch geheime religiöse Gesellschaften, genannt **Mysterien**, etwa für Dionysos, Apollos oder Aphrodite. Feierliche Bräuche, oft übermütige oder zuchtlose Feste gehören zur alten Sitte. Die römischen Beamten kennen und tolerieren diese Vereine, solange sie ihre Politik nicht berühren. Auch die jungen Christengemeinden, die zum Abendmahl nur Getaufte zulassen, können unter dieser Schutzmarke an vielen Orten unbehelligt gedeihen.

4. Überall ist das **Judentum** verbreitet. Zu seinen Synagogen-Gemeinden gehören auch gottesfürchtige Heiden (Proselyten). Hier bieten sich für die frühe Mission günstigste Anknüpfungspunkte.

5. Das ganze Römerreich verfügt über ein gut ausgebautes und gesichertes **Verkehrssystem**. Jeder kann ungehindert reisen. Der Bischof von Lyon, Irenäus, schreibt um 185: "Durch die Römer genießt die Welt Frieden, und wir bewegen uns ohne Furcht auf den Straßen und fahren übers Meer, wohin wir wollen." Laut einer Grabinschrift ist ein phrygischer Kaufmann 72mal nach Rom gereist. Auch christliche Lehrer - Justin, Hegesipp, Origenes - reisen über weiteste Strecken. So verbreiten sich auch die neutestamentlichen Schriften in Win-

---

[8] KOINE = ein allen gemeinsames (allgemeines) Griechisch.

deseile in alle wichtigen Provinzen. Der 1. Clemensbrief (verfaßt um 95 in Rom) wird zum Beispiel 15 Jahre später in Smyrna gelesen.

6. Die **Demokratisierung** der Gesellschaft. Die alten Zäune zwischen den edelgeborenen Römern und den gebildeten Griechen auf der einen Seite sowie den ungebildeten Barbaren auf der anderen Seite fallen. Ab 210, unter Kaiser Caracalla, können auch die Leute aus den Provinzen, die nicht als Sklaven geboren sind, das römische Bürgerrecht erhalten. Das führt zu einem Ausgleich der Völker und Rassen.

Die räumliche Ausbreitung in den ersten drei Jahrhunderten

Es lassen sich drei Ausbreitungs-Stufen feststellen: Die erste Stufe umfaßt zeitlich das erste, die zweite Stufe das zweite und die dritte Stufe das dritte Jahrhundert. Um 50 n. Chr. liegen die christlichen Schwerpunkte in Jerusalem und Antiochia. Im Jahr 70 wird Jerusalem zerstört. Von jetzt ab heißen die Schwerpunkte a) Rom, b) Antiochia, c) Ephesus.

Im ersten Jahrhundert

a) Bereits um 100 n. Chr. hat die Christengemeinde von **Rom** allen anderen Gemeinden den Rang abgelaufen. Sie ist die größte Gemeinde. Sie ist die Gemeinde der Weltstadt. Sie rühmt sich der Martyrien zweier Apostel. Schon früh gibt es auch Christen am kaiserlichen Hof (Phil 4,22). Im Jahr 95 läßt Kaiser Domitian seinen nahen Verwandten Flavius Clemens um seines christlichen Glaubens willen töten und dessen Gattin Domitilla auf die Insel Ponza bei Neapel verbannen[9]. Die Zahl der römischen Christen mag damals 1000 oder 5000 betragen haben; Genaueres wissen wir nicht. Für das Jahr 250

---

[9] Dio Cassius, hist. rom. 67,14.

schätzt Harnack aufgrund der Kleriker und Hilfsbedürftigen die Zahl auf etwa 30.000. Das sind 2 % bis 3 % der Gesamtbevölkerung. Das faktische Gewicht der Christen ist im dritten Jahrhundert aber deutlich höher, sonst könnte Kaiser Decius nicht sagen, er dulde in Rom lieber einen Gegenkaiser als einen Bischof. Die Gemeinde wird unter den Christen im Reich als "Vorsitzerin der Liebe" geschätzt. Bis nach Arabien hilft sie bedrängten Glaubensgenossen mit Liebesgaben. Zwar kreuzen sich in der Hauptstadt bald die verschiedensten Ableger von Lehren und Schulen, aber die nüchtern denkenden Römer haben insgesamt weniger Neigung zu Mystik und Enthusiasmus als die Christen in der Osthälfte des Reiches.

b) **Antiochia** am Orontes, die größte Stadt des Ostens, aber ohne eigenwüchsige Kultur, wird anstelle Jerusalems die führende Gemeinde des Ostens. Um 110 wirkt hier Bischof Ignatius, hier arbeiten aber auch Gnostiker wie Satornil. Der Einfluß des Bischofs reicht bald nach Kappadozien, Armenien, teilweise ins Zweistromland und bis nach Persien[10]. Antiochia hat seit dem 3. Jahrhundert eine berühmte theologische Schule.

c) Schon Paulus hat Kleinasien missionarisch durchzogen und mehr als zwei Jahre in **Ephesus** gearbeitet. Hier wirkt

---

[10] Mittelpunkt des ostsyrischen Raumes ist freilich **Edessa** im nördlichen Zweistromland. König Agbar von Edessa habe in schwerer Krankheit mit Jesus einen Briefwechsel geführt, worauf Thomas-Thaddäus die Botschaft in die Stadt gebracht habe. Zur Zeit Eusebs sollen entsprechende Dokumente im Archiv der Stadt gelegen haben (Euseb, KG I,13). Vermutlich liegt eine Verwechslung vor. König Agbar IX., der von 179 - 216 regiert, ist tatsächlich Christ, und das Christentum in Edessa ist um 200 bereits Staatsreligion. Der erste, geschichtlich faßbare Missionar Ostsyriens ist **Tatian**. Er bringt der Bevölkerung um 170 das Evangelium in syrischer Sprache (Evangelienharmonie = Diatessaron). Vermutlich wird Edessa zu einem Missionszentrum für Assyrien und sogar für Indien. Gemäß der Legende sollen Bartholomäus und Thomas in Indien missioniert haben. Nachprüfbar ist dies nicht, aber solche Legenden haben doch oft einen wahren Kern. In Antiochia wird griechisch (nicht syrisch) gesprochen, die Stadt ist stärker nach Westen ausgerichtet.

später auch Johannes bis in die Tage Trajans (98-117)[11]. Der 1. Petrusbrief ist an bedrängte Gemeinden in Kleinasien gerichtet. In Smyrna ist der Apostelschüler und Märtyrer Polykarp Bischof der Gemeinde (ca. 69-155). In Hierapolis wirkt um 120/130 Papias. Irenäus weiß, daß verschiedene Apostel und Missionare der ersten Generation in Kleinasien wirkten, zum Beispiel der Evangelist Philippus, der laut Apg 8 den Kämmerer tauft und eine Zeitlang in Cäsarea wohnt (Apg 21). Philippus hält sich später mit seinen vier Töchtern, die Prophetinnen sind, in Hierapolis auf (Eus.III,39). Auch ein Jesusjünger namens Aristion wird genannt[12].

Neben Rom, Antiochia und Ephesus gibt es auch in Alexandria und Karthago schon im 2. Jh. größere Gemeinden. Christliche Nachrichten über Alexandria und Karthago fließen zwar erst seit ca. 180/200. Beide Kirchen, die ägyptische und die nordafrikanische, sind damals aber schon so bedeutend, daß vor allem für Ägypten die Ursprünge auf jeden Fall ins 1. Jahrhundert zu verlegen sind[13]. Angeblich soll Markus Ägypten missioniert und die alexandrinische Gemeinde gegründet haben[14]. Tertullian und Cyprian gehen davon aus, daß einst Missionare von Rom nach Karthago kamen.

---

[11] **Ephesus** ist als Handels- und Hafenstadt im Westen Kleinasiens die Metropole der Provinz Asia. Aus dem Tempel der Artemis (Fruchtbarkeitsgöttin) nehmen die Pilger als Andenken Abbilder des Tempels oder der Göttin als Talismane mit nach Hause. Die Goldschmiedezunft protestiert gegen die christliche Erweckung (Apg 19).

[12] Th. Zahn, Apostel und Apostelschüler in der Provinz Asien = Forschungen zur Geschichte des neutestamentlichen Kanons VI (1900).

[13] Nur schon der in Ägypten aufgefundene Papyrus 52 - ein Stück aus Johannes 18 aus der Zeit um 125 oder noch früher - zeigt, daß es hier schon sehr früh christliche Gemeinden gegeben hat.

[14] Euseb KG II,16.

Um 100 kennen alle Städte des Küstengebietes - jedenfalls im östlichen Mittelmeerraum - christliche Gemeinden. Im Jahr 111 weiß Plinius am Südufer des Schwarzen Meeres bereits von Christen auf dem Lande.

Im zweiten Jahrhundert

Die zweite Stufe wird im 2. Jahrhundert erreicht. Die Christus-Botschaft dringt mehr und mehr ins Binnenland vor, zuerst entlang der schiffbaren Flüsse, Rhône-aufwärts von Marseille nach Vienne und Lyon und Umgebung. Anläßlich des Osterstreites um 190 beruft der Kleinasiate Irenäus eine gallische Bischofssynode, an der mehrere Bischöfe, vor allem aus Südfrankreich, teilnehmen. Möglicherweise gehen auch Gemeinden in Autun, Besançon, Chalon-sur-Saône und Valence auf irenäische Mission zurück.

Rheinaufwärts findet die Botschaft ihren Weg nach Köln, Mainz, eventuell Straßburg und Trier. Irenäus von Lyon und Tertullian von Karthago kennen jedenfalls um 180/200 n. Chr. Gemeinden in Germanien. Agricius von Trier erscheint 314 in Arles als dritter Bischof seiner Stadt, und 313 reist der Kölner Bischof als Mitglied einer Schlichtungskommission nach Rom. Als die Germanen um 400 Mainz überrennen, so berichtet Hieronymus, werden in der Kirche Tausende erschlagen[15].

Auch nach England mögen vielleicht schon im späten 2. Jahrhundert die ersten Boten gekommen sein, wahrscheinlich von Kleinasien aus. Auf der Synode zu Arles 314 sind die Bischöfe von London und York anwesend.

Stark erscheint die nordafrikanische Kirche um 180/200. Tertullian meldet im Jahr 197: "Die Stadt, so schreit man, sei ganz damit erfüllt, in den kleineren Städten, auf den Inseln seien Christen. Man beklagt es als einen Nachteil, daß Leute

[15] A. Hauck, Kirchengeschichte Deutschlands I (9.A.1954) 1ff; E. Dassmann, Die Anfänge der Kirche in Deutschland (1993).

jeden Geschlechts, jeden Alters und Standes, ja sogar Leute von Rang zu diesem Bekenntnis übergehen"[16]. Konkret nennt er Gemeinden in Karthago, Utica, in der Hafenstadt Hadrumetum, ferner in Uthina, Thysdrus und in der Garnisonstadt Lambaesis. Im Jahr 180 sterben Christen für ihren Glauben im Städtchen Scili[17]. Der Hauptstock der Christen lebt aber noch lange im östlichen Mittelmeerraum, vor allem in Kleinasien. Wichtige Gemeinden sind dort: Ephesus, Smyrna, Hierapolis, Pergamon, Nicomedia, Sinope sowie Cäsarea in Kappadozien. Von hier aus ziehen Missionare nach Armenien.

Bereits vor 190 n. Chr. ist der christliche Glaube in der ostsyrischen Stadt Edessa verbreitet. Im Jahr 201 gibt es dort eine Kirche, und bald danach bekennt sich das Königshaus zum Christentum[18]. Als Missionare treten Addai (um 100), Tatian (um 175) und Bar Daisan (154-222) auf. Tatian schenkt der Gegend sein ins Syrische übersetztes Evangelienbuch (Diatessaron). Bar Daisan und dessen Sohn komponieren christliche Lieder und tragen so den Glauben in die Herzen des Volkes. Das frühe Christentum im östlichen Syrien samt Mesopotamien trägt leicht gnostisierende Züge[19].

---

[16] Apologeticum 1.

[17] Der Bericht ist die erste Notiz über Christen in Nordafrika und das erste christlich-lateinische Dokument überhaupt. Sechs Christen werden durch den Statthalter Vigellius Saturninus im Juli 180 zum Tode verurteilt. Text bei Knopf-Krüger, übs. BKV 14 (2.A.1913). Vgl. H. Karpp, Die Zahl der scilitanischen Märtyrer = Vigiliae christianae 15 (1961), 165-172.

[18] Vgl. Harnack, a.a.O. 679 und Karte III im Anhang. Im Osterstreit um 190 schreiben mehrere ostsyrische Bistümer aus der Umgebung von Edessa nach Rom. E. Kirsten, Edessa = Reallexikon für Antike u. Christentum IV,568-572.

[19] Die **Chronik** des Bistums der Landschaft Adiabene mit der Hauptstadt **Arbela**, verfaßt um 550 durch Maschihazekha, deutsch hg. von Sachau (Abhandl. der Preuß. Akademie 1915). Harnack hält die

Im dritten Jahrhundert

Die dritte Stufe wird im 3. Jahrhundert erreicht. Der christliche Glaube gelangt auch in kleinere Orte. Mit Ausnahme von Kleinasien und Karthago wird das Hinterland aber noch wenig erreicht. Der Landbewohner ist der paganus, d.i. der auf der Heide Wohnende, der Heide[20].

Auf einem römischen Konzil des Jahres 251 erscheinen 60 von ca. 100 italienischen Bischöfen[21]. Gemeinden gibt es damals in Puteoli, Neapel, Ostia, Tibur, Albanum, Rimini, Florenz, Pisa, Capua, Syracus, Ravenna (ab ca. 180 vermutlich das älteste Bistum in Oberitalien), Mailand, Aquileia, Verona.

Rom selber wird gegen 250 durch Bischof Fabian in sieben kirchliche Bezirke aufgeteilt. Der Klerus besteht aus 46 Priestern und sieben Diakonen. Die Gemeinde versorgt 1500 Witwen und Arme. Sie trifft sich in 40 Gotteshäusern.

In **Gallien** breitet sich die Botschaft von Lyon und Vienne langsam nach Norden aus (mehrere Bistümer um 200). Das Bistum Trier wird erst nach 250 gegründet. Wohl noch ins 2. Jahrhundert gehören im Süden Arles, Toulouse, Narbonne u.a. dazu. Am Konzil zu Arles (314) erscheinen zudem Vertreter von Nizza, Orange, Rouen, Reims usw. Die eigentliche Missionierung Galliens erfolgt freilich erst im 4. Jahrhundert (St. Martin de Tours).

Chronik auch in ihren ältesten Teilen für wesentlich zuverlässig; andere urteilen kritischer.

Die Chronik gewährt uns einmaligen Einblick in die früheste orientalische Missionsgeschichte des 2. und 3. Jahrhunderts. Gegen zum Teil heftige Widerstände von Magiern und seitens des Feuerkults verbreitet sich die Botschaft ab ca. 100 zunächst im Bergland des nördlichen Assyrien und dringt dann langsam in die Städte ein.

[20] Vielleicht meint paganus auch den Zivilisten im Unterschied zu dem, der das sacramentum, den Fahneneid (der Taufe), geleistet hat.

[21] Die Abwesenden und die der Gegenpartei (Novatianer) eingerechnet.

In **Germanien** darf man um 180 an Köln, Mainz und Straßburg denken (Irenäus I,10). Grabungen unter dem Münster St. Cassius und Florentius in Bonn weisen in die Zeit um 300[22].

Ihre Wurzeln im 3. Jh. haben auch die Gemeinden in Augsburg[23] (Rätien) und Regensburg. Auf dem Gebiet der heutigen Schweiz mögen sich erste Gruppen um 200 in den Städten Aventicum, Genf und Augst versammelt haben. Um 300 gibt es Märtyrer im Wallis, in Solothurn, in Zürich und in Zurzach. Auch die Anfänge des Christentums in Chur - zwar erst 451 als Bischofssitz genannt - reichen möglicherweise noch in die vorkonstantinische Zeit hinab[24]. Im 4. Jahrhundert wird das ganze schweizerische Mittelland christianisiert.

In **Britannien** liegen die Anfänge im 2. oder 3. Jahrhundert. 314 erscheinen in Arles die Bischöfe von London, York und Lincoln. Die Christianisierung Britanniens erfolgt zur Hauptsache im 4. Jahrhundert.

In **Spanien** beginnt der christliche Glaube durch die Missionstätigkeit des Paulus in den 60er Jahren[25]. Irenäus und Tertullian erwähnen um 200 spanische Gemeinden. Cyprian (um 250) berichtet in einem Brief von Bischöfen in Leon, Astorga, Merida, Saragossa, Emerita, Asturica und anderen Orten[26]. Auf einer spanischen Synode zu Elvira um 300 sind

---

[22] E. Dassmann, Die Anfänge der Kirche in Deutschland (1993) 15f und 140ff; A. Angenendt, Das Frühmittelalter (2.A.1995) 118ff.

[23] Afra stirbt als Märtyrerin unter Diokletian.

[24] H. Büttner/I. Müller, Frühes Christentum im schweizerischen Alpenraum (1967); A. Tanner, Die Römischen Kastelle (1978).

[25] Römerbrief 15,34. Erwähnt im 1. Clemensbrief (ca. 95) und im Muratorischen Fragment (ca. 200).

[26] Cyprian, Brief 67.

19 Bischöfe und 24 Presbyter aus praktisch allen Provinzen Spaniens anwesend. Das vorkonstantinische Christentum in Spanien muß - vor allem im Süden und Osten des Landes - relativ verbreitet, aber verweltlicht gewesen sein. Die Kanones melden "christliche" Mörder und Herrinnen, die ihre Sklavinnen zu Tode prügeln; Kupplerwesen und Unzuchtsünden gehören zur Tagesordnung, ebenso wie handeltreibende Kleriker und christliche Eltern, die ihre Töchter an heidnische Priester verheiraten usw. Ja, Christen ergreifen die Initiative und zertrümmern heidnische Götzenbilder. Andererseits präsentiert sich aus Spanien kein einziger namhafter Schriftsteller vor der Zeit Konstantins!

Die **nordafrikanische Kirche** - vermutlich eine "Tochter" Roms - tritt erst um 180 als Märtyrerkirche ins Licht der Geschichte. Die Gemeinde der Hauptstadt Karthago ist zur Zeit Tertullians (190-220) schon groß und der christliche Glaube weit verbreitet. Die afrikanischen Christen zeichnen sich durch besondere ethische Strenge aus. Afrika ist der Mutterboden der christlich-lateinischen Literatur. Vielleicht wird auch hier - und nicht in Italien - die griechische Bibel erstmals in die lateinische Sprache übertragen. Die nordafrikanische Kirche (Karthago und das numidische Hinterland) wächst schnell. Um 220 darf man mit 70-90 Bistümern rechnen; um 250 sind es deren 200 und zur Zeit Augustins vermutlich 500-700[27].

Auch die **ägyptische Kirche** wird erst gegen 200 für die Kirchengeschichte faßbar. Die Hauptstadt Alexandria ist die Bildungsmetropole des Römischen Reiches. Im 1. Jahrhundert bewirkt der jüdische Philosoph Philo durch allegorische Auslegung des ATs eine Versöhnung zwischen Judentum und Hellenismus. Christlicher Spiritualismus und Gnosis haben hier im 2. Jahrhundert ein besonderes Heimatrecht (z.B. Valentinian). Clemens, Origenes und die Katechetenschule von Alexandria begründen im 3. Jahrhundert nicht nur eine exakte

---

[27] Vgl. Harnack, a.a.O. 901.

Bibelwissenschaft, sondern auch eine Symbiose von christlichem Glauben und modischem Neuplatonismus. Sie verstehen ihren Dienst als Missions- und Kulturarbeit im Sinne eines stark vergeistlichten Evangeliums. Unterägypten ist schon im 3. Jh. stark christianisiert. Auch in Oberägypten hat das Evangelium um 300 seine Stützpunkte[28]. Ägypten wird ab 285 zum Mutterland des Einsiedler- und des Mönchtums.

Das eigentliche Kernland der ersten Christenheit ist **Kleinasien**. Paulus und der Apostel Johannes machen Ephesus zum zweiten Stützpunkt neben Antiochia. Hier entstehen die Johannes-Offenbarung mit ihren Sendschreiben an die sieben Gemeinden und das vierte Evangelium. Im Jahr 111 gibt es südlich des Schwarzen Meeres bereits Christen außerhalb der Städte. Von Kleinasien ziehen Missionare ins Rhônetal. Kleinasiatische Gefangene tragen im 3. Jahrhundert das Evangelium zu den Goten. Aber auch Irrlehrer, wie Marcion oder Montanus, sind Söhne Kleinasiens. Hier entscheidet sich - zwar nicht zahlenmäßig, aber faktisch - schon gegen 300 der Sieg des christlichen Glaubens über das Heidentum. In der großen Verfolgung um 300 sind ganze Dörfer bereit, für Christus zu sterben. - Nach 200 entsteht in Cäsarea, der Hauptstadt Kappadoziens, eine theologische Wissenschaft in freundschaftlicher Verbindung mit Clemens und Origenes von Alexandria. Bischof Firmilian (um 250) ist ein glühender Verehrer von Origenes. Er steht auch in Briefkontakt mit Cyprian in Nordafrika und macht Cäsarea zu einem Zentrum theologischer Bildung. Es sind im 4. Jahrhundert drei Kappadozier, die der Gesamtkirche für das Konzil von 381 die Formulierungen für die Dreieinigkeitslehre mit auf den Weg geben.

Armenien ist am Ende des dritten Jahrhunderts bereits ein offiziell christianisiertes Land[29]. Missionszentren für Armenien sind im 3. Jahrhundert Cäsarea in Kappadozien, Edessa

---

[28] Vgl. A. Harnack, a.a.O. S. 1000, Karte VI.

[29] Harnack, a.a.O. 750ff.

sowie Antiochia. Im dritten Jahrhundert wirkt hier als Missionar und Kirchengründer Gregor der Erleuchtete. Die Missionierung und Organisation der Kirche in 12 Bistümern erfolgt im Einvernehmen mit König und Adel nach der Befreiung des Landes von den Persern.

Ostsyrien und Mesopotamien. Als Missionare des 2. Jahrhunderts wirken in Mesopotamien Tatian (ca. 175) und Bar Daisan (154-222), beide gebildet und mit leicht gnostischem Einschlag. Bar Daisan ist der Sohn einer reichen Familie am Fürstenhof zu Edessa. Dank seinem Einfluß bekehrt sich das Königshaus von Edessa, und das Christentum wird unter Agbar IX. zur Staatsreligion (um 200). Edessa gilt nach 300 als eine christliche Stadt[30] und als Mittelpunkt der national-syrischen Christenheit mit einer syrisch-christlichen Schule. Die Chronik von Arbela (im Bergland östlich des Tigris!) kennt in den Jahren nach 220 im Gebiet Mesopotamien/Assyrien mehr als 20 Bistümer[31]. Die Städte Nisibis in Nord-Mesopotamien und Ktesiphon im Süden haben zunächst noch keinen Bischof aus Furcht vor den Heiden. Dies ändert sich in den folgenden Jahrzehnten unter der Gunst des Persers Schapor I. (gest. 272). Die große Grenzstadt Nisibis steigt zum Patriarchat des Ostens auf. Die Garnisonstadt Dura Europos am Euphrat hat schon zu Beginn des 3. Jh.s eine christliche Gemeinde. Seleukia-Ktesiphon wird wichtiges Bistum, und 325 kennt auch Gundeschabur am Golf eine Bischofsgemeinde[32].

---

[30] Eusebius, KG II,1. Die Stadt ist aber schon um 200 stark durchdrungen. Das Königshaus ist christlich.

[31] Die Zuverlässigkeit dieser Chronik ist unsicher.

[32] Gefunden wurde in Dura Europos ein christliches Versammlungshaus der 230er Jahre, das etwa 100 Personen Platz bot. Auch ein Fragment des griechischen Diatessarons von Tatian kam hier zum Vorschein (O.Eissfeldt, Dura Europos = Reallexikon f. Antike und Urchristentum IV,362ff). Aus der Chronik von Arbela könnte man schließen, daß das Christentum schon um 100 in die Adiabene (Nord-Assyrien) gelangt und

Konstantin schreibt dem persischen König: "Ich freue mich, da ich vernehme, daß auch in Persien die angesehensten Orte durch die Anwesenheit von Christen geziert sind."[33] Als aber nach der Konstantinischen Wende die Herzen der persischen Christen immer stärker für das römische Imperium und dessen Kirche schlagen, erleidet die junge persische Kirche im 4. Jahrhundert eine schwere Verfolgung. Ephraem der Syrer, geb. 306 in Nisibis, dort Lehrer und Beamter des Bischofs, zieht 363 nach Edessa[34]. Erst die Trennung der Nestorianischen Kirche von der Griechischen im 5. Jahrhundert schafft der persischen Christenheit wieder freien Raum.

---

von dort gegen den persischen Golf vorgestoßen ist.

[33] Vita Constantini IV,13.

[34] **Ephraem der Syrer,** geb.306 in Nisibis als Sohn christlicher Eltern. Als 363 Kaiser Julian Apostata den Persern unterliegt, wird Ephraem Einsiedler im westlich gelegenen Edessa. Im selben Jahr schreibt er seine Gedichte gegen den abtrünnigen Kaiser. Julian habe, an seinen Göttern und seinem Glück verzweifelnd, absichtlich die Rüstung ausgezogen, "um tödlich getroffen zu werden und zu sterben, ohne daß die Galiläer seine Schmach sehen möchten"(Bickel, Zeitschr. kath. Theol. 2,335 ff.). Er besucht Basilius und nimmt von ihm die Diakonenweihe (nicht die Bischofsweihe) an. Er kämpft als Bibelausleger (syr. Diatessaron) und Hymnendichter wider neun Ketzereien, darunter das "dreiköpfige Ungeheuer" Marcion, Mani und Bar Daisan. Er stirbt 373 und wird auf dem Fremdenfriedhof der Stadt beigesetzt.

Literatur von Ephraem ist in deutsch zugänglich in BKV, Ephraem I+II (1919): Reden und Lieder, Nisibinische Hymnen, Hymnen gegen Irrlehrer usw.

2. Staat und Kirche bis zum Jahr 260

Die Christenverfolgungen[35]

Die Verfolgung durch Nero im Sommer 64

Rom zählt im 1. Jh. als größte Stadt des Reiches gut eine Million Einwohner. Durch die zahllosen engen Straßen und Gassen drängt sich ein ungeheurer Verkehr. Die Stadt ist geprägt durch soziale Gegensätze. Hier herrliche Tempel und Häuser, Triumphbögen, Gerichtshallen aus Marmor, Denkmäler und Standbilder berühmter Männer usw. - dort die Hütten der Armen und Sklaven, schlecht gebaute Mietskasernen usw. Öffentliche Bäder und Thermen, erbaut aus kostbarem Gestein und mit allem Komfort ausgestattet, sorgen dafür, daß die Hitze erträglich bleibt.

Täglich werden den Schutzgöttern der Familie und des Hauses Opfergaben gespendet. Auch den staatlichen Gottheiten wie Jupiter, Juno, Mars oder Apollo fehlt es nicht an Opfern. Aus den Eingeweiden der Tiere oder dem Flug der Vögel erschauen Priester die Zukunft. Schließlich erinnern Bildsäulen an die göttlichen Kaiser seit Augustus. Hier muß es später zum Zusammenstoß mit den Christen kommen. Die Anhänger des Nazareners sind zwar bereit, dem Kaiser zu geben, was des Kaisers ist, nicht aber, was Gottes ist.

In den Amphitheatern werden Löwen und Bären, Tiger und Elefanten, Nashörner und Nilpferde gegeneinander gehetzt. Aber auch Menschen bekämpfen sich als Gladiatoren in blutigem Ernst. Das übelste Beispiel der Verschwendung und der Grausamkeit bietet der jugendliche Nero, Kaiser von 54-68.

---

[35] BKV, Frühchristliche Apologeten und Märtyrerakten I (1913); E. Stauffer, Christus und die Cäsaren (2.A.1952); J. Moreau, Die Christenverfolgungen im römischen Reich (2.A.1971); K. Christ, Geschichte der röm. Kaiserzeit (2.A.1992).

Im Juli 64 wird Rom von einem ungeheuerlichen Brand heimgesucht, dem etwa zwei Drittel der Altstadt zum Opfer fallen. Wie entstand der Brand? Tacitus sagt vorsichtig "aut casu aut iussu" (durch Zufall oder Befehl); doch Plinius und Sueton bezeichnen Nero als Brandstifter. Der Name Nero sollte unvergänglich bleiben. Auf den Trümmern des alten Rom sollte eine neue, prachtvolle Stadt mit Namen Neropolis oder Neronia erstehen. Weil auch die öffentliche Meinung immer unverhohlener Nero der Brandstiftung verdächtigt, sucht sich der Kaiser einen Sündenbock und falsche Zeugen. Tacitus schreibt:

> Weder durch menschliche Hilfe und durch Schenkungen Neros noch durch Sühnopfer an die Götter ließ sich das schimpfliche Gerücht bannen, die Feuersbrunst sei auf Befehl angelegt worden. Um ihm daher ein Ende zu bereiten, schob der Kaiser die Schuld auf jene infolge von Schandtaten verhaßten Menschen, die das Volk Christen nannte, und strafte sie unter ausgesuchten Martern. Jener Christus, von dem dieser Name stammt, war zur Zeit des Kaisers Tiberius durch den Statthalter Pontius Pilatus hingerichtet worden. Ihr verderblicher Glaube wurde dadurch für den Augenblick unterdrückt. Er trat jedoch später wieder auf und verbreitete sich nicht nur in Judäa, wo er entstanden war, sondern auch in Rom, wo alle nur denkbaren verabscheuungswürdigen religiösen Gebräuche sich zusammenfinden und Anhang erhalten. Man ergriff daher zuerst solche, die sich offen als Christen bekannten, und auf ihre Anzeige hin eine ungeheure Menge von Leuten. Man überführte sie zwar nicht der Brandstiftung, wohl aber des allgemeinen Menschenhasses (odium generis humani). Bei ihrer Hinrichtung trieb man auch noch Spott mit ihnen. Man steckte sie in Tierhäute und ließ sie entweder durch Hunde zerfleischen oder heftete sie ans Kreuz oder zündete sie nach Eintritt der Dunkelheit an, damit sie als Fackeln dienten. Nero hatte seine eigenen Gärten für diese Schau hergegeben und bot zudem ein Zirkusspiel. In der Gestalt eines Wagenlenkers mischte er sich unter das Volk oder zeigte sich stehend auf dem Rennwagen (Tacitus, Annalen XV,44).

Heute steht auf diesem Platz die Peterskirche am Fuße des Mons Vaticanus. Wahrscheinlich verlieren auch Petrus und Paulus unter Nero ihr Leben.

Verfolgungen unter Domitian (81-96)[36]

Seit diesem Verbrechen gehen die Christenverfolgungen weiter, vorerst nur "zufällig" und regional. Dio Cassius berichtet:

> In dieser Zeit wurde die Straße, die von Sinuessa nach Puteoli führt, gepflastert. In demselben Jahr ließ Domitian unter vielen andern auch den Flavius Clemens hinrichten, obwohl er sein Vetter war und Flavia Domitilla zur Frau hatte, die ebenfalls mit ihm verwandt war. Es wurde aber beiden der Vorwurf der Gottlosigkeit gemacht, infolge derer auch viele andere, die die Gebräuche der Juden annahmen, verurteilt wurden (Röm. Gesch. 67,14; Euseb h.e. III,18).

Zu allgemeinen Verfolgungen, die sich über das ganze Reich erstrecken, kommt es erst im 3. Jahrhundert. Der 1. Petrusbrief und die Offenbarung zeigen, daß die Christen in Kleinasien im letzten Drittel des ersten Jahrhunderts Verfolgung leiden. Auch in Syrien und Palästina sterben Christen für ihren Herrn. Um 110 n. Chr. reist Ignatius, angeblich zweiter Bischof von Antiochia[37], nach Rom zu den wilden Tieren. Kurz zuvor wird - gemäß Hegesipp - in Palästina der greise Simeon, Sohn des Klopas und der Maria (ein Verwandter Jesu), gekreuzigt.

Von Christen südlich des Schwarzen Meeres wissen wir, daß sie in den 90er Jahren Jesus abschwören, dann wieder

---

[36] R. Klein, hg., Das frühe Christentum im römischen Staat (2.A.1982).

[37] Eusebius, Kirchengeschichte III,22.

halbwegs in die Gemeinden aufgenommen werden, um 20 Jahre später erneut ihren Glauben zu verleugnen (Eusebius KG III,23.31.32).

Die staatsrechtliche Entscheidung des Jahres 111 n. Chr.

Das Jahr 111 ist ein wichtiger Markstein. Es bringt eine staatsrechtliche Entscheidung, die für 200 Jahre das Los der Christen bestimmen wird. In diesem Jahr kommt ein neuer Statthalter, Plinius, in die Provinzen Bithynien und Pontus am Schwarzen Meer. Schon bei der ersten Inspektionsreise durch sein Gebiet wird ihm eine anonyme Anklageschrift gegen Christen überreicht. Er soll gegen sie einen Prozeß eröffnen. Plinius sucht also nicht von sich aus die Verfolgung. Der Druck auf die Christen hat bereits Tradition. Die Heiden fühlen sich bedrängt. In der Mehrzahl sind die Christen noch nicht, denn Plinius hofft zuversichtlich, durch hartes Durchgreifen dem Übel noch beizukommen. Er läßt Christen verhören, sogar foltern. Schließlich gelangt er zur Überzeugung, die Christen seien nicht Kriminelle, sondern Opfer eines hartnäkkigen Aberglaubens, der wie eine Seuche um sich greift. Plinius ist unsicher, wie er gerechterweise vorgehen soll. So legt er seinem Freund, dem Kaiser, vier Gründe vor, die nach seiner Meinung eine Aburteilung der Christen rechtfertigen würden. Als zureichende Gründe nennt er[38]:

1. Ihr Name. Im Namen der Christen steckt die Ablehnung des Kaiserkultes.
2. Ihre Verbrechen, falls sie wirklich stimmen.
3. Sie übertreten das Verbot geheimer Bünde.
4. Wegen Hartnäckigkeit und Bockbeinigkeit gegen die Staatsgewalt (obstinatio et pertinacia).

---

[38] P. Guyot/R. Klein, hg., Das frühe Christentum bis zum Ende der Verfolgungen I (1993) 38ff.

Als Nachfolger Domitians ist Trajan um die Wiederherstellung einigermaßen rechtsstaatlicher Zustände bemüht. Dem Denunziantenwesen will er ein Ende bereiten. In seiner Antwort verlangt der Kaiser, unbedingt nach römischem Recht vorzugehen. Alles andere wäre "unseres Zeitalters unwürdig". Auf die Fragen des Plinius antwortet Trajan wie folgt:

1. Christen sind nicht aufzuspüren.
2. Anonyme Anzeigen sollen nicht beachtet werden.
3. Hartnäckige sollen auf Anzeige hin mit dem Tode bestraft werden.
4. Reuige Christen, die widerrufen und den Tatbeweis des Opferns erbringen, sind unverzüglich freizulassen. Über ihre Vergangenheit sind keinerlei Nachforschungen anzustellen.

Der Briefwechsel zwischen Plinius und Trajan wird bald in allen Provinzen veröffentlicht. Er wird zur verbindlichen Rechtsgrundlage für das ganze römische Reich. Gerade Trajans Abwehr eines ungesunden Denunziantenwesens und die klare juristische Regelung führen in der Folge sogar zur Vermehrung der Christenprozesse. Dank der klaren Rechtslage fühlen sich die Heiden jetzt bestärkt, gegen Christen vorzugehen. Auch die Statthalter fühlen sich fortan verpflichtet, tatsächlich einen Prozeß durchzuziehen, während sie vorher auch darauf verzichten konnten.

Pluralismus oder Tod

Für die Christen wird jetzt die Versuchung groß, ihren Herrn zu verleugnen. Menschenfreundliche Richter versuchen bis zuletzt, den angezeigten Christen ein Türchen offen zu lassen. Ein kleiner kurzer Satz genügt, und das Leben der ganzen Familie ist gerettet! Nur ein Sätzchen, verbunden mit etwas Opferrauch, und der Angeklagte wird den Seinen zurückgegeben!

Dennoch bleibt eine große Zahl von Christen standhaft. Der junge Origenes ermutigt seinen Vater, bis zum Ende auszuharren. Den Gläubigen steht das Wort Jesu vor Augen: "Wer mich bekennet vor den Menschen, den will ich auch bekennen vor meinem himmlischen Vater. Wer mich aber verleugnet vor den Menschen, den will ich auch verleugnen vor meinem himmlischen Vater" (Mt 10,32f).

Die pluralistisch denkenden Römer können diese Haltung nicht verstehen. Und so erfolgt die Aburteilung und Preisgabe an die Folter wegen Starrköpfigkeit und Widersetzlichkeit gegen die Staatsmacht. Ihre Körper werden blutiggepeitscht, an den Händen oder am Daumen aufgehängt, der Körper mit Krallen blutig gerissen. Oft verwandelt sich der Körper eines Christen in eine einzige blutende Wunde - ein unglaublich wirkendes Schauspiel für die Henker.

Die Todesarten der Christen

Die Hinrichtung geschieht selten durch das Schwert (nur römische Bürger). Meistens werden die Christen verbrannt. Man nagelt ihre Hände an einen Pfahl oder gräbt sie knietief in die Erde und legt das Brennholz um ihren Körper.

Die Kreuzigung wird seltener angewendet. Schon Nero ergötzt sich am Schauspiel, christliche Männer und Frauen in der Arena ohne Waffen mit wilden Tieren kämpfen zu lassen. Bei Bedarf wird gelegentlich auch von der Todesstrafe abgesehen. Die Männer landen dann in Bleibergwerken, wo sie langsam zugrunde gehen, Frauen und Mädchen werden an Freudenhäuser ausgeliefert. So erfüllt sich das Wort von Paulus in Kol 1,24: "Ich erstatte an meinem Fleisch, was an den Trübsalen Christi noch fehlt, seinem Leib zugute, der die Gemeinde ist."

Die Verfolgung in Lyon im Jahr 177 n. Chr.

Während andere Geschichtsschreiber über militärische Siege oder Tugenden von Soldaten berichten, meint Eusebius, schreibe er über die Standhaftigkeit der Glaubensstreiter, ihre Triumphe über die Dämonen und über ihre Siegeskronen. Die Kirchengeschichte Eusebs aus dem Jahr 324 überliefert uns den Bericht der Überlebenden des Rhônetals an die Gemeinden in Asia und Phrygien[39]. Die Gemeinde zu Lugdunum (Lyon) zählt in jener frühen Zeit erst einige Dutzend Mitglieder.

Die Verfolgung beginnt durch allerlei Behinderungen seitens des Pöbels. Man versperrt den Christen den Zugang zu den Wohnungen, den Bädern, dem Markt. Auf der Straße werden sie beschimpft, mit Steinen beworfen, beraubt, eingesperrt usw. Sie getrauen sich kaum noch ins Freie. Man zerrt sie auf den Marktplatz vor den Kommandanten der Kohorte, wo sie in Gegenwart der Volksmenge verhört werden. Bekennen sie, so werden sie verhaftet bis zur Vorladung vor den Statthalter. Unter den Gläubigen tritt eine Scheidung ein. "Es zeigte sich, wer zum Martyrium bereit war und mit aller Standhaftigkeit sich bekannte. Andererseits offenbarte es sich, wem die Bereitwilligkeit, die Übung und die Kraft noch fehlte, und wer nicht fähig war, die Wucht des schweren Kampfes auszuhalten. Etwa zehn hatten nämlich versagt... Damals waren alle sehr niedergeschlagen, weil noch nicht alle das Bekenntnis abgelegt hatten. Wir waren es nicht aus Furcht vor den Martern, sondern weil uns die Angst, es möchte einer abfallen, Sorge bereitete." Die Bischöfe von Lyon und von Vienne werden beide verhaftet und "würdig gemacht, die Zahl der Märtyrer auszufüllen".

Heiden, die bei Christen arbeiten, brachten das Gerücht in Umlauf, in der Kirche pflege man die Menschenfresserei und ödipodeische Laster (Geschwisterheirat). Das verbittert nun

---

[39] Euseb, KG V,1.

auch die letzten Heiden, so daß schließlich alle meinen, durch die Verfolgung Gott einen Dienst zu erweisen (Joh 16,2).

Namentlich genannt werden, außer dem 80jährigen Bischof Pothinus, Vettius Epagathus, ein hochangesehener Mann der Stadt; ferner der Diakon Sanctus aus Vienna, der Missionar Attalus von Pergamon (Kleinasien), der eben getaufte Attalus sowie zwei Teenager, der 15jährige Pontikus und die Sklavin Blandina. Auch Alexander, ein Arzt aus Phrygien, bekennt sich zu Christus und wird vor die Tiere geworfen.

Der Statthalter versucht, Sanctus durch Folterungen zu erpressen. Doch statt seinen Namen, seine Herkunft und weitere Details preiszugeben, sagt er nur: Ich bin ein Christ! Selbst als man ihm glühende Metallplatten auf seine Glieder legt, bleibt er unnachgiebig, denn "er wurde von der himmlischen Quelle lebendigen Wassers betaut und gestärkt, das aus dem Leibe Christi quoll". Sein Körper "war eine Wunde und eine Strieme, er war zusammengeschrumpft und hatte das menschliche Aussehen verloren".

Der greise Bischof Pothinus erliegt den Qualen bereits am zweiten Tage im Gefängnis. Die übrigen werden nacheinander als öffentliches Schauspiel den Tieren vorgeworfen. Die römischen Bürger erleiden die Enthauptung. Die zehn, die unter dem ersten Druck verleugnet haben, werden von der Gemeinde nicht verachtet. Der Arzt Alexander ermuntert sie zum offenen Bekenntnis. Auch sie gehen ins Martyrium.

Die Christen, die den Bericht an die Gemeinden in Kleinasien verfassen, brechen nicht in Jammer und Klage über das begangene Unrecht aus. Sie verstehen das Geschehene als Prüfung des Glaubens. Der Tod wird ihnen zur Geburt des neuen Lebens. Die Leichen der Gläubigen wirft man den Hunden hin oder verbrennt sie zu Asche und streut diese in die Rhône. So können die Christen dann sehen, was aus ihrer Auferstehung wird. Unter Lebensgefahr sammeln die Zurückgebliebenen die verkohlten Reste der Getöteten, um diese zu bestatten. Sie betrachten den Leib, den sie der Erde zurückgeben, als Ebenbild Gottes.

Die Märtyrer und Bekenner werden von den Gemeinden hoch geachtet. Seit dem 3. Jh. entwickeln sich am Ort ihres (tatsächlichen oder vermeintlichen) Begräbnisses Gedächtnisgottesdienste. Besonders als Fürbitter werden die Märtyrer angerufen. Im Lauf der Zeit entstehen - oft außerhalb der Städte - über den Gräbern Märtyrerkapellen.

Die Verfolgungen unter Severus (202)

Wie ein Sommergewitter bricht die Severianische Verfolgung über die Christenheit herein. Unter Kaiser Commodus (161-192), "unsittlicher als Nero, grausamer als Domitian", erfreuten sich die Christen einer langen Zeit der Ruhe. Seine politische Gleichgültigkeit kommt den Christen zugute. Beeinflußt durch seine Geliebte Marcia, begnadigt er sogar eine Anzahl Christen aus den Bergwerken Sardiniens, so zum Beispiel auch den späteren Bischof Callistus von Rom. Severus aber, der kleine, hagere und willensstarke Mann aus Afrika, von der gleichen Art wie Hannibal oder Napoleon, wittert als kluger Politiker die geistige Invasion der Christen. Sein Biograf Spartian berichtet: "Er verbot bei schwerer Strafe, Juden zu bekehren; dasselbe verordnete er auch betreffend die Christen."[40]

Noch wird die Kirche als Institution nicht angegriffen, wohl aber die einzelnen Bekehrten und Bekehrer. Sie soll man von Staates wegen ausforschen. Kaiser Trajan fand diese Praxis 90 Jahre zuvor noch unter der Würde seiner Zeit. Nun beginnt eine neue Ära. Die Verfolgung wird aber noch nicht für das ganze Reich verordnet. Die Lage der Dinge hängt vom persönlichen Charakter der Statthalter und Funktionäre ab.

Teilverfolgungen sehen vor allem Ägypten und Nordafrika. In Rom werden die Katakomben des Callistus mit heimli-

---

[40] Judaeos fieri sub gravi poena vetuit, idem etiam de Christianis sanxit (Severus, Kap. 17).

chen Ausgängen versehen und die Treppenzugänge verbarrikadiert.

Clemens von Alexandria berichtet: "Täglich sehen wir viele Märtyrer vor unseren Augen verbrennen, kreuzigen, enthaupten."[41] Namentlich erwähnt werden Leonides, der Vater von Origenes, Serenus, Heraklides u.a. Das junge Christenmädchen Potaminäa wird mit seiner Mutter in einen Kessel voll siedenden Pechs geworfen. Unmittelbar vor den Qualen verspricht die Jungfrau, "die gegenüber ihren Liebhabern zahllose Kämpfe durchgefochten", dem diensttuenden Basilides, sie werde nach ihrem Tod inständig für ihn beten. Nach drei Tagen erscheint sie ihm (und anderen Einwohnern) des Nachts und legt ihm vielsagend einen Kranz aufs Haupt. Schon am anderen Tag wird Basilides als neu bekennender Christ enthauptet[42].

In Karthago schmachtet die schwangere Patrizierin Perpetua[43], gefesselt an ihre Sklavin Felicitas, in der unerträglichen Hitze und im furchtbaren Gestank der dunklen Löcher des Stadtkerkers. Bestochen durch einen Diakon, erlaubt der Kerkermeister bessere Haftbedingungen sowie den Zutritt eines Kindes zu Perpetua. Das Gefängnis kommt ihr nun vor wie ein Palast. Aus fernster Provinz besucht sie ihr Vater. Er fleht sie an, er droht ihr, halb wahnsinnig vor Schmerz, der Familie zuliebe ihrem Glauben zu entsagen.

Im dumpfen Kellerloch geraten die Seelen der Gefangenen mehrfach in Verzückung. Perpetua sieht einmal eine hohe Leiter, die bis zum Himmel reicht. Sie ist so schmal, daß man

---

[41] Stromata II,20.

[42] Euseb, KG VI,5.

[43] J. Moreau, a.a.O.; Passio ss. Perp. et Felic., hg. von J. van Beek (1956). Mit ihnen sterben auch der Lehrer Satyrus und die Mitkatechumenen Revocatus, Saturnius und Secundulus. Ihr Marter-Zeugnis, das wohl Tertullian niederschreibt, wird in den Gemeinden bis in die Zeit Augustins vorgelesen.

nur einzeln hinaufsteigen kann. Die Sprossen starren von Schwertern, Lanzen und Haken. Satyrus steigt zuerst hinauf. Oben angekommen, ruft er Perpetua zu: "Perpetua, ich erwarte dich, doch sieh zu, daß dich der Drache am Fuß der Leiter nicht beißt!" Perpetua setzt den Fuß auf den Kopf des unreinen Tieres und steigt die Leiter empor. In einem von Licht durchfluteten Garten wird sie von einem Hirten empfangen. Ihn umgibt eine unzählbare Schar von Lämmern. Auf ihre Lippen empfängt sie einen Bissen Frischkäse aus geronnener Milch. In dieser seelischen Hochspannung verbringen sie den Winter des Jahres 202/3. Die mitgebundene Sklavin Felicitas ist im achten Monat schwanger. Erst nachdem sie geboren hat, darf sie getötet werden. Als sie schließlich einem Mädchen das Leben schenkt und unter den Schmerzen der Geburt stöhnt, spottet ein Wärter: "Wenn du jetzt schon so jammerst, was wirst du erst tun, wenn du den wilden Tieren vorgeworfen wirst!" Die Sklavin gibt ihm zur Antwort: "Jetzt leide ich selbst, was ich leide; dort aber wird ein anderer in mir sein, der für mich leidet, weil ich für ihn leide."

Vermutlich am 7. März 203 ist der Tag des Martyriums gekommen. Soweit die Männer in der Arena nicht dem Kampf mit Leopard, Bär oder Wildschwein erliegen, empfangen sie den Todesstreich mit dem Schwert. Perpetua und Felicitas, aus deren Brüsten noch Milch fließt, werden nackt, in ein Netz gehüllt, in der Arena zur Schau gestellt, dann einer wilden Kuh preisgegeben. Doch weil die Menge den Anblick nicht erträgt, enden auch sie durch den Streich des Scharfrichters.

Die Verfolgung unter Decius und Valerian (250-258)

Die drei Jahrzehnte zwischen 220 und 250 bringen den Christen eine längere Zeit relativer Ruhe. Kaiser Alexander Severus (222-235) soll sogar gewisse Sympathien gegenüber dem Christenglauben gehegt haben. Mindestens seine Mutter hört jedenfalls in Antiochien die Vorträge von Origenes. In diesen Jahrzehnten werden erste kleinere Gotteshäuser gebaut. Tertullian und Clemens berichten davon.

In diesen Jahren strömen zum Teil auch Massen zur Kirche. Das Christentum wird allmählich salonfähiger. Die ethische Strenge läßt nach, auch bei Priestern und Diakonen. Andere gehen angeblich zur Kirche, um ihre Kleider zu zeigen. Das Jahr 248 bringt die 1000-Jahr-Feier Roms. Im Bewußtsein des Volkes erwacht wieder der Sinn für die Tradition. Der moderne Gedanke, Staat und Religion zu trennen, ist noch nicht bekannt.

Im Jahr 250 verlangt Kaiser Decius ein allgemeines Opfer vom kleinsten Kind bis zum ältesten Mann. Er empfindet die Kirche als Staat im Staate. Der römische Bischof Fabian wird hingerichtet. Babylas von Antiochia und Alexander von Jerusalem erleiden dasselbe Schicksal. Cyprian von Karthago und Dionys von Alexandrien können nur durch Flucht ihr Leben retten. Doch darf der Oberhirte fliehen? In mancher führerlos gewordenen Gemeinde setzt jetzt selbst bei Priestern ein breiter Abfall ein[44].

Um die Jahresmitte verlangt Decius von allen Untertanen einen Beweis der Kaisertreue. Jeder Einwohner des Reiches muß vor einer Opferkommission den Staatsgöttern seine Reverenz erweisen. Wer sich weigert, wird getötet, seine Güter werden vom Staat konfisziert. Auch Frauen und Kinder werden zum Opfern und Beweihräuchern des kaiserlichen Bildes gezwungen. Wer diese Loyalitätserklärung abgegeben hat, empfängt einen Libellus, d.i. eine Opferbescheinigung. Der Kaiser verlangt also ein allgemeines Bekenntnis zu den traditionellen Grundlagen des Staates, zu denen auch der Staatskult gehört. Ein Jahr später fällt Decius im Kampf gegen die Goten. Seine Nachfolger, Gallus und Valerian, setzen die Politik

[44] Cyprian, Über die Gefallenen = BKV (2.A.1918)

fort. 257 verbietet Valerian alle christlichen Versammlungen in Häusern und Coemetrien[45]. Von den Priestern verlangt er

---

[45] Coemetria, griech. koimeteria = (ober- oder unterirdische) Begräbnisstätten, vom 9. Jahrhundert an Katakomben genannt. Kata kumbas ist wohl ursprünglich ein Flurname "bei der Schlucht" und bezieht sich auf die Sebastianskatakombe bei Rom.

Die **Katakomben** sind unterirdische Friedhöfe ungeheuren Ausmaßes. Die römischen sind zwar die bedeutendsten, doch gab es auch solche in Neapel, Sizilien, Nordafrika, Malta, Ägypten, Palästina oder Kleinasien. An einzelnen Stellen sind die Gänge in bis zu fünf Stockwerken bis mehr als 20 Meter unter der Erde angelegt. Allein das Coemetrium von Santa Sabina, das ausgemessen wurde, ergibt eine Totenstadt von 1,6 ha. 5736 Gräber sind in Stollen von 1603 m Länge angelegt. Die Länge sämtlicher Katakomben wird schätzungsweise mit der Länge des italienischen Stiefels (ca. 1200 km) angegeben. Die Stollen-Herstellung oblag besonders geschulten Fachleuten (fossores). Die Aufsicht übertrug man Klerikern, zum Beispiel dem Diakon und späteren Bischof Callistus.

Der Totentag ist für die Christen der Antike der Geburtstag. Am Gedächtnistag versammeln sich Familie oder Freunde vor der Grabkammer zum gemeinsamen Mahl. Auch fromme Seelen mögen gelegentlich zu ihrer Erbauung in die unheimlichen Totenstädte gewallfahrtet sein; ein Priester namens Barbazianus erbaute sich gar eine Katakomben-Einsiedelei.

Eine römische Liste des Jahres 354 nennt 16 Grabstätten als Gedenkorte für Märtyrer. Die Toten liegen - ohne Särge, in Tücher gewikkelt - hinter verschlossenen Nischen, in Troggräbern usw. Die ersten Katakomben in Gemeindebesitz gehen zurück auf die Zeit Viktors (ca. 190). Vorher stellen vornehme Gemeindeglieder ihre Privatanlagen zur Verfügung, die später zu Gemeindeanlagen erweitert werden, z. B. die Katakombe der Domitilla an der Via Adreatina oder die Katakombe der Caecilier, aus der die Kallist-Katakombe hervorgeht, wo neun Bischöfe des 3. Jh.s begraben liegen.

Die Katakomben bergen früheste **christliche Kunst**. Beliebte Motive sind der gute Hirte, Daniel in der Löwengrube, das Symbol des Fisches usw. Tertullian und Origenes empfinden grundsätzliche Abscheu vor Tempeln, Altären und Bildern. Es wirkt bei ihnen das Bilderverbot von 2. Mose 20,4. Tertullian behauptet, der Teufel habe die Bildhauer und Maler in die Welt gesetzt (de idol.3); doch kennt er auch Christen, die Trinkbecher mit dem Bild des guten Hirten besitzen (de pud.7,10); Clemens von Alexandria kann sich auf einem christlichen Siegelring eine

Beteiligung am Staatskult. Jetzt stirbt auch Cyprian, Bischof von Karthago und Oberhaupt der afrikanischen Kirche. Gleich ihm bezeugen viele ihren Glauben durch ihr Blut.

Andere erschleichen sich durch Bestechung der Beamten eine Opferbescheinigung. In einem erhaltenen Libellus aus dem nordwestlichen Ägypten heißt es:

> Aurelia Charis aus dem Dorf Theadelpheia an die Opferkommission: Beständig habe ich den Göttern geopfert und immer fromme Gesinnung bewiesen, und jetzt habe ich in eurer Gegenwart dem Edikt gemäß Trankopfer und Blutopfer dargebracht und vom Opferfleisch gekostet, und ich ersuche euch, mir dies durch Unterschrift zu bescheinigen. - Drei Unterschriften[46].

Taube, einen Fisch oder einen Anker vorstellen (Paid. 3,59).

Hier, im Heiligtum der Katakombe, eröffnet sich ein neuer, ein christlicher Sinn des Bildes und der Kunst. Katakomben werden nicht als Orte der Trauer oder der Finsternis empfunden. Passionsmotive fehlen! Die Gräber sind Geburts- und Siegesstätten der Entschlafenen, Orte künftiger Auferstehung, daher Plätze der Freude und der Hoffnung. Die ausgegrabene **Hauskirche** in Dura-Euporus am Westufer des Euphrats (um 230 n. Chr.) enthält ebenfalls Fresken: guter Hirte, Christus auf dem Wasser, Heilung eines Gelähmten, kerzentragende Frauen usw. Vgl. die Abbildung in: Handbuch, Die Geschichte des Christentums (Brockhaus 1992) 77.

Der Brauch unterirdischer Begräbnisstätten ist uralt. Schon die Ägypter und Phönizier pflegen ihn. Auch Juden bestatten in Italien ihre Angehörigen in unterirdischen Anlagen. Ebenso die Anhänger des Mithraskultes. Die Christen sind Gegner der Leichenverbrennung. Der menschliche Körper gehört zum Ebenbild Gottes.

Erst nach dem Raubzug Alarichs (410), als die Stadt jegliche Sicherheit verliert, hören die Katakomben auf, als Begräbnisstätten zu dienen. Der Bruch der Aquädukte verwandelt im hohen Mittelalter die Campagna in einen Sumpf. Der Brauch, die heiligen Stätten zu besuchen, verliert sich. Sozusagen zufällig entdeckt Antonio Bosio 1578 wieder das unterirdische Rom.

[46] Papyrus aus Theadelpheia (Faijum); das Original befindet sich in der Hamburger Staats- und Universitätsbibliothek. Griechischer Text und

Charakteristisch für die Einstellung der pluralistisch denkenden Behörden ist die Antwort, welche Dionys von Alexandrien erhält, als er beteuert, er könne nur einen einzigen Gott verehren: "Wer hindert euch denn, diesen anzubeten, wenn ihr nur zugleich die Gottheiten anerkennt, welche das Reich beschützen!"

Als Valerian im Jahr 260 stirbt, flauen die Verfolgungen ab. Es folgen 42 Jahre Friedenszeit. In diesen Jahrzehnten erlebt die Christenheit zahlenmäßig eine starke Verbreitung. Neue Kirchen, bereits kleinere Basiliken, werden gebaut. Bischöfe steigen auf zu geachteten Persönlichkeiten im Staatsleben usw. Im Osten entscheidet sich in dieser Zeit das Übergewicht des Christentums, im Westen führt bald nach 300 Konstantin die Wende herbei.

Übersetzung bei H.v.Soden, Die Entstehung des Christentums II (1931) 250.

3. Das Christentum und die Frau[47]

Im alten Heidentum ist die Frau - auch rechtlich - Eigentum des Mannes. Sieht man von einigen wenigen Matronen ab, so steht die Frau unter dem Verfügungsrecht des Mannes und somit außerhalb des öffentlichen Rechts. Zwar gilt es in den guten Zeiten Roms als Schande, seine Frau zu mißhandeln, doch selbst der als sittenrein gepriesene Markus Cato[48] scheut sich nicht, auf Bitten eines heiratslustigen Freundes seine Frau zu entlassen und sie später wieder zu sich zu nehmen. Solche Zustände bestehen in verschiedenen Kulturen zum Teil bis heute. Nach buddhistischer Lehre kann die Frau das Nirwana nicht gewinnen. Das Äußerste, was sie erreicht, wenn sie ihr ganzes Leben klösterlicher Zucht unterwirft, ist dies, daß sie in einer neuen Daseinsform nicht wieder Frau zu werden braucht.

Das Evangelium bringt den Menschen Freiheit. Es verkündet zwar keine Gleichmacherei, aber es betrachtet die Frau als gleichwertig und eigenständig. Zum weiteren Jüngerkreis um Jesus gehören drei Frauen mit dem Namen Maria, ferner Johanna, die Frau Chusas, Susanna und viele andere Frauen (Lk 8,2 ff.; vgl. auch Mk 15,40). In der Seelsorge nimmt sich Jesus der Frauen ebenso an wie der Männer (Nikodemus in Joh 3 - die Samariterin in Joh 4). Die zehn Jungfrauen sind ihm nicht weniger wichtig als die beiden verlorenen Söhne (Mt 25 und Lk 15). Mit der armen Witwe vergleicht er sich ebenso gern wie mit dem guten Hirten (Lk 15). Mit Jesus dürfen Mädchen und Frauen den aufrechten Gang lernen.

Das NT weiß von vielen Männern, die Jesus radikal ablehnen; doch von keiner Frau wird ähnliches berichtet. Im Gegenteil: Die Frau des Pilatus hat in kritischer Stunde einen schweren Traum und warnt ihren Mann. Die Töchter Jerusalems haben Tränen auf dem Weg nach Golgatha. Frauen sind

---

[47] W. Schamoni, Heilige Frauen des Altertums (1963);
L. v. Eltz-Hoffmann, Frauen der frühen Kirche (1991).

[48] Begründer der lateinischen Kunstprosa, 2. Jh. v. Chr.

am Ostermorgen die ersten Zeugen der Auferstehung - nach römischem Recht wäre der Wert einer Zeugin gleich null. Die Bibel setzt hier völlig andere Akzente.

Maria, die Mutter von Johannes Markus, bietet der jungen Christengemeinde das erste Heim (Apg 12,12). Eine Frau mit Namen Lydia ist die erste namentlich genannte Christin auf dem europäischen Kontinent. Drei Frauen sind beteiligt als "Mitkämpferinnen" bei der Gründung der Gemeinde in Philippi: Lydia, Euodia und Syntyche (Apg 16,14 + Phil 4,2). In Athen wird als Erstling neben Dionys auch Damaris genannt (Apg 17,34). Im Römerbrief grüßt Paulus acht Frauen neben 18 Männern, an vorderster Stelle die Missionarin Prisca. Sie wird ihrem Mann sogar vorangestellt, was sicher mehr ist als moderne Höflichkeit (Röm 16,3, auch 2. Tim 4,19!). In Laodicea versammelt sich die Gemeinde im Haus der Nympha (Kol 4,15). Gabia, die Frau eines heidnischen Prokurators, und Alce, die Schwester eines Christenfeindes, sind beide Stützen der Gemeinde in Smyrna[49]. Beide Frauen sind Christinnen, ihre Männer sind Heiden! Die Zahl der vornehmen Frauen ist groß: Wir nennen Domitilla aus des Kaisers Haus (um 90); die Gattin des Statthalters von Kappadozien (um 200)[50]; Julia, die Frau von Kaiser Philippus Arabs (um 230) sowie die Frau und die Tochter des Verfolgers Diokletian (um 290)!

In Hierapolis in Phrygien genießen die weissagenden Töchter des Philippus hohes Ansehen. Sie beten und weissagen im Gottesdienst im Sinne von 1. Kor 11,5. Bald nach ihnen lebt in Asia die Prophetin Ammia. Noch gegen 200 wird sie verehrend erwähnt (Eusebius, h.e. V,17). Sie ist nicht die letzte. In den 30er Jahren des 3. Jh.s lebt in Kappadozien die

---

[49] Ignatius, Br. an d. Smyrnäer u. an Polykarp = A. Lindemann/ H. Paulsen, Die Apostolischen Väter gr./dt. (1992).

[50] Der Statthalter Claudius Herminianus entfesselt aus Wut über den christlichen Glauben seiner Frau eine (severianische) Verfolgung (Tertullian, Ad. Scapulam 3).

gelehrte Jungfrau und Matrone Juliana (Eusebius VI,17) usw.

Im Montanismus und bei den Gnostikern spielen Prophetinnen, auch Priesterinnen, eine große Rolle. Tertullian berichtet von einer (montanistischen) Frau: "Sie verkehrt mit den Engeln, zuweilen auch mit dem Herrn, sieht und hört Geheimnisse, sie blickt einigen ins Herz und gibt denen, die es verlangen, Heilmittel" (De anima 9).

Die Zahl der Märtyrerinnen ist nicht geringer als die der Männer, und die Frauen beweisen nicht weniger Seelenstärke. Schon Bischof Clemens von Rom rühmt um 95 n. Chr. Blutzeuginnen.

Ein spürbarer Frauenüberhang in der ersten Christenheit[51] führt zu sozialen Problemen. Christliche Frauen höheren Standes heiraten heidnische Männer oder geraten in Unzucht, weil sie keinen christlichen Mann gleichen Standes finden und ihren Rang nicht verlieren wollen. Bischof Callistus von Rom gestattet um 220 den jungen Frauen, einen freigelassenen Mann oder einen christlichen Sklaven zu nehmen, ohne eine staatliche Ehe einzugehen. Die Kirche anerkennt dieses Konkubinat als gültige Ehe. Ein eigenes kirchliches Eherecht bahnt sich an.

Angesichts der vielen gemischten Ehen kommt der Mission innerhalb der Ehe und Familie höchste Bedeutung zu. Durch bescheidenen, überzeugenden Wandel sollen die Frauen ihre Männer gewinnen, nicht durch Predigen und Lehren (1. Petr 3,1).

Dieser ganze Zusammenhang ist mit zu betrachten, wenn Paulus den Korinthern und Ephesern schreibt, daß der Ort der Frau in Gottes Schöpfungsplan nicht identisch sei mit dem des Mannes. Das Schweigegebot für die Frauen in Korinth ist kein absolutes und steht wohl im Zusammenhang mit frühgnostischen (schwärmerischen) Zerwürfnissen.[52]

---

[51] Vgl. Origenes, Gegen Celsus III,44

[52] Vgl. 1. Kor 14,34 mit 11,5 ff. Ebenso 1. Tim 2,12!

Um 100 gibt es im Osten den Stand der Diakonisse (ministra)[53]. Diese Frauen sind eher reiferen Alters, ehelos und genießen einen unbescholtenen Ruf. Eine geradezu eminente Rolle spielen die Frauen in Kreisen der Gnostiker und Montanisten, bei den Montanisten als Prophetinnen, bei den Gnostikern auch als Priesterinnen[54]. Die apokryphen "Acta Pauli" sind sogar entschieden "feministisch". Genannt werden Theonoe und Myrte, zwei korinthische Gemeinde-Prophetinnen, außerdem Stratonice von Philippi, Eubulla und Artemilla in Ephesus, Phile von Antiochia sowie die "Apostolin" Thecla von Iconium, vielleicht ein von Paulus bekehrtes Mädchen u.a.[55] Auch Montanus umgibt sich mit Prophetinnen, die das baldige Weltende verkünden. Die apokryphen Apostelgeschichten des 2. Jahrhunderts sind voll von predigenden Frauen. Die heidnischen Philosophen Celsus und Porphyrius spotten über den Unverstand christlicher Weiber und deren Religion[56]. So legt sich bereits durch die Bekämpfung von Gnosis und Montanismus ein erster negativer Schleier über das geistliche Bild der Frau.

Schon das Neue Testament betont den besonderen Wert einer gesunden Jungfräulichkeit aus Berufung (1. Kor 7,8). Justin und Irenäus betonen: Christus hat die Sünde Adams wieder gutgemacht; Maria aber ist das Gegenbild zu Eva, sie

---

[53] Pliniusbrief; ministra = diakonissa.

[54] Briefe Cyprians 75,10.

[55] Die Paulusakten berichten über das reiche Wander- und Wunderleben des Paulus hauptsächlich in Kleinasien. Reich an Wundern, Heilungen, Totenerweckungen, Bekehrungen und emotionalem Gehalt. Vgl. auch Akten des Paulus und der Thekla. W. Schneemelcher, Neutest. Apokryphen, II (6.A.1997).

[56] Origenes, contra Celsum III,44.

ist das Urbild der Jungfräulichkeit[57]. Die zunehmende allgemeine Unsittlichkeit, aber auch die aufsteigende Gnosis steigern den Wert dieses Ideals. Jungfrauen werden zu einem geachteten Stand in der Gemeinde. Übertreibungen führen aber auch zu Entgleisungen.

Im Laufe des 3. Jh.s - unter dem Einfluß des Neuplatonismus - nistet sich die antike Meinung der Minderwertigkeit der Frau auch in der christlichen Kirche ein. Die Frau sei stärker an die Geschlechtssphäre gebunden als der Mann (Platon!). Ehelicher Beischlaf am Abend vor der Eucharistie beeinträchtige die kultische Fähigkeit des Priesters usw. Schließlich war es die Frau, die Adam verführt habe und nicht umgekehrt. Diese Grundströmung begünstigt selbstredend auch das Mönchstum und den Zölibat. Parallel zu dieser negativen Sicht der Frau steigt die Jungfrau Maria als das Gegenbild von Eva in unerreichbare Höhen. Kein Mann steht so hoch wie sie![58]

---

[57] Justin, Dialog 100; Irenäus, adv. haer. II,22 und IV,5. Tertullian, selber verheiratet, malt bereits ein eher düsteres Bild der Frau.

[58] Hieronymus schreibt über "Marias immerwährende Jungfernschaft". Maria gilt als Urbild der reinsten Virginität. Hieronymus gründet mit den Römerinnen Paula und Eustochium ein Männer- und ein Frauenkloster. Die Legende von der Himmelfahrt Mariae geht im 5. Jahrhundert von Syrien aus. Nun wird auch Maria angerufen. Die erste bekannte Marienkirche ist die ephesinische, in der 431 das Konzil tagt.

4. Die nachapostolischen Väter[59]

Zu den nachapostolischen Vätern werden Schriftsteller gerechnet, die direkt oder indirekt noch Umgang mit den Aposteln selber haben. Seit dem 17. Jh. werden sie meist "Apostolische Väter" genannt, doch ist diese Bezeichnung mißverständlich.

Die Clemensbriefe

Als Urheber des 1. Clemensbriefes nennt Dionysius von Korinth Bischof Clemens von Rom. Der Verfasser des 2. Clemensbriefes ist unbekannt. Hier handelt es sich um eine Homilie aus der ersten Hälfte des 2. Jahrhunderts. Es ist die älteste uns erhaltene Predigt. Als Ort der Entstehung wird Rom oder Korinth vermutet. Der Verfasser ist unbekannt.

Der 1. Clemensbrief ist an die korinthische Gemeinde gerichtet. Dort sind Streitigkeiten zwischen der jüngeren und der älteren Generation ausgebrochen. Jüngere Kreise in Korinth berufen sich anscheinend auf besonders hohe geistliche Begabungen. Ihnen steht eine Gruppe von Presbytern gegenüber, von denen einige bereits abgesetzt sind (47,6). In diesen Streit greift die römische Gemeinde ein. Sie nimmt das Wächteramt wahr. Der Clemensbrief ist also ein seelsorgerlicher Brief. Die römische Gemeinde ist ihrerseits geläutert worden, und der Verfasser leidet mit an der Spaltung in Korinth. "In Rom wird Freude und Jubel sein, wenn die Korinther gehorchen, denn der Brief ist durch den Heiligen Geist -

---

[59] Kommentar zu den Apostolischen Vätern, hg. N. Brox/G. Kretschmar/K. Niederwimmer, I-IX (1989/2000); A. Lindemann/H. Paulsen, Die Apostolischen Väter, gr./dt. (1992); RVK, Die Apostol. Väter (1918); B. Altaner/A. Stuiber, Patrologie (9.A.1980) 43ff; H. R. Drobner, Lehrbuch der Patrologie (1994) 37ff; H. Paulsen, Studien zur Theologie des Ignatius von Antiochin (1978).

geschrieben." Clemens stellt sich auf die Seite der Älteren und verlangt die Wiedereinsetzung der Presbyter. Er ruft die Gemeinde auf zur Buße für die Überhebung: "Ordnet euch unter, legt ab den prahlerischen und stolzen Eigensinn eurer Zunge!"[60] Die Bischöfe und Diakone in Korinth sind von den Aposteln eingesetzt. Und diese haben ihre Legitimation direkt von Christus. Das Schreiben wird in Korinth regelmäßig "zur Belehrung" vorgelesen (Eusebius, IV,23).

Wann ist der Brief geschrieben? Zu Beginn ist die Rede von Drangsalen, die über die römische Gemeinde hereingebrochen sind. Dies ist der Fall gegen Ende der Regierungszeit Domitians. Der Brief wird von der Forschung einmütig in die Zeit um 95 angesetzt, also in dieselbe Zeit, da in Kleinasien die Offenbarung des Johannes geschrieben wird. In Syrien und Ägypten wird der Brief eine Zeitlang zu den Heiligen Schriften gerechnet.

Der Brief wird etwa als frühestes Dokument des römischen Papsttums hingestellt. Doch davon kann am Ende des ersten Jahrhunderts noch keine Rede sein. Eine Gemeinde ermahnt die andere (1.Tim 5,17.19). Von Paulus sagt der Brief: "Die ganze Welt hat er Gerechtigkeit gelehrt, bis zum äußersten Westen ist er vorgedrungen, und vor den Machthabern hat er sein Zeugnis abgelegt: so ward er dann aus der Welt genommen und wanderte an den heiligen Ort..."[61] Im Rom der 90er Jahre des 1. Jh.s weiß man also, daß Paulus bis nach Spanien gelangt ist.

---

[60] Mathete hypotassesthai, Kap. 57,2.

[61] Kapitel 5.

Die sieben Briefe des Ignatius von Antiochien

Ignatius ist gemäß Euseb der zweite Bischof von Antiochien und stirbt um 110 als Märtyrer unter Trajan in Rom. Auf dem Landweg über Kleinasien wird er von zehn Soldaten nach Rom transportiert. Er ist zum Tod verurteilt. In Rom soll er anläßlich einer Tierhetze dem lüsternen Volk als Schauspiel herhalten. Auf diesem düsteren Transport diktiert er sieben Briefe mit Mahn- und Lehrworten. Vier davon werden in Smyrna geschrieben. Es sind dies die Briefe an die Gemeinden in Ephesus, Magnesia, Tralles und Rom; drei verfaßt er in Troas, nämlich für Philadelphia und Smyrna sowie für den Bischof Polykarp.

Ignatius ist - wie sein Name sagt - ein vom Feuer durchglühter Mann. Aus seinen Briefen spricht die Sorge um die von Irrlehren bedrohten Gemeinden. Er ermahnt die Gemeinden, sich eng an den Bischof anzuschließen. Seine Briefe geben uns Einblick ins geistliche Leben im syro-phönizischen Raum mit der Zentrale Antiochia. Ignatius als Bischof dieser wichtigen Gemeinde ist ein Bindeglied zwischen den apostolischen Gemeinden und der frühkatholischen Theologie.

Der Polykarp-Brief an die Philipper

Polykarp ist Bischof der Gemeinde in Smyrna (heute Izmir). Als er am 23. Februar 155 den Martertod erleidet[62], ist er schon 86 Jahre Christ. Seine Geburt ist somit spätestens im Jahr 69 anzusetzen. Polykarp hat in seiner Jugend noch direkten Kontakt zur Apostelgeneration. In jungen Jahren hört er noch Johannes, der ihn zum Bischof von Smyrna bestellt[63].

---

[62] Es ist ein "großer Sabbat" im Februar unter Proconsul Statius Quadratus.

[63] Euseb, V,20. Zur ganzen Diskussion vgl. das Kapitel über Irenäus.

Er ist also ein sehr wichtiger Vertreter der urchristlichen Überlieferung in Kleinasien. Vielleicht ist er der in Offb 2,8 angeredete "Engel der Gemeinde zu Smyrna", der vom Auferstandenen die Ermahnung empfängt: "Sei getreu bis in den Tod, so will ich dir die Krone des Lebens geben." Im Jahr 154 verhandelt er noch mit dem römischen Bischof Anicet über den Termin des Osterfestes. Die Kleinasiaten feiern die Auferstehung "nach der Sitte der Apostel" am jüdischen Passahfest (14. Nisan), also unabhängig vom Wochentag. Rom und der Westen dagegen feiern (wohl seit Bischof Pius) das Fest erst am darauffolgenden Sonntag. Polykarp und Anicet können sich nicht einigen, sie feiern aber friedlich einen Gottesdienst in griechischer Sprache, den Polykarp leiten darf.

40 Jahre später kommt es wegen des Ostertermins erneut zum Streit. Doch erst auf dem Konzil zu Nicäa (325) einigt sich die Gesamtkirche auf den bis heute gültigen Termin. Ostern soll sein: am ersten Sonntag nach dem ersten Vollmond nach dem 21. März (Tag-und-Nacht-Gleiche).

Polykarp versendet die Ignatius-Briefe nach Philippi und fügt seinen eigenen — eben den Polykarp-Brief — bei. Sein Brief enthält Mahnungen zum rechten Glauben und Wandel. Er benützt den 1. Clemensbrief und zitiert viele Paulusstellen, die er als autoritatives Wort versteht.

Der Barnabasbrief

Der Barnabasbrief ist mehr eine Abhandlung als ein Brief. Das Alte Testament ist nicht wörtlich, sondern allegorisch zu verstehen. Die Juden waren des Alten Bundes nicht würdig. Sie wurden durch einen bösen Engel verführt. Sie nahmen das Gesetz zu wörtlich und haben so die Offenbarung verkehrt. Gottes Anordnungen über Opfer, Beschneidung, Speisen usw. sind in einem höheren, geistlichen Sinne zu verstehen. Die Christen sollten daher mit dem Judentum brechen.

Der Brief sagt nicht, wer der Autor ist. Schon früh wird er Barnabas aus Apostelgeschichte 4,36 zugesprochen (Clemens v. Alexandrien). Doch das ist kaum möglich. Der Verfasser ist ein scharfer Gegner des Judentums. Er disqualifiziert den Alten Bund in seinem geschichtlichen Sinn. Diese Haltung ist mit Jesus und den Aposteln unvereinbar. Die Heimat des anonymen Verfassers ist wahrscheinlich Ägypten. Dort blüht die allegorische Schriftauslegung schon unter dem jüdischen Philosophen Philo von Alexandrien. Entstehungszeit um ca. 130.

Der Hirt des Hermas

Der "Hirt des Hermas" ist eine Schrift, die auf Visionen beruht. Hermas gehört zu den altchristlichen Propheten. Im Wachzustand erscheint ihm öfter ein Engel, verkleidet als Hirtenjüngling. Hermas lebt in einer Gemeinde, in der schon die Eltern Christen waren. An die zweite und dritte Christengeneration schreibt er Erweckungsermahnungen. Vor der erwarteten Wiederkunft Christi sollen und dürfen alle Christen noch *einmal* Buße tun. Die Schrift entsteht um 140 in Rom und genießt im 2. Jh. teilweise kanonisches Ansehen. Hermas war vermutlich der Bruder von Bischof Pius (140-154)[64].

---

[64] "Sehr spät schrieb in unserer Zeit Hermas den 'Hirten' in der Stadt Rom, während sein Bruder Pius auf dem Stuhl der Kirche der Stadt Rom saß" (Murat. Fragment um 180/200). Origenes und mit ihm neuerdings Bischof Robinson denken an Hermas, den Paulus in Röm. 16,14 grüßt. Vgl. J.A.T. Robinson, Wann entstand das Neue Testament? (1986) 330.

Papias-Fragmente

Papias ist Bischof von Hierapolis in Phrygien. Er gehört — wie Ignatius und Polykarp — in die erste Hälfte des 2. Jh.s. Irenäus nennt ihn einen "altehrwürdigen Mann" (archaios aner), einen Hörer des Johannes und Freund von Polykarp. Er schreibt um 125 ein Werk mit dem Titel "Auslegung von Herrenworten"[65]. Eusebius bringt daraus zwei wichtige Zitate:

> "Markus hat die Worte und Taten des Herrn, an die er sich als Dolmetscher des Petrus erinnerte, genau, allerdings nicht ordnungsgemäß, aufgeschrieben. Denn er hatte den Herrn nicht gehört oder begleitet; wohl aber folgte er später, wie gesagt, dem Petrus, welcher seine Lehrvorträge nach den Bedürfnissen einrichtete, nicht aber so, daß er eine zusammenhängende Darstellung der Reden des Herrn gegeben hätte. Es ist daher keineswegs ein Fehler des Markus, wenn er einiges so aufzeichnete, wie es ihm das Gedächtnis eingab. Denn für eines trug er Sorge: nichts von dem, was er gehört hatte, auszulassen oder sich im Bericht keiner Lüge schuldig zu machen."

Über Matthäus berichtet Papias:

> "Matthäus hat in hebräischer Sprache die Reden zusammengestellt. Ein jeder übersetzte dieselben, so gut er konnte" (Euseb, III,39).

Papias sammelt möglichst direkte mündliche Berichte über Jesus und seine Jünger und legt sie aus. Ist er als Freund von Polykarp ebenfalls um 60/70 geboren, so hat er - wie Irenäus bezeugt - den Apostel Johannes und den Jesus-Jünger Aristion noch selber gehört. Eusebius, der sich als Spiritualist an der Theologie des Papias stört (Tausendjahrreich), behauptet,

---

[65] Logion kyriakon exegeseis. Erklärungen von Herrenworten unter Heranziehen von mündlicher Überlieferung.

Papias habe die Apostel nicht mehr gekannt. Er soll aber die vier Töchter des Diakons Philippus von Hierapolis gekannt haben.

Papias und Polykarp sind die kleinasiatischen Gewährsleute des späteren Irenäus von Lyon. Dieser behauptet um 180, er habe in seiner Jugend Polykarp (und Papias?) noch gehört. Über diese Senioren führe von der späteren Apostelgeneration ein direkter Informationsweg zu ihm. Die Bibelkritik seit dem 19. Jh. versucht, diesen Informationsweg als unglaubwürdig darzustellen[66].

Die Didache

Die "Lehre der zwölf Apostel" stammt aus Syrien oder Palästina und wird auf das Ende des 1. Jahrhunderts angesetzt. Sie ist die älteste Kirchenordnung. In 16 knappen Kapiteln enthält sie, was man die Katechumenen in den Urgemeinden des Orients lehrt: Es gibt zwei Wege, "einen zum Leben und einen zum Tode". Es ist christliche Sittenlehre für Taufwillige: "Mein Kind, achte nicht auf den Vogelflug, denn er führt zum Götzendienst; mein Kind, sei nicht mürrisch, sei vielmehr sanftmütig; mein Kind, sei kein Lügner" usw. Der zweite Teil berichtet über die Taufe, nachdem der Weg des Lebens und der Weg des Todes dargelegt sind:

> Taufet auf den Namen des Vaters und des Sohnes und des Heiligen Geistes in fließendem Wasser. Hast du aber kein fließendes Wasser, so taufe in anderem Wasser. Kannst du's nicht in kal-

[66] Vgl. Irenäus, adv. haer. IV,37.1; IV,32.1; ferner: Eusebius, KG III,39. Th. Zahn, Apostel und Apostelschüler in der Provinz Asien = Forsch. z. Gesch. d. Kanons VI (1900) 71ff. Anders A. v. Harnack, Gesch. d. altchr. Lit. bis Eusebius (1893) 263ff; gute Zusammenfassung bieten RE 3.A. 14,642ff und 9,401ff; A.D. Baum, Papias und der Presbyter Johannes = JETh (1995) 21ff.

tem, so in warmem. Hast du beides nicht, so gieße auf das Haupt dreimal Wasser auf den Namen des Vaters und des Sohnes und des Heiligen Geistes. Vor der Taufe sollen der Täufer und der Täufling fasten und womöglich noch einige andere. Dem Täufling befiehl, daß er einen oder zwei Tage vorher faste. Eure Fasten sollen nicht mit denen der Heuchler stattfinden, denn sie fasten am Montag und Donnerstag. Ihr aber fastet am Mittwoch und Freitag!

Das Abendmahl ist geistliche Speise und geistlicher Trank. Am "Tag des Herrn" - am Sonntag! - versammelt sich die Gemeinde zum Gottesdienst. Sie dankt mit dem folgenden Lied:

Wir danken dir, unser Vater,
für den heiligen Weinstock Davids, deines Knechtes,
welchen du uns kundgetan hast durch deinen Knecht Jesus.
Dir sei Preis in Ewigkeit!

Wie dieses gebrochene Brot zerstreut war auf den
Bergen und zusammengebracht eins wurde,
so laß deine Kirche von den Enden der Erde
in dein Reich zusammengebracht werden,
denn dein ist die Herrlichkeit und die Kraft
durch Jesus Christus in Ewigkeit[67].

Am Eucharistie-Mahl sollen nur die teilnehmen, welche auf den Namen des Herrn getauft sind. Denn das Heilige soll nicht den Hunden gegeben werden. Kap. 11-13 kennen noch "wandernde Apostel und Propheten". Nach Kap. 15 sollen in der Gemeinde Bischöfe und Diakone gewählt werden, denn sie versehen "den Dienst der Propheten und Lehrer".

Diese Übergangssituation und die jüdische Zwei-Wege-Lehre sprechen für diese frühe Datierung im syrischen oder palästinischen Raum.

---

[67] Didache 7,1ff und 9ff.

Kennzeichen der nachapostolischen Väter

Die nachapostolischen Väter sind wichtige Informations-Brücken zwischen dem Neuen Testament und den Altkatholischen Vätern um 180 (Irenäus und Tertullian). Die Schriften geben uns Einblick ins Glaubens- und Gemeindeleben der Zeit zwischen 100 und 140. Die Väter sind bemüht um die Wahrung und Festigung des urchristlichen Glaubensgutes. Insgesamt offenbaren uns ihre Schriften aber auch einen deutlichen Niedergang zur Hauptsache in den drei Punkten:

1. Veränderung in der Rechtfertigungslehre

Jesus bleibt oberste Autorität. Die Christen halten sich fern von der Welt. Trotzdem schleicht sich die "Welt" unbemerkt durch die Hintertür in die Gemeinden ein - in der Form der Gesetzlichkeit! Man glaubt zwar noch an die Gnade. Eifrig werden auch Sätze der Apostel zitiert. Doch diese Gnade und das Erbarmen Gottes umfassen nicht mehr das ganze Leben. Die Gnade schrumpft zusammen zur einmaligen Vergebung bei der Taufe. Die Taufe ist das Bad der Wiedergeburt, das von den Sünden reinigt. Nachher muß der Christ nach den Geboten leben. Vieles gibt es zu lesen über die schweren Gerichte, die über die Gottlosen kommen werden. Für die Gläubigen hat Jesus ein neues Gesetz gebracht, das noch schwerer ist als das alte.

Nun gibt es in der römischen Gemeinde der dritten Generation Christen, die ein Leben "in der vollkommenen Heiligung" nicht mehr durchhalten. Ihnen verkündet Hermas prophetisch die einmalige Möglichkeit einer zweiten Buße bei zureichender Reue. Damit ist der Weg zur katholischen Buß- und Ablaßlehre beschritten. Nur eine Generation früher verkündet Johannes noch: "Wer von Gott geboren ist, sündigt nicht... und wenn jemand sündigt, so haben wir einen Fürsprecher beim Vater, Jesus Christus"(1. Joh 5). Im NT ist es Gottes Güte, die uns zur Buße leitet. Hier wird Buße zur frommen Vorleistung für Gottes Erbarmen.

Der 2. Clemensbrief empfiehlt: "Gut ist ein Almosen als Buße für die Sünde"(16,7). Sünde und Gnade werden beide nicht mehr in der neutestamentlichen Tiefe gesehen. Bei Hermas ist jeder Christ verpflichtet, Gottes Gebote zu halten. Wenn einer noch mehr Ehre will, muß er auch mehr tun als die christliche Standardpflicht (5,3). Es tauchen also bereits überschüssige Werke besonders frommer und gehorsamer Christen auf. Leute, die ein besonders heiliges Leben führen, bringen es bei Gott zu einem Aktivsaldo. Auf diesem Gedanken beruht die spätere Ablaßlehre. Das größte Opfer, das ein Christ Gott bringen kann, ist das Martyrium (9,28).

Den Übergang zu dieser heimlichen Werkgerechtigkeit markiert schon Bischof Ignatius von Antiochien im Jahr 110. Er freut sich auf das Martyrium in Rom, ja er lechzt nach den wilden Tieren. "Ich freue mich auf die Bestien... locken will ich sie, mich auf der Stelle aufzufressen... und wenn sie nicht wollen, so brauche ich Gewalt." Er bittet die Römer, sein Martyrium ja nicht zu verhindern. "Lieber schmeichelt den Bestien, daß sie mir zum Grab werden... Weizen Gottes bin ich, und von den Zähnen wilder Tiere werde ich zermahlen, auf daß ich als reines Brot Christi erfunden werde." Erst jetzt, meint er, fange er an, ein rechter Jünger Christi zu werden.

Ignatius glaubt, er erlange die volle Jüngerschaft und die endgültige Rechtfertigung erst durch das Martyrium. Die Rechtfertigung ist bei ihm nicht mehr Grund und Mitte des Glaubens, sondern das Ziel. Das Wort Jesu: "Selig sind die geistlich Armen" (Mt 5,3) verliert im 2. Jh. an Bedeutung. Die Rettung des Sünders gelangt zur Vollendung durch die perfekte sittlich-religiöse Leistung.

Andererseits sind gerade die Briefe von Ignatius durchdrungen von glühender Liebe zu Jesus Christus. Im Brief nach Philadelphia meint er: "Meine Urkunden aber sind Jesus Christus, sein Kreuz, sein Tod, seine Auferstehung und der durch ihn bewirkte Glaube. In diesen will ich auf euer Gebet hin gerechtfertigt werden." Freilich ist die Rechtfertigung auch hier eine Sache der Zukunft, nicht der Vergangenheit.

In den nachapostolischen Schriften begegnen wir einer Zweigleisigkeit. Man überläßt es den einzelnen, ob sie durch Gnade oder durch Verdienst gerecht werden wollen. Mindestens in den zitierten Formulierungen der Apostel lebt der neutestamentliche Glaube noch nach.

Wie kommt es schon 15 Jahre nach dem Tod des Johannes zu diesem Moralismus? Der Hegelschüler Ferdinand Christian Baur meinte, es sei ein Rückfall in jüdische Gesetzlichkeit. Paulus und die griechischen Gemeinden hätten sehr stark die freie Gnade gepredigt. Nun schlage das Pendel wieder zurück.

Das Neue Testament selber kennt einen tieferen Grund. Er liegt in der Sündennatur des Menschen selber. Es ist für den Menschen kaum faßbar, daß Gott einen Sünder ohne Gegenleistung und in freier Gnade annimmt. Der Verdienstgedanke von Lohn und Vergeltung sitzt so tief in unserer Natur, daß er sich schon in der nachapostolischen Generation wieder zeigt. Darum braucht jede Kirche und jede Generation neu ihre "Reformation" durch das Wort Gottes.

2. Das Abendmahl

Nicht die Sünde ist das Hauptübel bei Ignatius, sondern das dem Tode Verfallensein. Sein Grundgedanke ist die Unsterblichkeit (aftharsia). Das Heil der Unsterblichkeit werde vermittelt durch das Abendmahl. Er empfiehlt den häufigen Gebrauch dieses Gnadenmittels, denn es sei ein Heilmittel gegen den Tod[68]. Dadurch würden die Kräfte Satans zerstört. Die Kirche bezeichnet er als Opferstätte. Auch für die gleichzeitige Didache ist das Abendmahl ein (geistliches) Opfer.

[68] Ein pharmakon athanasias/aftharsias; Ignatius, Epheser 2,20.

Ignatius geht einen Schritt weiter (auch über Joh 6,51 ff. hinaus). Das Mahl hat bei ihm eine magisch-dingliche Wirkung. Am Ende des zweiten Jahrhunderts ist aus dem Dank für die Gaben Gottes eine Gabe des Menschen zwecks Einwirkung auf Gott geworden (Irenäus, Tertullian, Clemens). Mit der Darbringung der Gaben (oblatio) verbindet sich der Gedanke der Einwirkung auf Gott (Theurgie). Es kommt auch die Sitte auf, für die Brautleute oder die Verstorbenen Gaben darzubringen (erste Anfänge der Seelenmessen).

3. Das Bischofsamt bei Ignatius

Die Urgemeinde feiert das Abendmahl noch "hin und her in den Häusern" (Apg 2,42). Bei Ignatius ist es bereits ein kultischer Akt. Nur *die* Eucharistie gilt als richtig, die unter dem Bischof stattfindet. Ein Gleiches gilt auch für die Taufe, ja für die Gemeinde überhaupt. Nach Smyrna schreibt er:

> Folgt alle dem Bischof, wie Jesus Christus dem Vater, und dem Presbyterium wie den Aposteln; die Diakonen aber ehrt wie Gottes Gebot! Niemand verrichte kirchliche Dinge ohne den Bischof! (Nur) die Eucharistie gelte als die rechte, die unter dem Bischof stattfindet oder wem er sie überträgt! Wo der Bischof sich zeigt, da sei auch die Gemeinde, wie da, wo Jesus Christus ist, auch die allgemeine Kirche ist. Es ist nicht recht, ohne den Bischof zu taufen oder das Liebesmahl zu halten...[69]

Der Bischof regiert die Gemeinde wie ein Monarch. Man spricht darum vom monarchischen Episkopat, der hier bei Ignatius zum ersten Mal erscheint. Der Gemeinde wird das Prüfen der Lehre aus der Hand genommen. "Wer den Bischof ehrt, der wird von Gott geehrt."

---

[69] Ignatius, Brief an die Smyrnäer 8.

Warum ist hier dem Bischof eine solche Macht eingeräumt? Sicher hat der Kampf gegen die aufkommende Gnosis die Entwicklung zum Einmannsystem gefördert. Warum sollte aber ein Bruderrat den Kampf gegen Irrlehren nicht auch aufnehmen können? Die eigentliche Wurzel dafür liegt anderswo. Der Priester ist im Grunde genommen nicht einfach ein Gemeindeangestellter. Er ist Vermittler des Heils. Er ist der Verwalter des Heilsgutes. Im Kultus und in den Sakramenten liegen die Wurzeln des katholischen Priestertums. Je dinglicher man das Heilsgut auffaßt, desto nötiger werden Personen, die kompetent sind, damit *rite* (formgemäß) umzugehen. Je massiver das Abendmahl als Leib Christi verstanden wird, desto nötiger wird ein Priester oder Bischof, der die Feier richtig zelebriert.

Die Luft jener Zeit - insbesondere im syrischen Raum - ist geschwängert von heidnischer Mysterienfrömmigkeit und von Geheimkulten. Diese haben auch auf den christlichen Gottesdienst eingewirkt.

5. Die Apologetenliteratur[70]

In der Zeit von 100-130 müht sich zum Beispiel Papias noch um die Feststellung der echten Glaubensüberlieferung. Eine Arbeit, die in der zweiten Hälfte des Jahrhunderts Hegesipp, Tertullian und vor allem Irenäus vertiefen. Als sich die Christen im Lauf des 2. Jh.s immer mehr ausbreiten, werden über den neuen Glauben allerlei böse Gerüchte herumgeboten und sogar publiziert (Celsus). Folgende Vorwürfe werden gegen die Christen erhoben:

1. Das Christentum ist unwissenschaftlich, recht für ungebildete Leute.
2. Die Christen betreiben im geheimen Teil ihres Gottesdienstes, beim Abendmahl, Menschenfresserei.
3. Die Christen heiraten Brüder und Schwestern. Sie betreiben also Inzest.
4. Die Christen sind Atheisten. Sie glauben an keinen Gott, denn sie bilden ihn nicht ab.
5. Die Christen gefährden den Staat, weil sie die göttliche Verehrung des Kaisers ablehnen.

Verschiedene Schriftsteller greifen nun zur Feder. Man nennt sie Apologeten, denn sie wollen den christlichen Glauben verteidigen[71].

---

[70] Die ältesten Apologeten, hg. Goodspeed (Neudruck d. Aufl. 1914, 1997); Quellen, griech./dtsch., hg. von H. Ristow/W. Schultz, H.2 (Berlin 1963). H. R. Drobner, a.a.O. 53ff; L. W. Barnard, Apologetik = TRE 3 (1978) 376ff. S. Hausammann, Frühchristliche Schriftsteller I (2000).

[71] Justin, Theophilus und Hermias z. B. sind leicht zugänglich in der Bibliothek der Kirchenväter (BKV). Von anderen besitzen wir lediglich Fragmente bei Eusebius.

1. Die Apologie des Quadratus

Quadratus ist der älteste uns bekannte Apologet. Er ist vermutlich noch ein Schüler der Apostel gewesen. Wohl im Jahr 129[72] schreibt er eine Schutzschrift an den Kaiser Hadrian. Das Werk ist verlorengegangen. Lediglich Euseb (IV,3) überliefert noch einige Fragmente. Quadratus verweist auf "die Werke unseres Erlösers: nämlich die Geheilten und die von den Toten Auferstandenen... Sogar in unserer Zeit leben einige noch von ihnen".

2. Die Apologie des Aristides[73]

Aristides ist ein athenischer Philosoph, der zum christlichen Glauben übergetreten ist. Er richtet eine Apologie an Kaiser Antonius Pius (138-161). Die Schrift wurde 1889 in einer syrischen Übersetzung des 6./7. Jh.s im Katharinenkloster auf dem Sinai wieder entdeckt.

Aristides unterscheidet vier Geschlechter, nämlich Barbaren, Griechen, Juden, Christen. Zuerst erledigt er die Religionen der drei ersten Geschlechter. Die Barbaren verehren vergängliche Elemente: Erde, Wasser, Feuer, Sonne, Winde. Die Griechen haben ihre Götter mit menschlichen Schwächen und Leidenschaften versehen. Die Juden beachten Engel, Sabbate, Neumonde und andere Äußerlichkeiten. Die Christen dagegen haben den wahren Gottesbegriff. Sie sind auch sittenrein.

---

[72] In diesem Jahr unternimmt Hadrian eine Reise in den Osten.

[73] Euseb, KG 4,3. Erhalten in syr. Übers. Vgl. W. Hunger, Die Apologie des Aristides, eine Konversionsschrift (1949). Deutsch in: BVK, Frühchristl. Apologeten (1913).

3. Aristion von Pella

Er ist der erste bekannte christliche Apologet gegenüber dem Judentum. Er verfaßt um 140 das Werk "Dialog zwischen Jason und Papiscus über Christus". Die Schrift ist verlorengegangen. Der Christenschmäher Celsus kennt sie, Origenes nennt sie (contra Celsum 4,52).

4. Justin, der Märtyrer[74]

Justin ist der bedeutendste Apologet des 2. Jhs. Er wird um 100 im alten Sichem (heute Nablus) in eine griechisch-heidnische Familie geboren. Schon in seiner Jugend treibt ihn ein heißes Verlangen nach Wahrheit. Er sucht diese bei den Stoikern und den Peripatetikern, bleibt aber unbefriedigt. Ein Platoniker zeigt ihm, daß das einzig wahre Ziel darin bestehe, Gott zu erkennen. Um 130 n. Chr. begegnet er schließlich am Strand bei Ephesus einem alten Mann, der ihn auf die jüdischen Propheten und auf Christus hinweist. "In meiner Seele begann es sofort zu brennen, und es erfaßte mich die Liebe zu den Propheten und jenen Männern, die die Freunde Christi sind. Ich dachte über die Lehren des greisen Mannes nach und fand darin die allein verläßliche und nutzbringende Philosophie" (Tryphon 8). Justin schließt sich darauf der christlichen Kirche an, zieht aber weiterhin als Lehrer mit dem Philosophenmantel im Mittelmeerraum umher. In Ephesus und Rom gründet er eine Philosophenschule. Justin ist ein guter Kenner der kirchlichen Lage um 140/160. Eusebius kennt von ihm acht Schriften. Heute sind noch drei erhalten:

---

[74] BVK, Justin (Dialog), BVK, Frühchristl. Apologeten (2 Apologien). W.H. Shotwell, The Exegesis of Justin (Chicago 1955); F. Loofs, Theophilus von Antiochien adversus Marcionem (1930): Nachwirkung Justins auf Irenäus! E. Osborn, Anfänge christlichen Denkens, Justin usw. (1987).

1. Apologie an Kaiser Antonius Pius
2. Apologie an den römischen Senat
3. Dialog mit dem Juden Tryphon

In seinen Apologien bittet er den römischen Staat, die Christen recht zu beurteilen. Denn ein Staat kann nur gedeihen, wenn beide, Regierende und Regierte, Freunde der Weisheit sind. Die Christen sind nicht gottlos. Sie verehren den wahrhaftigen Gott und seinen Sohn. Sie sind auch bereit, offen Rechenschaft über ihren Glauben abzugeben. Die Christen sind die besten Verbündeten für den Frieden. Jeder Haß gegen sie ist unbegründet.

Justin beweist die Wahrheit des christlichen Glaubens mit dem hohen Alter. Moses und die Propheten, die auch schon über Christus lehrten, sind älter als Plato. Daß Christus die Verheißungen des Alten Testaments erfüllt habe, könne man in der Bibliothek von Alexandrien öffentlich nachlesen. Er übernimmt also die allegorische Bibelauslegung, in der sich vor ihm schon Philo von Alexandrien geübt hat.

Justin verurteilt die Lehren Platons oder der Stoiker nicht. Auch sie sind Vorläufer Christi und haben Anteil an seiner Wahrheit (II,13). Nach stoischer Lehre haben alle Menschen Anteil an der Weltvernunft, am LOGOS. Justin folgert daraus: Also haben alle Menschen kraft ihrer Vernunft Anteil an Jesus, denn er ist nach dem Johannesevangelium der Logos, das Wort. Ein Schlüsselbegriff bei Justin heißt "Logos spermatikos" = Logos als Samenkorn. In allen Menschen ruht oder schlummert der Logos wie ein Same. Das ist der menschliche Antrieb, das Wahre zu erkennen. Darum kann man nicht nur Moses, sondern auch Sokrates als Vorläufer Christi bezeichnen. Sokrates war nur noch kein bewußter Christ. Vor Christi Geburt konnte überhaupt niemand zur vollen Erkenntnis der Wahrheit gelangen. Heute aber müßten eigentlich alle vernünftigen Menschen, wenn sie ehrlich ihrer inneren Stimme gehorchten, Christen werden. Denn: wer denkt, muß glauben. Clemens und Origenes bauen später auf diesem Fundament weiter.

Justins Apologie gibt uns auch Einblick ins gottesdienstliche Leben in der Mitte des 2. Jahrhunderts. Ein Sonntagsgottesdienst sieht damals so aus[75]: Die Christen kommen am Tag der Sonne zusammen. Dann werden die Kommentare der Apostel[76] und die Schriften der Propheten vorgelesen. Anschließend hält der Vorsteher (Prohestos) eine Ansprache. Es werden dann Brot, Wein und Wasser hereingebracht, das Wasser wohl zur Fußwaschung. Weiter schickt der Vorsteher "Gebete und Danksagungen, soviel er kann, empor, und das Volk stimmt feierlich zu und sagt amen". Dann wird das Abendmahl ausgeteilt (apo ton eucharisthenton). Die Diakone bringen davon auch den Abwesenden. Schließlich legen die Gläubigen Gaben zusammen für Witwen, Waisen und Arme. Das Abendmahl wird Eucharistie genannt. Es ist das Fleisch und Blut des menschgewordenen Christus, "so haben wir es gelernt". Teilnahmeberechtigt ist nur, wer "das Reinigungsbad für die Vergebung der Sünden und zur Wiedergeburt empfangen hat und so lebt, wie Christus es angewiesen hat" (I,66). Nach dem Gebet begrüßen sich die Gläubigen mit dem Heili-

---

[75] Justin, Apologie I,66 f. Schon 1. Kor. 16,2 wird der **Sonntagsgottesdienst** genannt. Und Johannes empfängt seine Offenbarung am "Tag des Herrn" (Offb 1,10). Die etwa gleichzeitig entstandene Didache bringt bereits den feststehenden Begriff "kyriake kyriou". Aus "kyriake oikia" wird später das deutsche Wort Kirche. Im 2. Jahrhundert scheinen die Christen am Herrentag noch zu arbeiten. Laut Plinius versammeln sie sich vor Aufgang des Lichts oder am Abend. Der Tag des Herrn ist stets ein Freudentag, niemals ein Fastentag (Barnabas 15,9). Der Sabbat wird nicht nur bei den Judenchristen beachtet, Heidenchristen in Ägypten feiern ihn noch bis ins 4. Jahrhundert. Im Jahr 321 erklärt Kaiser Konstantin den Sonntag als öffentlichen Feier- und Ruhetag.

[76] Die "Apomnämoneumata ton apostolon" sind für Justin die vier biblischen Evangelien (Zahn).

gen Kuß.- Justin stirbt im Jahr 165 zu Rom den Märtyrertod[77].

5. Tatian[78]

Der Rhetoriklehrer Tatian aus Ostsyrien bekehrt sich in Rom unter dem Einfluß Justins zum christlichen Glauben[79]. 20 Jahre bleibt er in Rom. Dann wird er (gemäßigter) Gnostiker. Im Jahr 172 kommt es zum Bruch mit der römischen Gemeinde. Er geht als Missionar nach Edessa (Ostsyrien) zurück. Dorthin bringt er das Evangelium in syrischer Sprache. Er verfaßt auch eine Evangelienharmonie[80], die bis ins 5. Jahrhundert in kirchlichem Gebrauch ist. Irenäus betrachtet ihn als (gnostischen) Ketzer.

Von Tatian stammt eine "Rede an die Griechen"[81]. Die Kultur der Griechen ist barbarischen Ursprungs. Die Vertreter der griechischen Bildung sind Großmäuler, Lüstlinge, schlechte Erzieher, Lügner, Kampfhähne und Speichellecker. Zu Unrecht werden die Christen von den Göttergläubigen verfolgt. Das Christentum ist älter als das Griechentum. Moses lebte vor Homer. Die Vorwürfe der Unzucht und der Blutschande fallen auf die Vertreter der griechischen Bildung zurück.

---

[77] Er wird unter dem Stadtpräfekten Rusticus (163-167) mit sechs anderen Christen in Rom enthauptet. Bericht in Anlehnung an das Gerichtsprotokoll in: BKV, Frühchristliche Märtyrerakten II (1913) 21-24.

[78] BVK, Frühchristliche Apologeten (1913). M. Elze, Tatian und seine Theologie (2. A. 1997).

[79] Irenäus adv.haer. I,28 und Clemens, strom. 3,81.

[80] Griech. Diatessaron = durch vier hindurch, Vierklang. Nach ihm hat erst Calvin wieder eine Evangelienharmonie geschrieben.

[81] Griech. Logos pros Hellenas.

6. Athenagoras[82]

Der Athener Philosoph Athenagoras schreibt um das Jahr 170 eine Bittschrift für die Christen an Kaiser Marc Aurel. Er preist dem Kaiser das Christentum an als staatserhaltende Macht. "Wie die Seele den Leib trägt, so bedeutet die christliche Religion für den römischen Staat Wohlfahrt und Segen."

7. Theophilus[83]

Theophilus, bekehrter Heide, ist Bischof der Gemeinde zu Antiochia. Von ihm stammt die Apologie an Autolykos[84]. Er behandelt darin die christliche Schöpfungslehre. Theophilus verwendet in bezug auf Gott erstmals das Wort TRIAS = Dreiheit. Vater, Sohn und Geist sind zu unterscheiden. Auch er pflegt die allegorische Auslegung des Alten Testaments. Moses war ein Vorläufer Christi und lebte längst vor dem Trojanischen Krieg. Die griechischen Philosophen sind Händler mit gestohlener Ware. Was sie an Wahrem und Gutem haben, ist von Moses übernommen.

---

[82] Engl. Übers. mit Kommentar in: Ancient Christian Writers, hg. von J. Quasten u. J.C.Plumpe, 23 (1956). Deutsch in: BVK, Frühchristl. Apologeten (1913).

[83] F. Loofs, Theophilus von Antiochien adversus Marcionem (1930).

[84] Pros Autolykon = deutsch in: BKV (2.A.).

8. Verschiedene Apologeten

Von Hermias (um 200) stammt die Spottschrift "Verhöhnung der heidnischen Philosophen"[85]. Auch der Nachfolger von Papias, Bischof Apollinaris von Hierapolis, verfaßt apologetische Schriften gegen Juden, Hellenen und Montanisten (Euseb V,28).

Die Beweisführung der Apologeten

Man darf die Selbständigkeit und Originalität der Apologeten nicht überschätzen. In ihrer theologischen Beweisführung sind sie alle abhängig von der jüdischen und heidnischen Apologetik. Der bedeutendste jüdische Apologet war *Philo* von Alexandrien. Sein Hauptwerk: De vita contemplativa. Gegenüber der heidnischen Umwelt verteidigt er den jüdischen Glauben. Er wehrt sich vor allem gegen den Vorwurf, die Juden besäßen keinen Gott, weil sie ihn nicht abbildeten.

Auch die Christen befinden sich in einer ähnlichen Lage. So übernehmen sie Beweisstücke von Philo. Auch Cicero und Seneca sind geistige Nährväter der Apologeten. Schon sie kämpfen gegen veräußerlichte Gottesvorstellungen und plädieren für einen geistigen Gottesbegriff.

Nur da, wo die Apologeten speziell die Wahrheit des christlichen Glaubens erweisen wollen, sind sie selbständig. Ein häufiges Argument ist der Altersbeweis. Hohes Alter gilt damals als Wahrheitsindiz. Auch der Untergang Jerusalems im Jahr 70 als Erfüllung der Vorhersage Jesu wird betont.

---

[85] Diasyrmos ton exo philosophon, übersetzt in BKV.

Beurteilung des Inhalts

Der Hauptvorwurf der heidnischen Philosophie gegenüber der christlichen Kirche lautet: Ihr Christen seid ungebildete Leute. Der christliche Glaube ist unphilosophisch und unwissenschaftlich (Celsus). Keiner der Apologeten wagt zu sagen: In der Tat ist Jesus und sein Werk unphilosophisch. Alle wollen beweisen, daß der christliche Glaube die beste Philosophie sei, und wer nur ein wenig nachdenke, müsse eigentlich Christ werden[86].

Der Glaube wird zu einer intellektuellen Sache. Aus der Botschaft von Jesus, der durch sein Blut am Kreuz Frieden macht, aus dieser Torheit für Weltnarren, wird ein wissenschaftliches System. Die Apologeten sind indessen nicht einfach "liberal". Sie lehnen die Offenbarung nicht ab. Nur darf die Offenbarung nicht den Gesetzen des griechischen Geistes widersprechen. Jesus ist der Gottessohn, doch steht nicht sein Kreuzesleiden im Zentrum. Jesus ist der große Lehrer, der den geistigen Gottesbegriff und die großartige Ethik gebracht hat. Die zentrale Botschaft des Neuen Testaments, den Juden ein Ärgernis und den Griechen eine Torheit, tritt zurück. Warum? Die Apologeten lassen sich das Gesetz des Argumentierens von ihren Gegnern vorschreiben. Das ist die typische Gefahr aller Apologien.

Wer liest die Apologien? "Niemand nimmt unsere Schriften zur Kenntnis, außer wenn er selber schon Christ ist", klagt Tertullian um 200. Dafür weht nun im Raum der Kirche der Wind der griechischen Philosophie. Bei den Apologeten vollzieht sich eine starke Wendung zum Intellekt. Das ist eine problematische Entwicklung. Nicht umsonst warnt Paulus vor der Gefahr der Philosophie (Kol 2,3-9). Karl Heussi rühmt den Apologeten nach, sie seien die ersten Begründer einer - freilich noch primitiven - christlichen Theologie.

---

[86] Justin Dial. I,8.1 - Tatian 5,1 - Justin I,5 und I,20 usw.

Gedankliche Arbeit kann nur das Vorfeld auf dem Weg zu Christus freimachen. Ziel und Mitte der Mission ist die persönliche Hinwendung zu Jesus Christus. Da geht es nicht so sehr um intellektuelle Beweise, sondern um die innersten Bereiche des Gewissens und des Gehorsams. Natürlich dürfen die Leute nicht nur mit dem Herzen Christen werden, während sie mit ihren Köpfen Heiden bleiben. Christlicher Glaube begnügt sich nicht mit einem Provinzlein im Gemüt. Darum hat die geistige Auseinandersetzung - heute z.B. die Dialogfähigkeit - durchaus hohe Priorität, wenn wir Rechenschaft ablegen über unseren Glauben. Aber das Denken soll dem Glauben dienen und nicht umgekehrt (2. Kor 10,4-6; 1. Petr 3,15).

Es wäre falsch zu meinen, die ersten Apologeten hätten kein persönliches Verhältnis mehr zu Christus gehabt. Justin geht für Jesus in den Tod. Auch der Glaube der Gemeinden ist damals durchaus nicht philosophisch. Wir sehen aber, daß sich auch bei einer großen Christusliebe eine Gedankenbildung entwickeln kann, die sich dann längerfristig für die christliche Gemeinde ungünstig auswirkt. Im NT ist nicht derjenige der beste Christ, der sich die besten Gedanken über Jesus macht, sondern der, welcher ihn am meisten liebt.

6. Der gnostische Großangriff[87]

Jeder nach seiner Fasson

Gleichzeitig mit der Verschiebung der urchristlichen Botschaft erfolgt im 2. Jh. ein Großangriff spätantiken Geistes auf die christlichen Gemeinden. Es handelt sich weniger um einen Angriff von außen, sondern eher um eine Gefahr von innen her. Die Gnosis kommt auf leisen Sohlen.

Die christliche Kirche des 2. Jh.s steht nicht einer bestimmten heidnischen Religion gegenüber. Es herrscht ein Glaubenspluralismus. Jeder kann und darf nach seiner Fasson selig werden. Alles soll in der römischen Gesellschaft seinen Platz haben: die magischen Zauberreligionen der Perser, der Sternenglaube der Chaldäer, der griechische Götterhimmel, die römischen Staatsgötter, aber auch geheimnisvolle Mysterien mit rauschenden Zeremonien. Hätte die christliche Kirche ihrerseits auch nur einen bereichernden Beitrag zu dieser Polyphonie leisten wollen, so wäre sie nicht verfolgt worden. Sie wäre dann einfach früher oder später im Meer der religiösen Psychokulte untergegangen. Der innere Kampf für die Reinheit des Glaubens fällt der Christenheit schwerer als der äußere gegen die Verfolger.

Besonders in den Städten blüht die Vermischung der Religionen. In Rom kreuzen sich die Kulte der entlegensten Provinzen. Aus diesem brodelnden Kessel pluralistischer Religionsmixtur erhebt sich im 2. Jh. eine Geistesmacht, die der

---

[87] Irenäus, adversus haereses, Text/Übs. in: Fontes Chr. 8,1-5, dt. in: BKV (2.A.1912); Die Gnosis, (Hg.) W. Foerster/A. Böhlig: Zeugnisse der Kirchenväter I (1969); Koptische und mandäische Quellen II (1971); Der Manichäismus (1980) = Bibliothek der Alten Welt (BAW); W. Schneemelcher, Neutestamentliche Apokryphen, I (7.A.1999) und II (6.A. 1997); W. Schultz, Dokumente der Gnosis (1986, ND 2000); H. Jonas, Gnosis und spätantiker Geist, I (4.A.1988) und II (2.A. 1993); ders., Gnosis. Die Botschaft des fremden Gottes (1999); B. Altaner/A. Stuiber, Patrologie (9.A.1980) 99ff; H. R. Drobner, Lehrbuch der Patrologie (1994) 84ff.

Kirche sehr gefährlich wird, die sogenannte *Gnosis*. Das griechische Wort heißt auf deutsch "Erkenntnis". Es geht weniger um intellektuelles, als vielmehr um mystisches und ekstatisches Erkennen. Gnosis ist ein religiöser Begriff. Gott soll in der Gnosis erlebt werden, die Seele erhebt sich himmelwärts. So sagen Vertreter christlicher Gnosis zu den Leuten der Kirche: Euer gewöhnlicher Christenglaube ist zu wenig. Ihr seid viel zu bescheiden! Wir führen euch weiter in ein wirklich erlebtes, höheres und wirklich frommes Leben mit erfahrener Sicherheit. Das Heil kann jetzt schon geschaut, es kann erlebt, genossen werden. Die gnostische Kirche ist die wahre Kirche, die wirklich geistliche, die Jesus gemeint hat.

Gnosis ist kein Gewächs der Kirche

Die Gnosis als Geistesbewegung entsteht um die Zeitenwende. Die Gnosis nimmt Elemente des Griechentums, ja des ganzen Orients in sich auf. Sie verbindet sich mit dem Judentum und strömt bereits im 1. Jahrhundert auch ins Christentum ein. Gnostische Religionsphilosophie und gnostische Mystik verschmelzen mit kultischen und philosophischen Überlieferungen aus Persien, Ägypten, Syrien, Palästina und Griechenland. In breitester und reichster Palette entstehen geheime religiöse Spekulationen und Systeme, die von den Eingeweihten in mystischem Erschauern im Geist durchschritten und erlebt werden. Kennzeichnend ist immer ein extrem dualistischer Zug in den Grundlagen (in der Lehre von Gott, vom Kosmos, von der Schöpfung). Die Welt wird als düster betrachtet und erfahren. Sie ist ein schreckliches Gehäuse aus einer Mischung von Licht und Finsternis. Der Mensch ist darin eingeschlossen wie in einem Gefängnis. Die Gnostiker schmachten unter der finsteren Last einer total mißratenen Welt. Nur wer selber schon unter dem unbegreiflichen Dunkel dieser Welt gelitten hat, vermag vielleicht den Aufschrei über die Qual der Kreatur zu vernehmen! Möglicherweise entwickelt sich die gnostische

Strömung als soziale Protestbewegung, zumal in Kreisen, die von der Mitgestaltung des politischen und kulturellen Lebens ausgeschlossen sind[88].

Als Einstieg in das Verständnis der gnostischen Systeme ergibt sich in etwa das folgende Grundmuster: Im Anfang gab es das Reich des Lichtes und das Reich der Finsternis. Durch den Ungehorsam eines Lichtwesens oder durch einen Angriff der Finsternis auf das Licht vermischten sich die beiden Urelemente. So entstand die Welt. Die in der Finsternis gefangenen Lichtfunken sind somit in die Fremde geraten. Erlösung bedeutet daher Zurückholung der gefangenen Lichtwesen in die himmlische Heimat. Dies ist möglich, wenn die Lichtfunken durch einen himmlischen Erlöser erweckt und an ihren Ursprung erinnert werden. Doch die Herauslösung des Lichts aus der Materie ist ein schier ewig währender kosmischer Prozeß. Denn Mächte der Finsternis halten die Lichter in ihrer Gewalt. Der Einzelne kann den Ruf zum Licht hören, sein Geist und seine Sehnsucht können erweckt werden. Damit gewinnt die Seele ihre Freiheit schon hier. Endgültige Befreiung aber bringt dem Geiste erst der leibliche Tod.

Eine starke Wirkung übt in der christlichen Gnosis auch Platon aus mit seinem Dualismus von Geist und Materie. Der Leib gilt als Sitz des Bösen, der Geist als Sitz des Guten. Nach dem NT sitzt das Böse nicht einfach im Leib oder in den "niederen Trieben der Sinnlichkeit". Der Geist und der Wille des Menschen sind die innersten Triebfedern des Bösen. Mit "Fleisch" meint Paulus in der Regel den bösen Willen. Die gnostischen Kreise interpretieren Fleisch und Geist im platonischen Sinne wie später Aufklärung und Idealismus.

---

[88] K.W. Tröger, Das Christentum im zweiten Jahrhundert (1988)117.

Verbreitung und Häupter der christlichen Gnosis

Die gnostische Bewegung erfaßt das ganze römische Reichsgebiet. Sie gebiert verschiedene Lebensformen, je nachdem, wo sie sich einnistet. Die Zahl der gnostischen Kreise und Konventikel ist Legion. Das 2. Jahrhundert ist geradezu gnostisch geschwängert. Gnostik liegt in der Luft. Die Hauptherde der christlichen Gnosis liegen in Syrien, in Ägypten, später in Rom.

Die Ketzerbestreiter[89] führen den Ursprung aller gnostischen Häresie zurück auf **Simon Magus** aus Samarien (Apg 8). Er gilt der Alten Kirche als Erzvater der Irrlehren. Die samaritanische Mischbevölkerung ist tatsächlich ein günstiger Nährboden für religiöses Allerlei. Simon übt wohl in den 40er Jahren des 1. Jh.s in Samarien eine Wundertätigkeit mit besonderer Faszination aus. In den 50er Jahren hält er sich in Rom auf. Seine Verehrer preisen ihn als Offenbarer des Himmelsgottes und als Botschafter eines Systems, das ursprünglich keine christlichen Elemente enthält[90].

Simons erster Schüler, **Menander** aus Samaria, soll sich selbst als Erlöser verkündet haben, den die unsichtbaren Mächte in die Welt gesandt haben.

Simons zweiter Schüler heißt **Satornil**[91]. Sein Wirkungskreis liegt zwischen 100 und 130 n. Chr. in Antiochia. Er verlangt strengste Askese, Eheverzicht, zum Teil auch Vegetarismus. Christus ist Erlöser jener, die den Lichtfunken in sich tragen. Justin rechnet ihn zu den gnostischen Gotteslästerern[92].

---

[89] Justin, Irenäus, Hippolyt, Tertullian, Epiphanius von Salamis.

[90] Hippolyt, Philosophoumena 6,7-18.

[91] Irenäus I,24; RE 17 (1906)491 f.

[92] Justin, Dialog 35.

Ein früh faßbarer christlicher Gnostiker ist **Cerinth**, der wohl in den 90er Jahren mit Johannes im Badhaus von Ephesus zusammentrifft, worauf dieser das Bad umgehend verläßt[93]. Der Weltschöpfer war gemäß Cerinth nicht der höchste Gott, sondern ein Engelwesen (Demiurg). Jesus sei nicht Sohn der Jungfrau gewesen, sondern gewöhnlicher Mensch, nur gerechter und weiser. Bei der Taufe sei der Geist auf ihn gekommen. Darauf habe er den unbekannten Vater gepredigt und Wunder getan. Der leidensunfähige Christus-Geist sei dann wieder fortgeflogen; Jesus habe dann gelitten und sei auferstanden. Gegen diesen in Asien wirkenden Cerinth und gegen die **Nikolaiten**[94] hat Johannes, gemäß Irenäus, das Evangelium geschrieben.

Irenäus beschuldigt die Nikolaiten der ethischen Zügellosigkeit (Libertinismus). Der Christ Agrippa Castor schreibt gemäß Eusebius eine Widerlegung der Irrlehre, die aber verlorengegangen ist. Sein Sohn und Nachfolger schreibt Auslegungen zu den Propheten[95].

Der Syrer **Basilides** entfaltet seine Gnosis in Alexandrien, später auch in Rom. Unter anderem verfaßt er einen Kommentar zu den Evangelien in 24 Büchern sowie Hymnen und Gebete. Er beruft sich auf eine Geheimlehre, die Jesus vor seiner Himmelfahrt dem Apostel Matthias anvertraut haben soll. Am Kreuz sei nicht Jesus, sondern Simon von Kyrene

---

[93] Irenäus III,3 und 11; Iren. I,26 und Hippolyt Philosophoumena 7,33.

[94] Nach Offb 2 gnostische Irrlehre in Pergamon. Iren. III,11 sagt, sie hätten "viel früher" als Cerinth eine ähnliche Lehre wie dieser vertreten. Nach Ir. I,26 haben sie Nikolaus, einen der sieben Armenpfleger der Urgemeinde, als Lehrer gehabt. Nach Clemens von Alexandrien haben die Nikolaiten auch ihre Frauen gemeinsam. Vgl. A. Schlatter, Die Geschichte der ersten Christenheit (1926) 346 ff.

[95] Vgl. Irenäus adv. haer. I,24; Euseb KG IV,7; Hippolyt, Philos. 7,20 ff.

gestorben. Die Erlösung beginne mit der Taufe Jesu im Jordan, als der Geist auf ihn kommt. Im Ursprung sei das Lichtreich oder Pleroma gewesen. Dieses habe aus Gott und 365 Geisterreichen bestanden, auch Abraxas genannt. Durch den Versuch der Finsternis, sich mit dem Licht zu verbinden, entstand diese Welt, die sich nun durch Leiden und Seelenwanderung wieder läutert.

Der Ägypter **Valentin**[96], reich begabt mit Geist und dichterischem Schwung, wird zum schwierigsten Gnostiker wider die Kirche. Er beginnt um 135 in Ägypten und lehrt dann etwa 20 Jahre - teilweise neben Marcion! - in Rom, später wieder im Orient. Nach Irenäus verfaßte er ein eigenes "Evangelium der Wahrheit". In Nag Hammadi (Oberägypten) hat man eine Schrift dieses Titels gefunden. 30 Äonen bilden als das Pleroma des unsichtbaren Vaters die obere geistige Welt usw. Die Menschheit besteht aus drei Klassen: 1. Hyliker (Heiden), 2. Psychiker (die große Masse der Christen), 3. Pneumatiker (wahre Gnostiker). Nach Irenäus beruft sich Valentin oft auf das Johannesevangelium. Valentin ist vermutlich freier Lehrer (wie etwas später Justin oder Clemens). Erhalten sind nur Fragmente aus Homilien, Briefen und Liedern bei Clemens und Hippolyt. Von seinem Schüler Ptolemäus ist bei Epiphanius ein "Brief an Flora" erhalten[97].

Daneben gibt es kleine Gruppen wie die **Ophiten, Naassener, Sethianer**. Der Sethianische Schöpfungsmythos kennt drei Prinzipien: Licht und Finsternis, dazwischen das balsamduftende Pneuma (Geist). Der Mutterleib symbolisiert die drei Kräfte am schönsten, denn hier wird im Zusammenwirken von Licht, Finsternis und Geist der Mensch geboren. Eine in Nag

---

[96] Vgl. Irenäus adv. haer. III,11; Epiphanius, Panarion 31; RE 20 (1908) 395-417.

[97] Epiphanius, Panarion 33,3

Hammadi gefundene Schrift vertritt in koptischer Sprache dieselben Gedanken[98]. Übergänge zum Gemeindeglauben markieren die Ostsyrer **Tatian** und **Bar Daisan** in Edessa. Ihre gnostisch(platonisch)-dualistische Weltanschauung führt sie zur Ablehnung der Ehe sowie des Wein- und Fleischgenusses. Tatian schenkt seiner Kirche eine syrische Evangelienharmonie und vermittelt damit die Voraussetzung zur eigentlichen Volksmission. Bar Daisan schafft mit seinen Hymnen den Beginn des syrischen Kirchenliedes.

Zur Lehre der christlichen Gnosis

1. Die Anthropologie

Die Lehrentfaltungen der Gnosis lassen sich aus dem dualistischen Grundmuster ableiten. Der Geist des Menschen ist gefangen im Kerker des Körpers und der Sinnlichkeit. Das Eigentliche am Menschen ist sein Geist. Der menschliche Geist ist ein Bestandteil der himmlischen Licht- und Geisteswelt. Der Geist schmachtet im Kerker des Leibes. Er sehnt sich nach Befreiung.

2. Die Erlösungslehre

Das Ziel der Erlösung ist die Befreiung des Geistes aus dem Kerker des Leibes. Der Geist muß an die übersinnliche Lichtwelt zurückgegeben werden. Wie und wo erlangt man diese Erlösung? Durch Teilnahme an kultischen Feiern. Hat nicht auch das Christentum geheimnisvolle kultische Feiern, die sich so verstehen lassen, Taufe und Abendmahl?

---

[98] J. Doeresse, Les livres secrets… (1958) 171ff.

Gnosis ist Weisheit, die an kultischen Feiern erlebt und mitgeteilt wird. So erlebt man Erlösung. Erlösung durch Gnosis heißt Innewerden übersinnlicher Weisheiten, die einem in kultischen Gottesdiensten mitgeteilt werden. Gnostische Religiosität ist stark individualistisch. Der einzelne steigt Stufe um Stufe höher, sobald er neue Gnosis erfährt. Von Feier zu Feier wird der Gnostiker tiefer in die Himmelsweisheit eingeführt.

Die geistigen Weisheiten sind streng geheim und nur für Eingeweihte bestimmt. Sie sind Geheimnis, Mysterium. Die Einweihung der Kultteilnehmer (Mysten) in neue Erkenntnisstufen ist nicht selten begleitet von rauschenden Szenen: Blutbäder, Blutbesprengungen, Magie, Alkoholgenuß, sexuelle Orgien usw. Aus solchen Kulten erwächst teilweise die Gnosis. Sie entwächst ihnen aber auch und sublimiert sich ins Geistige.

Die höchste Stufe der Erlösung, die man erreichen kann, ist die Ekstase, der Austritt der Seele aus dem Körper. Das ist die volle Erlösung. Ja, das ist bereits die Auferstehung. Eine leibliche Auferstehung kann und will die Gnosis nicht akzeptieren, denn der Leib ist - nach ihrer Auffassung - Bestandteil des Bösen. Vollkommene Gnostiker erleben die Auferstehung schon jetzt, nämlich während der Ekstase. Freilich könne dieser Zustand nur vorübergehend erlebt werden. Nach dem Tode würde dies aber der Dauerzustand sein. Bereits das NT kämpft gegen die beginnende Gnosis.

3. Die Lehre von Gott und von der Schöpfung

Die Gnostiker unterscheiden zwei Götter. Der wahre und eigentliche Gott ist der Lichtgott, der Erlösergott, das Pläroma. Er lebt nur in der Welt des Geistes. Er ist der materiellen Welt fremd. Aus diesem (neutrischen!) Lichtgott ist das Lichtreich, das Reich des reinen Geistes, ausgeflossen. Ewig entfaltet sich die Gottheit. Wie aus einem übervollen Gefäß fließen fortwährend göttlich-geistige Ströme, das sind reale Kräfte und

Wesenheiten, Mächte, Engel, Seelen usw. Dieses Aus-Gott-Heraus-Fließen heißt Emanation[99]. In der christlichen Gnosis ist die erste und größte Emanation der Logos, Christus. Die Gnostiker entwickeln tiefsinnige Äonenspekulationen in auf- und absteigender Folge.

Noch vor der Erschaffung von Welt und Zeit erhebt sich ein Engel oder Geist im Ungehorsam gegen Gott; er wird gestürzt und reißt andere Seelen und Geister mit sich in den Abgrund. Der gefallene Geist steht nun zwischen dem Lichtreich und der Materie, hinter der der Teufel steht. Er ist ein Mittelwesen, ein Dämon. Der gefallene Geist verbindet sich mit der Materie. Die Materie ist das Böse, im Grunde genommen das Nichtsein. Der gefallene Geist erschafft aus der Materie unsere Welt. Darum nennt man ihn auch den Schöpfergott. Der Lichtgott hätte nie eine materielle Welt geschaffen, sondern ein All aus lauter geistigen Wesenheiten.

Die Welt, wie wir sie heute vorfinden, ist das Resultat eines andern. Einige setzen ihn mit Jahwe aus dem AT gleich. Er wird auch Demiurg[100] genannt. Gott und Welt brechen in der Gnosis völlig auseinander. Der wahre Gott hat nichts mit dieser Welt und diese Welt hat nichts mit dem guten Gott zu tun! Gnostisierende Theologie zieht sich entsprechend aus der Verantwortung für diese Welt zurück.

Der Demiurg stammt nun aber selber ursprünglich aus dem Lichtreich. Darum haben auch seine irdischen Menschen noch Anteil an der himmlischen Welt. In jedem Menschen schlummert noch ein Funke des Lichtgeistes, freilich in ganz verschiedener Intensität und Qualität. Nur bei wenigen ist freilich das Licht noch in zureichendem Masse da. Das ist der Fall bei den Geistesmenschen, den Pneumatikern. *Sie* können erlöst werden. Sie sind der Erleuchtung fähig. Sie werden

---

99 Lateinisch für "Ausfluß".

100 Der Demiurg/Dämiurg (Dämon/Werk) schafft das dämonische Werk der Schöpfung.

erlöst kraft ihrer eigenen Natur (Iren. I,6). Die große Masse aber besteht aus Fleischesmenschen, Hyliker (Hyle = Materie). Dieser große Haufe der Menschen wird am Ende mit der Welt vergehen. Die Valentinianer kennen noch eine Zwischenstufe. Zwischen den Hylikern und den Pneumatikern gibt es noch die Psychiker, die gewöhnlichen Kirchenchristen. Sie werden durch fromme Leistungen eine niedrigere Art der Seligkeit erlangen (Iren. I,6).

Der Pneumatiker aber, der völlige Geistesmensch, wird durch seine eigene Natur gerettet. Ja er hat es bisweilen nicht einmal nötig, sich von irdischer Sünde zu scheiden. Selbst wenn er in fleischliche Sünden verfällt, bleibt er dennoch ein Geistesmensch. Wahre Gnostiker dürfen den Geist dem Geiste und das Fleisch dem Fleische darbringen. Man nennt dies Libertinismus. Hier übertriebene Abtötung des Fleisches - dort Schwelgen in Fleischeslust, weil man sich ohnehin über solche Niederungen frei und erhaben fühlt: zwei verfeindete Geschwister? Das eine kann ins andere umschlagen.

4. Der Platz, der Christus zugewiesen wird

Jesus ist der Abglanz (die Eikon) des Lichtgottes, die erste Emanation. Er bringt wahre Erkenntnis (Gnosis) - nicht für alle, sondern nur für die Geistesmenschen. Jesus kann für die Erfüllung dieses Auftrages selbstredend keinen Körper annehmen. Doch wirkt im 2. Jh. noch die Nachricht, daß Jesus als Mensch unter Menschen lebte. Also, sagen Satornil und Marcion, hatte Jesus nur einen Scheinleib (Doketismus!). Basilides verkündet: Jesus war zwar ein Mensch, doch vor der Kreuzigung zog er sich in den Himmel zurück, so daß er nicht litt.

Christus ruft einige Pneumatiker in seine Nachfolge. Er weckt in seinen Jüngern die schlafenden Lichtfunken. Er erinnert sie an die himmlische Heimat. Er stiftet Weihen — Taufe und Mahl —, durch die sie sich reinigen können. Nach der Himmelfahrt teilt er ihnen auch geheime Formeln mit und bahnt für die Seinen, in der Geisterwelt kämpfend, einen Weg durch die Äonen zurück zum Licht.

Das Kreuz Christi wird hier verharmlost, entleert. Jesus ist nicht der fleischgewordene Gott, nicht das Lamm, das die Sünde der Welt trägt. Jesu Menschheit interessiert nicht. Wichtig sind die Erkenntnisse und Bedeutsamkeiten, die der Erlöser mitteilt.

Eine gnostische Stimme

Eine gnostische Schrift aus der Bibliothek von Nag Hammadi (Oberägypten) läßt Christus sprechen: "Ich war doch überhaupt nicht dem Leiden unterworfen. Jene bestraften mich (mit dem Tode), doch ich starb nicht wirklich, sondern (nur) dem Anschein nach... Ich aber litt (nur) in ihrer Vorstellung... Denn dieser Tod von mir ist es, von dem sie denken, daß er ihnen zugut eingetreten sei, während sie in ihrem Irrtum und in ihrer Blindheit ihren Menschen annagelten (und so) an ihren Tod (auslieferten). Denn ihre Gedanken sahen mich nicht, denn sie waren Taube und Blinde. Dadurch, daß sie das aber tun, richten sie sich selbst... (Es war "ein anderer", dem die Passion widerfuhr, nämlich "Simon")... Ich aber ergötzte mich in der Höhe an dem ganzen (scheinbaren) Reichtum der Archonten und an dem Samen ihres Irrtums... und ich lachte über ihren Unverstand. Alle ihre Kräfte aber machte ich zu Sklaven.[101]

---

[101] Aus der **Nag Hammadi Schrift** "Zweiter Logos des großen Seth" (NHC VII,2 aus d. 3. Jh.), zit. bei K. W. Tröger, Das Christentum im zweiten Jahrhundert (1988) 90.

Die Schriften dieser **1946** in Oberägypten aufgefundenen gnostischen Bibliothek (12 koptische Codices und Fragmente) bestätigen die Zuverlässigkeit der kirchlichen Ketzerbestreiter. Die Gnostiker ihrerseits werfen der Kirche vor, sie stütze das Reich des Schöpfergottes durch ihre Bejahung der Begierde und des Todes sowie ihren Glauben an die leibliche Auferstehung. Gegenüber der exklusiven Schriftauslegung innerhalb

Gnostische Arroganz des Geistes

Die Gnostiker glauben, erst sie hätten das wahre Christentum gefunden. Sie wollen darum die christliche Kirche infiltrieren. Neben den üblichen Gottesdiensten halten sie noch eigene. Gefährlich für die Kirche ist, daß die Gnostiker dieselbe Sprache sprechen, aber den Worten eine andere Bedeutung unterschieben, zum Beispiel den Begriffen Auferstehung, Christus, Geist, Fleisch usw. Zu Christen, die etwa einwenden: "Aber Jesus hat doch gesagt...", sagen die neuen Geistträger selbstbewußt: "Das verstehst du eben nicht, denn du bist kein Wissender, kein Gnostiker; du hast den Geist nicht im vollen Maße; das muß man eben in vertiefter Schau geistlich auslegen" usw. Vor allem in Ägypten bildet sich in den Gemeinden ein Zwei-Klassen-System heraus. Da gibt es die gewöhnlichen Gläubigen, die Kirchenchristen. Sie erlangen einen niedrigeren Stand der Seligkeit. Und über ihnen stehen die Gnostiker, die Erleuchteten, alle, die den Durchblick haben.

In ihrem Selbstbewußtsein und in ihrer Arroganz scheuen sie sich auch nicht, für eigene Weisheiten die Namen von Aposteln in Anspruch zu nehmen. Sie lassen Petrus, Paulus, Johannes, Barnabas, Thomas, Philippus, ja sogar Moses, Henoch und Adam verkünden, was sie selber erfunden haben. So entsteht im 2. Jahrhundert eine Flut von Schriften, in denen beansprucht wird, sie seien ebenso viel oder noch mehr wert als die Schriften des Neuen Testamentes[102].

---

der kirchlich-bischöflichen Tradition betonen sie das allgemeine Priestertum und ihre esoterischen Offenbarungen. Jede Kreuzestheologie wird scharf abgelehnt. Vgl. zum Ganzen: K. W. Tröger, Die Passion Jesu Christi in der Gnosis nach den Schriften von Nag Hammadi (Diss. Theol. Berlin 1978); THE NAG HAMMADI LIBRARY IN ENGLISH, hg. R. Smith (4.A.1996).

[102] Das **Hebräerevangelium**, griechisch, im Gebrauch bei gnostischen Judenchristen vermutlich in Ägypten (vgl. Zahn, KanonGesch 2,642ff); davon zu unterscheiden ist das von Judenchristen in und um Beröa

Die gnostische Gefahr, welche die Alte Kirche niederringt, begleitet die christliche Gemeinde bis zum heutigen Tag. Nicht nur schwärmerische Gruppen sind ihre Nachfahren. Auch Theologien der neueren Zeit sind der Gnosis nicht unverwandt, wenn zum Beispiel spekulative Hypothesen vor die Tatsachen der Heilsgeschichte gestellt werden (F.Ch.Baur). Schleiermachers Geisttheologie oder Bultmanns Theologie der Bedeutsamkeiten gehören in etwa in den Zusammenhang gnostischer Denkweise. Auch der extreme Feminismus mit seiner Verherrlichung von "Jesa" oder des (hebr. weiblichen) Geistes gehört in diese Rubrik. Der ganze Strom moderner Esoterik quillt aus dem reichen Born der gnostischen Erlebniswelt.

Die **Kirchenväter** sprechen von **drei Blasphemien** (Schmähungen) der Gnosis:

1. Blasphemia creatoris, der Schöpfer wird gelästert
   → Vaterhaß und Schöpfungsfeindschaft
2. Blasphemia legislatoris, der Gesetzgeber wird gelästert
   → Auflehnung gegen göttliche Autorität

(Aleppo) verwendete **Nazoräerevangelium,** eine aramäische Bearbeitung des Matthäusevangeliums. Das **Ebionäerevanglium,** eine Bearbeitung von Matthäus/Markus/Lukas für die Judenchristen im Ostjordanland. Ablehnung der Jungfrauengeburt, vegetarische Lebensweise. Das **Petrusevangelium,** entstanden um 130, doketisch und antijüdisch, ein Konstrukt aus den kanonischen Evangelien; größeres Bruchstück 1892 in Ägypten entdeckt. Das Ägypterevangelium (Zahn II,628ff), in Ägypten verbreitet, abhängig vom Petrusevangelium. Das apokryphe **Thomasevangelium** enthält Mirakel über die Kindheit Jesu. Das gnostische **Thomasevangelium** (Nag Hammadi) bringt 114 Worte, Jesu. Die ersten Worte lauten: "Dies sind die geheimen Worte, die der lebendige Jesus sprach, und Didymus Judas Thomas schrieb sie nieder..." Das **Philippusevangelium** des Valentin behandelt verschiedene Sakramente wie Taufe oder Ölsalbung. Gnostisch ist auch die **Petrusapokalypse**. Die 1. und 2. **Jakobusapokalypse** (Nag Hammadi) verehren Jakobus als Vermittler geheimer Offenbarungen Christi usw. - Vgl. W. Schneemelcher, Ntl. Apokryphen I (7.A.1999)

3. Blasphemia crucis, das Kreuz Jesu wird gelästert.
→ Auflehnung gegen Sühne, Opfer, Dienst und Leiden

Wir fügen hinzu:

4. Blasphemia resurrectionis, Lästerung der Auferstehung.
→ Auflehnung gegen Vollendung der Leiblichkeit

Das Neue Testament und die Gnosis

Die Apostelgeschichte berichtet uns vom Zauberer Simon (Apg 8,9-24). Die Leute von Samaria halten ihn für die "große Kraft Gottes". Simon läßt sich durch Philippus taufen und möchte den Heiligen Geist kaufen. Der Begriff "Simonie" wird später zum stehenden Ausdruck für geistlichen Ämterkauf. Simon Magus hat später seine Zauberei wieder aufgenommen. Irenäus und Justin wissen, daß Simon kein Apostel sein wollte, sondern Christus, ja selbst "Vater über alles". Die Zeit Simons und seines Nachfolgers Menander fällt in die zweite Hälfte des 1. Jhs.

Einen direkten Hinweis auf die sogenannte Gnosis enthält 1. Tim 6,20. Auch der 2. Timotheusbrief warnt vor den Irrlehrern Hymenäus und Philetus, die da sagen, die Auferstehung sei schon geschehen (2,18). Schließlich warnt die Offenbarung vor den Nikolaiten. Nach Irenäus frönten die Nikolaiten einem ausschweifenden Lebenswandel[103].

Sehr wahrscheinlich sind aber bereits die Gegner von Paulus in Korinth als Gnostiker anzusprechen. Jedenfalls kämpft Paulus gegen gnostische Gefahren. Korinth ist alles andere als eine ideale Gemeinde. Da gibt es hartnäckige Unzucht. Demgegenüber verkündet Paulus den Leib als Tempel des Heiligen Geistes. Die Auferstehung ist eine Tatsache. Unser Wandel im Leibesleben ist maßgebend für das, was wir im

[103] Offb 2,6; Hippolyt WW II,251 (Bonwetsch-Achelis); Irenäus I,26.

Gericht empfangen. Die gnostisierenden Gegner rühmen sich allerlei Ekstasen und Himmelserlebnisse. Paulus war auch im "dritten Himmel", doch rühmt er sich lieber seiner Schwachheit (2. Kor 12,1-10), denn "wir wandeln im Glauben und nicht im Schauen" (2. Kor 5,7). Sein ganzer apostolischer Beruf besteht darin, daß an seinem sterblichen Leibe das Leben Jesu offenbar werde (2. Kor 4,11). Dies alles ist klar antignostisch[104].Wenn Paulus den Korinthern schreibt: "Der natürliche Mensch vernimmt nichts vom Geist Gottes, der geistliche Mensch aber ergründet alles, er selbst aber wird von niemand ergründet" (1. Kor 2,15), so klingt das schön in den Ohren der Gnostiker. Doch Paulus setzt zusätzliche Akzente: Das Wissen, "die Erkenntnis bläht auf; aber die Liebe baut auf" (1. Kor 8,16). Analog formuliert er in den Kapiteln über die Geistesgaben (1. Kor 12-14). Die Gnostiker scheinen die Zungenrede besonders hoch geschätzt zu haben. Paulus distanziert sich nicht von dieser Gabe (1. Kor 14,39), er redet selbst in Zungen. Doch die Gabe der Prophetie steht über der des Zungenredens. Und dic größte ist die Liebe. Nicht das Ekstatische und Subjektive, sondern die Auferbauung der Gemeinde ist der Maßstab. Gegenüber den Schwärmern betont er, daß der Heilige Geist bescheiden macht. Paulus verweist auf das Kreuz.

Auch das Johannesevangelium (1,14), der 1. Johannesbrief (4,1) und die Offenbarung (2,6) wenden sich gegen gnostische Irrlehren (4,1). Irenäus berichtet sogar, Johannes habe sein Evangelium verfaßt, um der kerinthischen Irrlehre zu begegnen (III,11).

---

[104] Vgl. 1. Kor 3,16 und 6,18; 2. Kor 5,10; 12; 5,7; 10,2; 1. Kor 4 und 2. Kor 4; 1. Kor 15; 1,18 und 2,2 usw.

Marcion[105]

Marcion, Sohn des Bischofs von Sinope am Südufer des Schwarzen Meeres, von Beruf Reeder wie sein Vater, gelangt zu der Auffassung, der Schöpfergott des Alten Testaments sei niemals der Vater Jesu Christi. Die Jünger und Apostel haben das Werk Jesu nicht weitergeführt. Die Gründung der Urgemeinde war ein Fehlschlag gewesen, denn die junge Christenheit fiel zurück ins Judentum. Dort heißt es "Auge um Auge, Zahn um Zahn". In Christus offenbart sich ein anderer, der fremde Gott. ER ist der gute Gott. Jesu Gott ist reine Liebe, er straft nicht. Aus grenzenlosem Erbarmen nimmt er einen Scheinleib an und bringt den Menschen das Evangelium der bedingungslosen Liebe. Doch der Demiurg, der Weltschöpfer und Gott der Rache, bringt ihn mit Hilfe seiner finsteren Trabanten ans Kreuz. Doch damit - durch die scheinbare Beseitigung des höchsten Gottes - versetzt sich der Rachegott vollends ins Unrecht. Das bedeutet seine Abdankung. Nun ist sein Gesetz aufgehoben. Es rettet allein das Vertrauen in den guten Gott.

Die Evangelisten haben dies nicht begriffen. Auch sie haben den Gott des Zorns und der Rache wieder mit aufgenommen. In Wahrheit aber ist das ganze Alte Testament abgetan. Nur Paulus - und auch er nicht ganz - hat die Absicht Christi richtig ausgelegt. Weil nun die Kirche auf solche Abwege geraten ist, hat der gute Gott Marcion aus Sinope als Reformator berufen.

Die gnostischen Äonenspekulationen treten bei Marcion zurück. Durch die aufkommende Gesetzlichkeit in den nachapostolischen Schriften (z.B. Hermas) fühlt er sich erst recht bestätigt. Mit den Gnostikern teilt er den tiefen Dualismus.

---

[105] A. Harnack, Marcion. Das Evangelium vom fremden Gott. (2.A.1924, ND 1996); B. Aland, Marcion/Marcioniten = TRE 22 (1992) 89ff.

Die Welt des Schöpfergottes ist völlig mißraten. Warum hat der Schöpfergott das Böse eingeführt? Warum hat er Skorpione, Schlangen oder Krokodile geschaffen? Warum hat er die höchste Tat des Menschen, die Zeugung neuen Lebens, mit körperlicher Wollust und Ausschweifung verbunden?

Im heimatlichen Sinope blitzt Marcion ab und wird vermutlich von seinem eigenen Vater, der dort Bischof ist, exkommuniziert. Auch die kleinasiatischen Väter Papias und Polykarp gehen auf Distanz. Letzterer nennt ihn gar eine "Erstgeburt des Satans". Auf eigenem Schiff reist er nach Rom und spendet der Gemeinde ein Vermögen von 200.000 Sesterzen für die Armen. Im Jahr 144 kommt es aber auch mit der römischen Gemeinde zum Bruch. Marcion gründet eine eigene Kirche, die sich im 2. und 3. Jh. in Windeseile verbreitet und eine Zeitlang die Alte Kirche bedroht.

Marcions Lehre erfahren wir aus den Schriften des Tertullian, Irenäus und Epiphanius von Salamis.

Die "Antithesen" Marcions

Bruchstücke aus seinem Buch "Antithesen" sind durch Schriften der Kirchenväter überliefert. Adolf v. Harnack hat sie zusammengestellt[106]. Marcion behauptet: Josua hat mit Gewalt und Grausamkeit das Land erobert; Christus aber verbietet alle Gewalt und predigt Barmherzigkeit und Friede.

Der Prophet des Schöpfergottes stieg, als das Volk in der Schlacht stand, auf den Gipfel des Berges und breitete seine Hände aus zu Gott, damit er möglichst viele in der Schlacht töte; unser Herr aber, der Gute, breitete seine Hände aus, nicht um Menschen zu töten, sondern um sie zu erlösen.

Im Gesetz heißt es: "Auge um Auge, Zahn um Zahn", der Herr aber spricht im Evangelium: "Wenn dich einer auf die

---

[106] Vgl. Anm. 41; erschlossen aus: Tertullian, Adversus Marcionem.

rechte Wange schlägt, dann halt ihm auch die andere hin" (Mt 5,39b).

Der Prophet des Schöpfergottes ließ, um in der Schlacht möglichst viele zu töten, die Sonne stillestehen, damit sie nicht untergehe, bevor die feindlichen Gegner des Volks nicht alle vernichtet seien; der Herr aber, der gute, spricht: "Die Sonne soll nicht über eurem Zorn untergehen" (vgl. Eph 4,26).

Marcions Bibelkritik

Von den neutestamentlichen Schriften anerkennt Marcion nur einen Teil. Auch das Johannesevangelium, das ihm sonst an nächsten stünde, kann er nicht annehmen; es enthält zu viele antignostische Akzente[107]. Er entscheidet sich für ein verstümmeltes Lukasevangelium, natürlich ohne die Kindheitsgeschichten, sowie für zehn Paulusbriefe: Galater, 2. Korinther, Römer und 2. Thessalonicher, Epheser, Kolosser, Philipper und Philemon. Galater 1,1 lautet in Marcions Variante: "Paulus, Apostel nicht von Menschen, sondern durch Jesus Christus, der sich selbst auferweckt hat von den Toten..." Irenäus sagt (I,24):

> Marcion verstümmelte die Briefe des Apostels Paulus, indem er darin alle klaren Aussprüche des Apostels über den Schöpfergott tilgte. Auch alles über die Zukunft des Herrn. Nur für die Seelen könne es eine Seligkeit geben.

---

[107] Jesus kam nicht in das "Seine" (Joh 1), sondern in die "Fremde". Auch die positiven Worte über das Fleisch 1,14 oder 6,51 ff. klingen in Marcions Ohren furchtbar. Daß der weitgereiste Kleinasiate das Johannesevangelium nicht gekannt habe, ist heute undenkbar.

Versuch einer Beurteilung

Harnack sieht in Marcion "den einzigen Denker der Christenheit, der mit der Überzeugung vollen Ernst gemacht hat, daß die Gottheit, welche von der Welt erlöst, mit der Kosmologie und der kosmischen Theologie schlechterdings nichts zu tun hat... Marcions Art, das Evangelium zu verkünden, kommt den Bedürfnissen der Gegenwart merkwürdig entgegen... Ernstlich erhebt sich für die christliche Dogmatik doch die Frage, ob der Marcionitismus nicht wirklich die gesuchte Lösung des größten Problems ist"[108]. Marcion ist in der Tat modern. Das zeigt sich in folgenden Punkten:

1. Er kritisiert die Schriften der Apostel und schafft sich einen "Kanon" nach individuellem Geschmack. Epiphanius verweist auf Offenbarung 22,18 f. Er streicht nicht nur aus der Bibel, was ihm mißfällt, er liest auch in sie hinein, was ihm gefällt.
2. Er verkündet einen Panchristismus. Damit berührt er sich mit dem Idealismus und mit "New Age". Keine echte polare Spannung zwischen Himmel und Hölle, Sünde und Gnade, Liebe und Zorn. Der heilige Gott hat abgedankt.
3. Der Gott der Christen hat mit der Schöpfung nichts zu tun.
4. Marcion kennt keinen versöhnenden Gott. Auf dem Umweg über seinen selbst erdachten Panchristismus vergibt er sich seine Sünden selber.
5. Marcions Haß auf die Juden und den Vatergott. Sein Plädoyer für Panagapä (d.h. überall nur Liebe).
6. Sein Verhältnis zu Krankheit und Leid. Dies alles gehört ins Reich des Schöpfergottes, der offenbar nicht in der Lage ist, seiner geplagten Kreatur zu helfen. Römer 8,28 fällt dahin.

Marcions Lehre macht der jungen Kirche schwer zu schaffen. Bereits um 150 klagt Justin, Marcions Lehre sei im ganzen Menschengeschlecht verbreitet. Ähnlich Tertullian eine Generation später: "Marcionis traditio haeretica totum implevit

[108] A.v.Harnack, Marcion, Vorwort S.IV und S.263 f.

mundum." Ganze Gemeinden werden marcionitisch. Es gibt marcionitische Bischöfe. Ihren Zenit überschreiten sie noch im 2. Jahrhundert. Im Westen geht ihr Einfluß nach 200 und vor allem durch die Ketzergesetze des 4. Jahrhunderts zurück; im Osten fliehen die Anhänger in ländliche Gebiete und können sich noch bis ins 5./6. Jahrhundert halten. Zum Teil verschmelzen marcionitische Kreise mit den Manichäern.

Der Manichäismus[109]

Als die Gnosis allmählich ihre Anziehungskraft verliert, entsteht im 3. Jahrhundert in Babylon eine Neuauflage dieser Religiosität: der Manichäismus. Die Bewegung wird benannt nach ihrem Stifter Mani, der 216 in Ktesiphon/Babylonien von persischen Eltern geboren wird. Ein Engel enthüllt ihm, er sei zum Künder und Missionar einer weltumspannenden Religion erkoren. Im Jahr 242 tritt er als Gesandter Gottes auf und verkündet eine neue Lehre. Sein Auftreten erinnert an den späteren Mohammed. Der persische König Schapur I. (241-273) gestattet ihm freie Verkündigung im ganzen Sassanidenreich sowie in Indien (Belutschistan). Mani versteht sich als der von Jesus in Johannes 14,26 verkündete Tröster, der Neues zu sagen hat. Er ist ein Religionsstifter. Unter Brahram I. (274-277) gerät er in Ungunst und stirbt nach kurzer Haft 277 im Gefängnis. Seine Anhänger nennen seinen Tod "Kreuzigung", weil er für seinen Glauben gestorben ist.

Manis Lehre ist eine Neuauflage der Gnosis: Dualismus, Reich des Lichts, Reich der Finsternis usw. Schon Jesus kam und lehrte den Weg der Weisheit. Das Alte Testament enthält

[109] A. Adam, Texte zum Manichäismus (2.A.1969); A. Böhlig/Ch. Markschies, Gnosis und Manichäismus (1994); E. Brunner-Traut, Die Stifter der großen Religionen (1998).

nicht viel Brauchbares (vgl. Marcion), die Evangelien und die Paulusbriefe bieten schon mehr. Doch Manis Botschaft ist der letzte und höchste Ruf zum Heil. Wer jetzt vollkommene Gnosis ablehnt, verliert das Heil endgültig. Wer wirklich die Erlösung begehrt, muß sich Manis Weg der radikalen Verneinung dieser Welt anschließen. Niemand kann Manichäer sein und gleichzeitig noch einer anderen Religion angehören. Den Christen gegenüber tritt er auf als Reformator. In dieser Maske gelingt es ihm, viele zu verführen. Auch Augustin ist eine Zeitlang Manichäer. Man hat die Manichäer mit Schlangen verglichen, die die Farbe ihrer Umgebung annehmen können. Im buddhistischen Raum nehmen sie buddhistische Farben an usw. Von der klassischen Gnosis unterscheidet sie das Fehlen des Kultisch-Sakralen. Das Hauptgewicht liegt bei ihnen auf der Lehre und Belehrung. Die Manichäer kennen zwei Klassen: eine Elite und Hörer. Die Hörer gehen ihrer täglichen Arbeit nach; sie versorgen die Erwählten täglich mit Gurken und Melonen, weil diese Früchte einen hohen Lichtanteil enthalten. Nach dem Tode werden die Seelen der Hörer in neuen Menschenkörpern wiedergeboren. Die Erwählten tragen jetzt schon weiße Kleider. Sie leiten Gottesdienste.

Der Manichäismus breitet sich schon im 3./4. Jahrhundert in Syrien, Oberägypten und Nordafrika aus, wo er allerdings von Kirche und Staat bekämpft wird. Verwandt mit dem Manichäismus sind die **Paulicianer**[110] Armeniens im 7.-11. Jahrhundert und die **Bogomilen**[111] in Kleinasien sowie auf dem Balkan. Ihre Gedanken wirken auf dem Weg der Kreuzzüge nach Südfrankreich und Oberitalien auf die **Katharer**.

---

[110] Als Gründer gilt der Syrer Konstantin (ca. 650). Ihren Namen erhalten sie, weil sie sich hauptsächlich auf Schriften des Apostels Paulus berufen. Sie gehen vermutlich aus spätmarcionitischen Kreisen hervor.

[111] Asketisch-dualistische Sekte, Höhepunkt in Bosnien im 14./15. Jahrhundert. Mit der türkischen Eroberung Bosniens (1463) verschwinden die Bogomilen.

7. Der Montanismus[112]

Eine schmerzhafte Spaltung in die Alte Kirche bringt der Montanismus. Im Jahr 156 tritt im Hochland Phrygiens (Kleinasien) Montanus auf[113]. Im Dorfe Ardabau gibt er sich aus als der verheißene Paraklet (Joh 14,26). Aus ihm spreche der Geist Gottes: "Siehe, der Mensch ist wie eine Lyra, und ich fliege herbei wie der Schlägel; der Mensch schläft, und ich wache. Siehe, der Herr ist es, der die Herzen der Menschen in Ekstase bringt und gibt den Menschen ein anderes Herz."[114] In der Ekstase verkündet Montanus: "Ich bin Gott, der Allmächtige, der Mensch geworden ist; nicht bin ich Engel, nicht Bote, sondern ich bin gekommen als Herr."

Montanus findet rasch Anhänger, vor allem die beiden Frauen Maximilla und Priscilla. Beide reden prophetisch. Priscilla sagt: "Christus kam zu mir in Gestalt einer Frau und in leuchtendem Gewande und legte in mich seine Weisheit. Er offenbarte mir, daß dieser Ort (gemeint ist Pepuza) heilig sei und hier das himmlische Jerusalem kommen werde." Auch Montanus bestätigt, daß bald das neue Jerusalem auf Pepuza herabfahren werde. Weil er Johannes 14,26 in seiner Person erfüllt glaubt, ist er überzeugt, daß nun die letzte Offenbarungsstufe gegeben ist und das Ende der Welt vor der Tür steht. Angesichts dieser Dringlichkeit fordert er die entschiedenen Christen auf, ihre Ehen aufzulösen und auf den Herrn zu warten. Maximilla und Priscilla gehen mit ihrem Beispiel voran. Es wird Gold und Geld gesammelt für Prediger, welche diese Botschaft in alle Winde hinaustragen sollen. Rasch brei-

---

112 Euseb, KG V, 16 ff.; N. Bonwetsch, Texte zur Geschichte des Montanismus = Kl. Texte, hg. H. Lietzmann (1914). K. Aland, Kirchengeschichtliche Entwürfe (1960) 105 ff.; A. Strobel, Das heilige Land der Montanisten (1980); W.H.C. Frend, Montanismus = TRE 23 (1994) 271ff.

113 Im 19. Jahr des Antonius Pius; Epiphanius, Panarion 48,1.

114 Epiphanius, Panarion 48. Vgl. auch Eusebius V,16-19.

tet sich die neue Lehre aus bis nach Rom und vor allem nach Nordafrika. In Kleinasien werden ganze Gemeinden montanistisch. Manche begeben sich nach Pepuza. Sie warten und warten, doch das Ende kommt nicht.

179 stirbt Maximilla, die letzte der drei Gründergestalten. Sie hatte verkündet: "Nach mir wird es keine Prophetin mehr geben, das Ende wird kommen." Der Tod dieser letzten Prophetin führt aber nicht zum Zusammenbruch der Bewegung. Die Gemeinden organisieren sich weiter, außerhalb des Kerngebietes meist wie die Gnostiker als "Kirche in der Kirche". Es ist trotzdem "letzte Zeit". Im Mittelpunkt des Gemeindelebens stehen ekstatische Reden und prophetische Bußpredigten. Weißgekleidete Frauen mit Fackeln prägen das Erscheinungsbild der Gemeinde.

Die rigorose Forderung der Eheauflösung wird etwas gemildert. Ehen können, aber sie müssen nicht mehr aufgelöst werden. Hingegen darf kein Montanist - nach einem Todesfall - eine zweite Ehe eingehen. Auch das Fasten wird verschärft[115]. Fasten bedeutet in der Regel Halbfasten mit einer Mahlzeit am Abend. Montanus verschärft diese Praxis. An 14 Tagen pro Jahr darf der Montanist nur Trockenkost essen. Die Gläubigen müssen sich von Fleisch und Brühe, von saftigen Früchten und Wein sowie des Badens enthalten.

Wird ein Montanist verfolgt, so ist ihm jede Flucht verboten. Auch die Kirchenzucht wird strenger. Gerade diese Strenge aber zieht manche an, weil gegen das Jahr 200, als unter Kaiser Commodus etwas ruhigere Zeiten kommen, sich in der Kirche eine gewisse Lauheit breitmacht.

Im Jahr 207 tritt in Afrika der feurige Tertullian aus Protest zur Laxheit der Kirche zum Montanismus über. Erst kurz

---

[115] Die alte Christenheit fastet am Mittwoch und Freitag, die Juden am Montag und Donnerstag. "Eure Fasten sollen nicht mit denen der Heuchler stattfinden, denn sie fasten am Montag und Donnerstag. Ihr aber fastet am Mittwoch und Freitag" (vgl. Didache 8,1).

vor seinem Tode kehrt er wieder in den Schoß der allgemeinen Ekklesia zurück. Im 4. Jh. wird der Montanismus staatlich verboten. Die montanistischen Bücher werden vernichtet. So ist heute von der ganzen Flut montanistischen Schrifttums nichts mehr vorhanden. Einzig bei Tertullian finden sich noch Bruchstücke, da seine Schriften nicht auf den Ausrottungskatalog gesetzt wurden. Eusebius bringt einzelne Zitate. Er nennt sie die "Kataphrygische Sekte" (V,14 ff.).

Erneuerung der urchristlichen Prophetie?

Die Kirche hat den Montanismus bekämpft, zunächst zurückhaltend, später engagiert. Apollinaris von Hierapolis berichtet: "Wenn Glieder der Kirche, welche zum Martyrium für den wahren Glauben berufen sind, zufällig mit sogenannten Märtyrern der phrygischen Sekte zusammentreffen, so halten sie sich von diesen fern und gehen - ohne mit ihnen Gemeinschaft gepflegt zu haben - in den Tod. Denn sie wollen den Geist nicht anerkennen, der durch Montanus und seine Frauen spricht" (Eusebius V,16).

Den montanistischen Prophetinnen werden Schminkerei und Schmuckgehängsel vorgeworfen, ihre Voraussagen hätten sich überhaupt nie erfüllt usw. Der Kampf gegen den Montanismus fällt der Kirche nicht leicht. Die Montanisten bejahen das AT, sie halten fest an der Fleischwerdung Christi, die Gnosis lehnen sie ab.

Nach Karl Heussi ist der Montanismus eine Erneuerung und Steigerung des alten enthusiastischen und rigoristischen Christentums, ausgelöst durch das Erblassen der Wiederkunftserwartung und durch die Verweltlichung der Gemeinden. Irenäus aber schreibt: "Wie wir hören, besitzen viele Brüder der Kirche prophetische Gaben, sprechen durch den Geist in vielen Sprachen, offenbaren das Verborgene zum Nutzen des Menschen und verkünden die Geheimnisse Gottes" (adv. haereses. V,6). Auch Eusebius meldet Visionen und Erscheinungen. Das

Mädchen Potaminäa erscheint drei Tage nach ihrem Martyrium des Nachts dem Ägypter Basilides, legt ihm einen Kranz aufs Haupt und sagt ihm, er werde ihr bald folgen. Drei Tage später wird Basilides enthauptet. Auch Heiden erscheint das Mädchen im Schlaf und spricht mit ihnen, worauf sich diese dem christlichen Glauben zuwenden. Dionysius von Korinth (um 170), Melito von Sardes (180) und selbst Cyprian (250) sind Visionäre und Propheten. Noch Monika, die Mutter Augustins, soll nach einem bestimmten Geschmack im Munde Irrlehrer erkannt haben. Bis gegen 200 haben sich die Propheten als Stand in der Kirche erhalten; die montanistische Bewegung hat den urchristlichen Prophetismus gesteigert und zu Ende geführt (Harnack).

Mehr als die werdende Amtskirche scheinen Schwärmer und falsche Weissager die prophetische Rede zurückgedrängt zu haben. Schon die Didache warnt vor umherziehenden falschen Propheten. Namentlich bei den Gnostikern stehen Prophetinnen und Propheten hoch im Kurs. Der Montanismus schließlich bringt das Faß vollends zum Überlaufen. So setzt die Kirche verstärkt auf die überlieferten Heiligen Schriften, dem prophetischen Wesen aber begegnet sie mit zunehmendem Mißtrauen. Der Kanon Muratori (um 200) erklärt die Zeit der Propheten für abgeschlossen.

Bereits um 170 gibt es im montanistischen Kleinasien die Partei der "anticharismatischen" Aloger. Weil die Montanisten sich immer auf Joh 14,26 berufen, erklären sie den Gnostiker Cerinth für den Verfasser des Johannes-Evangeliums. Wer heute den Apostel Johannes als Verfasser des vierten Evangeliums mit Berufung auf die Aloger ablehnt, sollte sich also vergegenwärtigen, in wessen Gesellschaft er sich befindet[116].

---

[116] Epiphanius nennt sie **Aloger**, d.h. die Unvernünftigen. In Rom vertritt um 200 ein Presbyter Gaius die Unechtheit des Johannesevangeliums. Er wird aber durch den gelehrten Hippolyt zurechtgewiesen. Die Aloger und Gaius sind keine geschichtlich ernst zu nehmende Gegner des Johannesevangeliums. Die Tendenzgründe wider den Montanismus sind

Charismatiker und Anticharismatiker

Beide Gruppen sehen ein Wahrheitsmoment. Keine Gemeinde kann leben ohne den Heiligen Geist und seine Gaben. Und keine Gemeinde kann leben ohne Ordnung. Die modernen Montanisten und Gnostiker vergessen, daß nicht Geisterfahrungen oder Wunder und Zeichen die Mitte und Hauptsache einer Gemeinde sind. Es ist vielmehr Jesus selbst, und zwar der Gekreuzigte. Und die modernen Aloger sollten nicht zu viel erwarten von angeblich idealen Gemeindestrukturen usw. Neuem geistlichem Leben widerstehen nicht nur verkrustete Strukturen; oft ist es auch ein Mangel an Demut oder ein Übermaß an Rechthaberei von Insidern. Die Kritik am Schwärmertum ist insofern richtig, als Gott sich durch die fundamentlegenden Apostel und Propheten des Neuen Testaments völlig offenbart hat (Hebr 1; Kol 2,9). Wer sich auf prophetisches Wort oder auf prophetische Gabe beruft, muß sich gefallen lassen, daß er am geoffenbarten Wort der Heiligen Schrift gemessen wird.

---

offensichtlich.

8. Der Abwehrkampf gegen die Gnosis

A. Das Neue Testament - eine Gabe Gottes[117]

Neues Testament und Kirche

Gemäß dem neutestamentlichen Zeugnis gründet sich die Kirche auf die Bibel - und nicht etwa umgekehrt. Sie ist "erbaut auf den Grund der Apostel und Propheten, da Jesus Christus der Eckstein ist" (Eph 2,20). Calvin hält fest: "Ohne die Schrift hätte es niemals eine Kirche gegeben. Darum ist es ein ganz hohles Gerede, daß die Kirche Allmacht besitze, über die Schrift zu urteilen... die so reden, rauben dem Herrn seine Ehre und wissen gar nicht, in was für Konsequenzen sie sich verstricken."[118] Das Neue Testament ist nicht das Produkt der Urkirche; das wäre zwar modern-anthropozentrisch, aber nicht biblisch-theologisch gedacht. Das Wort Gottes ist der Kirche zeitlich und sachlich vorgeordnet.

Natürlich hat die Kirche das NT überliefert. Sie tut dies ja bis heute. Aber diese Tradition ereignet sich nicht erst seit dem 3. oder 4. Jahrhundert. Sie geschieht von Anfang an. Schon die Christen der ersten Generation wissen, daß das Leben der Gemeinde seine Wurzel im apostolischen und prophetischen Wort hat (1. Thess 2,13). Ganz entsprechend werden die neutestamentlichen Schriften in den Gemeinden auch verlesen, gesammelt und verehrt. Unklarheiten für die Gemeinden bringen Fälschungen oder Bibelkritik der Gnostiker und Montanisten, doch geht in den Hauptgemeinden der Tradi-

---

[117] Vgl. Th. Zahn, Grundriß der Geschichte des neutestamentlichen Kanons (3.A.1985); J. A. T. Robinson, Wann entstand das Neue Testament? (1986); O. Cullmann, Tradition (1954); E. Mauerhofer, Einleitung in die Schriften des NTs, I-II (2.A.1997/1999); W. Schneemelcher, a.a.O.

[118] Joh. Calvin, Institutio I,7. Zum ganzen Thema vgl. Th. Zahn, Die Geschichte des neutestamentlichen Kanons I-VI (1881-1916). A. Sierszyn, Die Bibel im Griff (1978, ND 2001).

tion wie Ephesus, Antiochia, Korinth oder Rom das Wissen nicht verloren, welches die wahren apostolischen Schriften sind.

Schnelle Verbreitung der apostolischen Schriften

Paulus schreibt den Thessalonichern: "Ihr habt das Wort göttlicher Predigt nicht als Menschenwort, sondern als Gotteswort aufgenommen" (1. Thess 2,13). Als von Christus direkt beauftragter Apostel spricht er autoritativ. Darum schließt der genannte Brief mit der Aufforderung, "daß ihr diesen Brief lesen laßt vor allen Brüdern". Ähnlich zeigt Kol 4,16, daß die Paulusbriefe (wohl kopiert) weitergereicht und in verschiedenen Gemeinden verlesen wurden. Die Offenbarung des Johannes preist selig, "der da liest und die da hören die Worte dieser Weissagung" (1,3).

Die neutestamentlichen Schriften werden in den Gemeinden sofort abgeschrieben und weiterverbreitet, weil sie als autoritatives Wort des Herrn für die ganze Gemeinde erkannt werden. Das zeigen auch die Anfänge des 1. Petrus- und des Jakobusbriefes ("an die zwölf Stämme in der Zerstreuung").

Besonders eindrücklich für die rasche Verbreitung des apostolischen Wortes ist das Johannesevangelium. Der Hauptstrang der kirchlichen Tradition hat das vierte Evangelium immer dem Apostel in Ephesus zugeschrieben[119]. Polykarp

---

[119] Nach Irenäus hat **der Apostel Johannes** bis in die Zeit Trajans (98-117) gelebt (II,22; III,3 f.; ferner Euseb 3,23; Hieronymus, de viris ill. 9 läßt Johannes im 68. Jahr nach dem Leiden unseres Herrn, also 98, sterben). Die ältesten Urkunden bezeugen übereinstimmend, daß Johannes als letzter ein Evangelium geschrieben habe (Irenäus III,1; und Euseb in III,24). Übrigens hat Johannes von allen vier Evangelien die genaueste Topografie. Stammt dic Offenbarung aus der Zeit um 95, "fast in unserer Generation gegen Ende der Herrschaft des Domitian" (Irenäus V,30), so gehören das Evangelium und die Briefe des Johannes in die Jahre 96/98, vielleicht aber auch in eine wesentlich frühere Zeit.

Die Christenheit hat den jüdischen Rahmen verlassen. Die Mission geht weiter auf hellenistischem Boden mit griechischer Sprache und philosophischer Begriffswelt. Schon Paulus trägt als Missionar und Theologe diesem Umstand Rechnung. Johannes tut es auf seine Weise. Er greift die platonische und stoische Idee des **Logos** auf, die schon Philo für das Judentum weiterentwickelt hat. Auch die Beziehung von Jesus Christus zur Gnosis wartet auf Klärung. Gegen Ende des 1. Jh.s herrscht in Kleinasien ein reges geistiges Leben. Die hellenistischen Kreise, die sich für Christus interessieren, suchen Antwort auf folgende Fragen: Worin besteht die Offenbarung Christi? Welches ist sein Verhältnis zu Gott? Wie hat er den Menschen die Frohe Botschaft gebracht? Anderseits leugnen gnostische Vertreter bereits, daß Christus tatsächlich ins Fleisch gekommen ist. Johannes will auf diese Erwartungen und Irrtümer antworten. Clemens schreibt: "Da er sah, daß die andern Evangelisten nur Tatsachen berichteten, schrieb Johannes, der letzte von allen, auf Bitten seiner vertrauten Freunde und mit göttlicher Hilfe das geistige Evangelium" (Euseb VI,14). Johannes schreibt in anderer Situation und Absicht als die drei ersten Evangelisten. Er bezeugt Jesus Christus als Mensch und als Gott. Zumal auch die geistige Dimension seiner irdischen Taten wird unterstrichen. Nach der Brotvermehrung enthüllt Jesus den Seinen: "Ich bin das Brot des Lebens!"

Entscheidend ist aber Kapitel 1: "Im Anfang war das Wort (der Logos) und das Wort war bei Gott und Gott war das Wort... und das Wort ward Fleisch und wohnte unter uns..." Für die religiös und philosophisch fragenden Hellenisten ist der Logos ein Zentralbegriff; für Plato der Ursprung des Reichs der ewigen Ideen, für Philo das Abbild Gottes, die geistige Welt schlechthin. In der Stoa schließlich bedeutet Logos die den Kosmos durchwaltende, ordnende Vernunft. Johannes übernimmt diesen allgegenwärtigen religionsphilosophischen Zentralbegriff seiner Zeit und bekennt: Der Logos ist Jesus, und Jesus ist der Logos. Jesus, den Matthäus und Lukas als Sohn Gottes bekennen, gezeugt durch den Heiligen Geist in der Jungfrau Maria - ER ist der Logos. Er war vor der Zeit bei Gott. Durch ihn ist alles geschaffen. Dieser Logos ist Gnade und Liebe, denn er wird Fleisch und Blut wie unsereiner. So scheint er als Licht in der Finsternis. Er überwindet die Welt und vollbringt am Kreuz den Sieg, damit alle, die an ihn glauben, nicht verlorengehen, sondern das ewige Leben haben. Es ist großartig und überwältigend, wie Johannes Jesus leidend, liebend und triumphierend in die hellenistischen und gnostischen Hallen und Kammern seiner Zeit und Kultur einziehen läßt. Die spätere **Logos-Christologie** hat hier ihren Ansatz und ihre Autorität.

von Smyrna als Schüler des Johannes und Lehrer des Irenäus ist ein guter Garant für diese Tatsache. Die historische Kritik vor allem des 19. Jh.s wollte das Johannesevangelium tief im 2. Jh. ansetzen (bis 160). Dann wurde in den 30er Jahren unseres Jhs. im Sande Ägyptens der Papyrus 52 entdeckt, ein Fragment aus der Zeit um 125 n. Chr. mit Auszügen von Joh. 18. Schon damals ist das Evangelium also bis nach Ägypten verbreitet! Warum? Weil es in den Gemeinden gelesen wird. Der Papyrus 52 ist ein Hinweis dafür, wie schnell sich die apostolischen Schriften über die ganze damalige Welt verbreiten. So setzt auch 2. Petrus 3,15 f. die Kenntnis der Paulusbriefe voraus.

Ebenso beweist der 1. Clemensbrief (um 95), daß der 1. Korintherbrief auch in Rom sofort zur Hand ist. "Nehmt den Brief des seligen Apostels Paulus zur Hand", schreibt Clemens den Korinthern. Allen voran zitieren Polykarp und Ignatius neben dem AT auch neutestamentliche Schriften als autoritatives Wort und setzen deren Kenntnis voraus. Ignatius schreibt den Römern: "Ich möchte euch keine Befehle geben wie Petrus und Paulus, sie waren Apostel." Polykarp verweist die Philipper auf die Paulusbriefe. In sie sollen sie sich vertiefen, dann werden sie erbaut werden. Die Paulusschriften sind für ihn bereits *graphae*, d. h. Heilige Schrift[120].

Das NT selber und zum Beispiel der 1. Clemensbrief geben deutliche Hinweise dafür, daß schon im 1. Jahrhundert die Paulusbriefe gesammelt werden. Diese Sammlungen entstehen nicht zufällig, sondern durch bewußtes Handeln der Gemeinden. Rom oder Korinth könnten dabei federführend gewesen sein. Anders läßt sich die weitgehende Übereinstimmung schon im frühen 2. Jahrhundert nur schwer erklären.

---

[120] Ignatius, Philad. 8; vgl. Th. Zahn, Geschichte des ntl. Kanons I,2 (1889) 820 ff. Barnabasbrief 4,14 zitiert Mt 22,14 mit den Worten: "Wie geschrieben steht".

Justin als Zeuge

Justin berichtet, daß in den Gottesdiensten um 150 n. Chr. die Erinnerungen der Apostel[121] vorgelesen werden (I,67). Das an die griechische Denkweise angepaßte Wort meint die Evangelien. Justin ist ein weitgereister Mann und hebt den allgemein gültigen Charakter seiner Beschreibung des Sonntags-Gottesdienstes hervor. So hat er es auch in Ephesus erlebt, wo er um 135 Christ wurde. Seine Bekehrung erfolgt nur etwa 40 Jahre nach dem Tod von Johannes. Im nahen Smyrna lebt noch Polykarp. Auch Papias mag damals noch am Leben gewesen sein. Justin schöpft somit aus ergiebiger Quelle. Er kennt unsere vier Evangelien. Matthäus 17,13 zitiert er sogar durch das absolute "es steht geschrieben"(Dialog 49).

Auch Tatians Diatessaron (ca. 160) beweist, daß die vier Evangelien in den Gemeinden als apostolisch gelten.

Irenäus und das Neue Testament

Von Irenäus erfahren wir über das 2. Jh. am meisten. Als Schüler Polykarps und "Enkel" von Johannes kennt er die kleinasiatische Überlieferung. Auch die römische Gemeinde und die Verhältnisse im Rhônetal sind ihm bekannt. Für Irenäus gibt es vier Evangelien in der "Kirche unter dem Himmel": Matthäus, Markus, Lukas, Johannes.

> "Marcion wollte nur eines, ein verstümmeltes Lukasevangelium, gelten lassen. Andere wollen das Geschenk des Geistes außer Kraft setzen, deshalb lassen sie die Evangelienform des Johannes nicht zu, wo der Herr verheißt, daß er den Tröster senden werde... ein richtiges Pech!... Die Valentinianer bringen ohne alle

---

[121] Er nennt die (vier) Evangelien "Apomnemoneumata ton apostolon"; die Bezeichnung klingt "säkularer" als Evangelium, es handelt sich ja um eine an Heiden gerichtete Verteidigungsschrift (Zahn).

Scheu ihre eigenen Schreibereien vor und rühmen sich, mehr Evangelien zu haben, als in Wirklichkeit sind"[122].

Er beruft sich auf kleinasiatische Presbyter (seniores), das heißt auf Polykarp und Papias:

Matthäus verfaßte seine Evangelienschrift bei den Hebräern in hebräischer Sprache, als Petrus und Paulus in Rom das Evangelium verkündeten und die Gemeinde gründeten. Nach deren Tode zeichnete Markus, der Schüler und Dolmetscher Petri, dessen Predigt für uns auf. Ähnlich hat Lukas, der Begleiter von Paulus, das von diesem verkündete Evangelium in einem Buch niedergelegt. Zuletzt gab Johannes, der Jünger des Herrn, der an seiner Brust ruhte, während seines Aufenthaltes in Ephesus in Asien das Evangelium heraus (III,1).

Irenäus ergänzt und bringt exemplarisch die Reihe der römischen Gemeinden, zu der er seit langem Beziehungen pflegt:

Die von den Aposteln in der ganzen Welt verkündete Überlieferung kann jeder in der Kirche finden, der die Wahrheit sehen will, und wir können die von den Aposteln eingesetzten Bischöfe der einzelnen Kirchen aufzählen und ihre Nachfolger bis auf unsere Tage (III,2).

Dasselbe hat auch Polykarp immer gelehrt, wie er es von den Aposteln gelernt hatte. Er war nicht allein von den Aposteln unterrichtet und hatte noch mit vielen verkehrt, die unseren Herrn Christus gesehen hatten, sondern er war von den Aposteln auch zum Bischof von Smyrna eingesetzt worden. Auch wir (Irenäus) sahen ihn noch in unserer Jugend[123] (III,4).

---

[122] Adv. haer. III,11. Vgl.. A.D. Baum, Die Publikationsdaten der Evangelien in den ältesten Quellen – JETh 11 (1997/8) 77ff.

[123] Die 1. Hälikia umfaßt die Jugend und das junge Mannesalter bis ca. 35/40 Jahre.

Irenäus (um 180) kennt den folgenden Grundstock als Heilige Schrift: 4 Evangelien, 13 Paulusbriefe, Apostelgeschichte, 1. Petrus, 1.+2. Johannes, Offenbarung des Johannes.

Tertullian, sein jüngerer Zeitgenosse, steht praktisch auf demselben Stand. Der Weg zur Sammlung der apostolischen Schriften ist längst vor Marcion beschritten. In begrenztem Maß werden auch andere Schriften gesammelt, etwa der 1. Clemensbrief[124], die Didache, die Briefe von Polykarp, Ignatius oder der Hirt des Hermas. Doch diese Schriften haben grundsätzlich nicht dieselbe Autorität, Polykarp und Ignatius sagen es selber.

Im Laufe des 2. Jhs. strömt eine Menge vor allem gnostischer Evangelien, Apostelgeschichten und Apokalypsen in die Gemeinden - oft im Namen einer apostolischen Autorität (Thomasevangelium, Petrusoffenbarung). So setzt sich im Kampf gegen Gnosis, Marcion und den Montanismus die Erkenntnis durch, daß die fundamentlegenden Schriften des Neuen Bundes nicht nur gesammelt, sondern auch gegenüber anderer Literatur abgegrenzt werden müssen. Marcion, Gnosis und Montanismus beschleunigen sicher diesen Ausscheidungsprozeß. Doch sollte man den kirchlichen Kanon nicht als Gegenprodukt zum Kanon Marcions bezeichnen. Das wäre zu viel Ehre für Marcion! Die Irrlehrer stiften Verwirrung und zwingen die Kirche, energisch darauf zu bestehen, was ihr ursprüngliches Eigentum ist.

---

[124] Der 1. Clemensbrief wird um 170 in Korinth am heiligen Tag des Herrn zur Belehrung verlesen (Euseb, KG, IV,23).

Das Muratorische Fragment[125]

1740 entdeckt der Mailänder Bibliothekar Muratori ein Fragment aus der Zeit um 200, vermutlich die lateinische Übersetzung eines griechischen Schriftstückes. Es anerkennt im wesentlichen unser heutiges NT und dazu die Oden Salomos, ein innig-gnostisches Liederbuch. Vom Römerbrief heißt es, Christus sei "die Regel der Schriften und ihr Prinzip"[126]. Von Valentin, Miltiades, Marcion usw. heißt es, "nehmen wir überhaupt nichts an". Umstritten ist die (gnostische) Petrusoffenbarung. Der Hirt des Hermas darf zwar gelesen werden, weil er vom Bruder des römischen Bischofs Pius stamme, jedoch nicht öffentlich als Heilige Schrift, denn die Zahl der Propheten und Apostel sei abgeschlossen. Das NT darf also nicht durch zeitgenössische Schriften erweitert werden, auch wenn sie noch so gut sind. Das Fragment zeigt den Stand der Dinge in Rom um 180/200. Es deckt sich praktisch mit dem, was Irenäus für Gallien und Tertullian für Afrika bezeugen.

Origenes und die Heiligen Schriften

Nicht nur seine gelehrten Studien — Origenes kennt das griechische NT auswendig —, sondern auch seine Reisen nach Rom, Athen, Antiochien, Arabien, Kappadozien und Palästina verschaffen ihm eine umfassende Kenntnis der verschiedenen Kirchen. Origenes berichtet uns über den Gebrauch der verehrten Schriften in den verschiedenen Kirchenprovinzen unter dem Himmel. Er teilt die gesammelten Schriften in drei Klassen auf:

---

[125] H. Lietzmann, Kl. Texte I (2.A.1933); deutsch bei A. Ritter, Alte Kirche (5.A.1991) – KTGQ I, hg. H. Oberman u.a.

[126] H. Burkhardt, Motive und Maßstäbe der Kanonbildung nach dem Kanon Muratori, ThZ Basel 4 (1974) 207ff.

1. **Homologoumena** = unwidersprochene Schriften
2. **Amphiballomena** = teilweise angezweifelte Schriften
3. **Pseude** = Fälschungen, z.B. das Ägypterevangelium, Basilidesevangelium, Matthiasevangelium, Thomasevangelium.

Dazu nimmt er noch eine vierte Gruppe, deren Kanonizität nicht zur Diskussion steht, der die Kirche aber eine gewisse Verehrung entgegenbringt. Diese apokryphen oder verborgenen Schriften bleiben von der öffentlichen Verbreitung ausgeschlossen. Dazu gehören zum Beispiel: Didache, Barnabas, Hirt usw.

Zur ersten Gruppe gehört bei Origenes auch die Offenbarung des Johannes, welche seit dem 2. Jh. praktisch unangefochten in Geltung ist. Die alexandrinische Frömmigkeit ist damals allerdings stark spiritualistisch-gnostisierend ausgerichtet. Origenes ist das eigentliche Haupt dieser Denkart. Wenige Jahre später bestreitet Bischof Dionys von Alexandrien die Echtheit der Johannes-Offenbarung. Die apokalyptisch-geschichtliche Schau der Endzeit paßt ihm nicht. Vor allem die Lehre vom Tausendjahrreich ist seinem hellenistischen Empfinden zu massiv. Während Origenes als vielgereister Mann sich den Tatsachen der Überlieferungsgeschichte beugt, darf seinen Schülern diese Weite nicht immer nachgerühmt werden.

Dies zeigt sich auch bei Eusebius, dem Kirchengeschichtler origenistischer Schule. Im dritten Buch seiner Kirchengeschichte reiht er - der Geschichte verpflichtet - die Offenbarung bei den unbestrittenen Büchern ein. Etwas weiter unten zählt er sie zu den umstrittenen Schriften.

Ganz entsprechend interpretiert er ein Papias-Zitat (gegen Irenäus!), es habe in Ephesus zwei Johannes gegeben, den Apostel und einen Presbyter; das Evangelium stamme vom Apostel, die Offenbarung jedoch nur vom Presbyter. Das ist ein treffendes Beispiel von interessengeleiteter Geschichtswissenschaft.

Entscheidend für den Osten ist schließlich der 39. Osterfestbrief (Hirtenbrief) von Bischof *Athanasius* im Jahr 367[127]. In diesem Osterbrief bezeichnet er alle 27 Bücher des NTs, wie wir sie kennen, als die allein kanonischen.

Derselbe Schriftenkanon wird im Westen auf einer römischen Synode im Jahr 382 unter Bischof Damasus genehmigt. Im Westen besteht nie Zweifel, daß die Johannes-Offenbarung dazugehört. Hier geht es vielmehr dem Hebräerbrief so wie der Johannes-Offenbarung im Osten. Doch der Einfluß der Ostkirche - v.a. Athanasius und Hieronymus - verhilft auch der Westkirche zur Erkenntnis, daß der Hebräerbrief den apostolischen Schriften zuzurechnen sei.

In Nordafrika tritt Augustin bei zwei Synoden für denselben Kanon ein.

Gottes Wort und Glaube

Einzelne Schriften unseres Kanons – etwa der Jakobusbrief, der Hebräerbrief, die Johannesbriefe, der Judasbrief oder der 2. Petrusbrief – treten im 2. Jh. in den Hintergrund, einige gar in den Verdacht gnostischer Fälschung. Daß sie sich wie die Offenbarung im Osten doch wieder durchsetzen, liegt letztlich in ihrer apostolisch-prophetischen Kraft und inneren Autorität. Natürlich ist dies ein Urteil des Glaubens. Daß aber der 2. Petrusbrief und der Judasbrief auch geschichtlich gesehen ihren Platz in der apostolischen Zeit einnehmen können, hat Bischof Robinson dargelegt[128].

---

[127] Die alexandrinischen Bischöfe schreiben zu Ostern an ihre Gemeinden Hirtenbriefe, um ihnen den genauen Ostertermin bekanntzugeben. Die Berechnung nach dem Mondkalender macht den Ostertermin variabel.

[128] J. A. T. Robinson, Wann entstand das Neue Testament? (1986) 179ff.

B. Das römische Taufbekenntnis[129]

Weshalb braucht die Kirche ein Glaubensbekenntnis? Genügt die Bibel allein nicht? Im Laufe des 2. Jh.s treten in und neben der Kirche Strömungen auf, die sich teilweise oder ganz auf dieselben heiligen Schriften berufen wie die Kirche auch, zum Beispiel Montanisten, Gnostiker, Marcion. Auch sie reden von Gott, von Jesus usw. Redet jemand von Gott, so muß man nun zurückfragen: Welchen Gott meinst du, den Vater Jesu Christi und Schöpfer der Welt oder den Demiurgen? An welche Auferstehung glaubst Du, an die des Geistes nur oder auch an die des Leibes?

So sieht sich die Kirche des 2. Jhs. genötigt, gegenüber dem Pluralismus der Schriftinterpretationen die Hauptlinien der apostolischen Auslegung festzuschreiben. Gegenüber dem Zeitgeist sollen Mitte und Grundinhalt der christlichen Botschaft definiert und als Zeichen der Kirche hochgehalten werden. Das Bekenntnis der Kirche faßt in knappen Sätzen den kirchlichen Glauben zusammen und grenzt sich gegenüber den Irrlehren der Zeit ab. Man nennt das Bekenntnis später Kanon tes Pisteos ("Richtschnur des Glaubens"), lateinisch Regula fidei. Augustin spricht später vom verbum abbreviatum (d.h. "abgekürztes Wort"). Eine starke Wurzel des Bekenntnisses liegt in der Abgrenzung gegenüber den Irrlehren. Die Kirche setzt ein Zeichen: Das glauben wir! Seit dem Konzil von Nicäa (325) kommt dann auch die Negation dazu: Das glauben wir nicht! Darum heißt es seit dem 4. Jh. auch Symbol ("Erkennungszeichen, Übereinkunft"). Die christliche Gemeinde gibt sich und andern Rechenschaft über ihren Glauben (ratio fidei). Die ersten Formulierungen des Glaubensbekenntnisses bilden den Anfang der Dogmengeschichte.

---

[129] C. Mirbt, Quellen Papsttum (4.A.1924) Nr. 25; A. Hahn, Bibliothek der Symbole (3.A.1897, ND 1962); J. Kelly, Altkirchliche Glaubensbekenntnisse (1972) 103ff.

Die zweite Wurzel des Bekenntnisses und der christlichen Dogmatik liegt im NT und im christlichen Glauben selber. Unser Glaube ist immer bekennender Glaube. Römer 10,9: "Wenn du von Herzen glaubst und mit dem Munde *bekennst*, 'Jesus ist Herr!', so wirst du gerettet." Das kürzeste Bekenntnis, das Urbekenntnis der Kirche, lautet: "Kyrios Jesus" = Herr ist Jesus! In diesem Zeichen geben die Märtyrer ihr Leben hin und siegen über ihre Peiniger.

Jesus sagt: "Wer mich bekennt vor den Menschen, den will ich auch bekennen vor meinem himmlischen Vater" (Mt 10,32). Das griechische Wort homologein, exhomologein, homologia kommt im NT 26mal vor. Es kann heißen:

1. versprechen, schwören (Matthäus 14,7)
2. preisen (Matthäus 11,25)
3. öffentlich bekennen, frei gestehen (Matthäus 7,23)

Schon das AT sagt: "Höre Israel, Jahwe, unser Gott, ist einer"(5. Mose 6,4). Dieses Bekenntnis wird auch zur Zeit Jesu im jüdischen Tempel beim Morgen- und Abendopfer täglich gebetet. Auch für Christen behält es seine Gültigkeit. Demgemäß heißt es in 1. Kor 8,6: "Wir haben doch nur *einen* Gott, den Vater, von welchem alle Dinge sind, und wir durch ihn - und *einen* Herrn, Jesus Christus, durch welchen alle Dinge sind, und wir durch ihn." Das ist ein zweigliedriges Bekenntnis: 1. zum Vater, 2. zum Herrn Jesus Christus.

Ein dreigliedriges Bekenntnis begegnet uns in 2. Kor 13,13: "Die Gnade des Herrn Jesus Christus und die Liebe Gottes und die Gemeinschaft des Heiligen Geistes sei mit euch allen." Am Ende des Matthäus-Evangeliums fordert Jesus auf zur Taufe "in den Namen des Vaters, des Sohnes und des Heiligen Geistes" (Mt 28,19). Dasselbe sagt Didache 7. Es handelt sich hier immer um ein positives Bekenntnis. Abwehr gegen Irrlehren ist äußerlich nicht erkennbar.

Ähnlich wird Timotheus ermutigt, den guten Kampf des Glaubens zu kämpfen; er hat die kalä homologia ("das gute

Bekenntnis") abgelegt vor vielen Zeugen. Das "gute Bekenntnis" meint nicht ein fix formuliertes Glaubensbekenntnis. Es ist sein ganzes Leben mit Herz, Mund und Händen.

Das Grundschema eines ausgebauten Bekenntnisses wird bei Justin um 150 sichtbar: "Wir ehren Jesus Christus, der gekreuzigt ist unter Pontius Pilatus... Da wir gelernt haben, daß er der Sohn des wahren Gottes ist, erklären wir, daß er an zweiter Stelle, der Heilige Geist aber im dritten Range steht"[130].

Bevorzugte Gelegenheit zum Aussprechen formulierter Bekenntnisse ist die Taufe. Schon Philippus spricht zum äthiopischen Finanzminister: "Wenn du von ganzem Herzen glaubst, so mag es geschehen. Er aber antwortete: Ich glaube, daß Jesus Christus Gottes Sohn ist" (Apg 8,37). Im sogenannten Romanum ist uns ein (griechisches) Bekenntnis der römischen Gemeinde aus der ersten Hälfte des 2. Jh.s erhalten geblieben:[131]

Ich glaube an **Gott**, den allmächtigen Vater, und an **Jesus Christus**, seinen einziggeborenen Sohn, unseren Herrn, der geboren ist aus der Jungfrau Maria, der unter Pontius Pilatus gekreuzigt und begraben, am dritten Tage von den Toten auferstanden ist, aufgefahren in den Himmel und zur Rechten des Vaters sitzt, von wo er kommen wird, zu richten Lebende und Tote; und an den **Heiligen Geist**, eine heilige Kirche, Vergebung der Sünden, Auferstehung des Fleisches. Amen.

Πιστεύω εἰς θεόν, πατέρα παντοκράτορα· καὶ εἰς Χριστὸν Ἰησοῦν [1], υἱὸν αὐτοῦ τὸν μονογενῆ, τὸν κύριον ἡμῶν, τὸν γεννηθέντα ἐκ πνεύματος ἁγίου καὶ Μαρίας τῆς παρθένου, τὸν ἐπὶ Ποντίου Πιλάτου σταυρωθέντα καὶ ταφέντα, τῇ τρίτῃ ἡμέρᾳ ἀναστάντα ἐκ [2] νεκρῶν, ἀναβάντα εἰς τοὺς οὐρανούς, καθήμενον ἐν δεξιᾷ τοῦ πατρός, ὅθεν ἔρχεται κρῖναι [3] ζῶντας καὶ νεκρούς· καὶ εἰς [4] πνεῦμα ἅγιον, ἁγί<αν> ἐκκλησίαν, ἄφεσιν ἁμαρτιῶν, σαρκὸς ἀνάστα<σιν>. Ἀμήν [5].

[130] Justin, Apol. I.13,3; ähnlich Irenäus, adv. Haer. I,10 und IV,33.

[131] Mirbt, Quellen zur Geschichte des Papsttums, Nr. 25. Vgl. auch Bekenntnisse der Kirche, hg. von Hs. Steubing (2.A.1997).

Credo in Deum, patrem omnipotentem; et in Christum Iesum, filium eius unicum dominum nostrum, qui natus est de spiritu sancto et Maria virgine, qui sub Pontio Pilato crucifixus est et sepultus, tertia die resurrexit a mortuis, ascendit in caelos, sedet ad dexteram patris, unde venturus est iudicare vivos et mortuos; et in spiritum sanctum, sanctam ecclesiam, remissionem peccatorum, carnis resurrectionem.

Ausgebaut ist vor allem das Christusbekenntnis im 2. Teil. Das ganze Bekenntnis hat klar antignostische Akzente. Das altrömische Taufsymbol ist uns erhalten in einem Schreiben, das Marcell von Ancyra ca. 340 n. Chr. zum Erweis seiner Rechtgläubigkeit dem römischen Bischof sendet und das uns Epiphanius überliefert. Aus dem Romanum hat sich im 4./5. Jh. das Apostolische Glaubensbekenntnis entwickelt.

C. Die Entstehung und Ausbildung des monarchischen Episkopats[132]

Von der urchristlichen Gemeindeleitung bis auf Ignatius von Antiochien (ca. 70-110)[133]

In der urchristlichen Gemeinde sind alle Gläubigen Brüder und Schwestern, Priester und Heilige (1. Petr 2,9; Eph 4,12 ff. usw.). Trotzdem ist die Gemeinde nicht ohne Leitung. Das NT berichtet von Aposteln, Propheten, Lehrern, Presbytern (Ältesten), Bischöfen, Diakonen, Vorstehern, Hirten. Diese sind zuständig für die Leitung der Gemeinden. Die oben genannten Bezeichnungen sind nicht immer genau zu definieren. Bischöfe

---

[132] H. v. Campenhausen, Kirchliches Amt und geistliche Vollmacht in den ersten drei Jahrhunderten (2.A.1963). O. Cullmann, Tradition (1954). A. Adam, Die Entstehung des Bischofsamtes = Wort u. Dienst (Bethel) 5 (1957) 1-16.

[133] H. Schlier, Religionsgeschichtliche Untersuchungen zu den Ignatiusbriefen (1929).

und Presbyter zum Beispiel sind austauschbare Begriffe. Die unterschiedlichen Bezeichnungen deuten auf unterschiedliche sprachliche Herkunft. Der Presbyter stammt mehr aus dem judenchristlichen, der Bischof aus dem griechischen Raum. Der Jerusalemer Urgemeinde scheinen - wie den jüdischen Synagogen - sieben Älteste vorgestanden zu haben (Apg 21,18). "Bischof" ist im Hellenismus die Bezeichnung für den städtischen Verwaltungsbeamten oder einen Vereins-Präsidenten.

Die Gemeinde in Ephesus wird nach Apg 20,28 durch mehrere Bischöfe geleitet. Genauso verhält es sich in Philippi (1,1). Rangunterschiede sind keine spürbar. Dasselbe Bild zeigen uns die Pastoralbriefe. Das Bischofsamt ist ein Dienst (Diakonia), den man erstreben kann. 1. Tim 3 und Titus 1 nennen die Voraussetzungen. Auch hier sind Bischöfe und Presbyter austauschbare Begriffe. Bevor Paulus sich von Derbe verabschiedet, setzt er Presbyter ein (Apg 14,23). Im Titusbrief wird gesagt, Bischöfe und Presbyter sollen sich halten ans Wort und an die gesunde Lehre. Das Wort der Offenbarung ist gegeben durch die fundamentlegenden Apostel und Propheten (Eph 2,20; Mt 16,18). Jetzt, da der Neue Bund sein offenbartes Wort hat, ist dieses Wort der Grund, auf dem das Haus der Gemeinde gebaut werden soll. Die Prophetie ist gewiesen in die Spuren des gegebenen Wortes. Sie nähert sich der Lehre. Ihre Aufgabe ist es, die ergangene Offenbarung vollmächtig deutend in die jeweilige Zeitstunde hinein zu sagen. Es soll kein weiteres Prophetenbuch hinzugetan werden (Offb 22,18). Auch die fast gleichzeitig, verfaßte Didache warnt vor falschen Propheten.

In den Gemeinden gewinnt nun das Festhalten am ergangenen Wort und an der gesunden Lehre besondere Bedeutung. 1. Tim 5,17 fordert auf, Presbyter, die gut vorstehen, doppelter Ehre wert zu halten, besonders "die da arbeiten im Wort und in der Lehre".

Auch der 1. Clemensbrief (um 95) setzt für Rom und Korinth Bischöfe, Presbyter und Diakone voraus, welche die Gemeinden bruderschaftlich leiten. Die Didache setzt dieselbe

Gemeindeleitung voraus. Kapitel 14: Erwählt euch Bischöfe und Diakone, die des Herrn würdig sind, denn sie leisten auch den Dienst der Propheten und Lehrer.

Fast gleichzeitig empfängt der Apostel Johannes auf Patmos die Offenbarung. In den sieben Sendschreiben sind sieben Engel angesprochen. Sind damit die Schutzengel oder die (monarchischen) Vorsteher der Gemeinden gemeint[134]?

Ignatius (um 110) kennt die klare Scheidung der Ämter Bischof - Presbyter - Diakon. Dem Bischof weist er die Leitung der Einzelgemeinde zu. Er selbst ist als Bischof von Antiochien nicht mehr Bruder unter Brüdern, sondern: "Wo der Bischof erscheint, da ist die Gemeinde... wer ohne des Bischofs Wissen etwas tut, der ist vom Teufel" (Smyrna 8+9). Ignatius steht in Antiochia über dem Presbyterium und den Diakonen, und er setzt diesen Zustand für Asien voraus.

Von Ignatius zur katholischen Bischofskirche (Gründe für die Monarchisierung)

Die Monarchisierung des Bischofsamtes (Hierarchie) hat mindestens vier Wurzeln.

1. Das Abendmahl wird unter dem Einfluß geheimnisvoller (gnostischer) Kulte selber zu einem *kultischen Akt*. Die Didache versteht das Mahl noch als "geistiges Opfer". Bei Ignatius ist es bereits ein Heilmittel gegen den Tod. Das verdinglichte Mysterium ruft nach einem Stand, der das Heilsgut richtig verwaltet.

2. Die Bischöfe, die selber noch unter Handauflegung von einem Apostel oder Apostelschüler eingesetzt wurden, bürgen

---

[134] Für Schutzengel i.S. von Mt 18,10 plädieren Bousset, Schlatter, Lilje, G. Bornkamm, Westermann. Für Engel als Gemeindevorsteher (Bischöfe): Bengel, Beck, Menge, Frey, Barth.

im Kampf gegen die Irrlehren für die Zuverlässigkeit der Lehre. Die "Apostolische *Succession*" verbürgt - geschichtlich und geistlich - den Besitz der Wahrheit. Ein so eingesetzter Bischof besitzt das *Charisma der Wahrheit*. So argumentiert besonders Irenäus:

> Die von den Aposteln in der ganzen Welt verkündete Tradition kann in jeder Kirche jeder finden, der die Wahrheit sehen will, und wir können die von den Aposteln eingesetzten Bischöfe der einzelnen Kirchen aufzählen und ihre Nachfolger bis auf unsere Tage.

Irenäus liefert dann - exemplarisch - eine Liste von zwölf römischen Bischöfen seit Petrus. Auch Hegesipp, der Rom um 150 besucht, bringt den neueren Teil dieser Liste (Eusebius IV,22). Schließlich verweist Irenäus auf seine eigene Tradition: Jesus Christus → Johannes → Polykarp → Irenäus.

Diese Berufung auf die mündliche Tradition und auf die Sukzession fördert das Einmannsystem. Die Bischöfe werden zu Garanten der wahren Lehre und Überlieferung.

3. Es entspricht tief der menschlichen Natur, in möglichst vielen Dingen selbständig zu sein. Gott gegenüber aber möchte der Mensch lieber nicht unmittelbar sein. Er bevorzugt die *Delegierung* seiner Verantwortung auf einen Religions-Sachverständigen. Der natürliche Mensch sucht die Priesterkirche, die ihm die letzte Verantwortung abnimmt, so daß er nicht unmittelbar vor Gott stehen muß. Der Umweg über Kult und Kultbeamte schafft einen vermeintlich geschützten Raum.

4. Auch in der Kirche menschelt es. Es fällt etlichen leichter, Leitungsfunktionen anzunehmen, als solche an andere abzutreten. Menschliche *Herrschsucht*, natürlich getarnt durch "geistliche" Argumente, verhilft dem monarchischen Bischof ebenfalls zum raschen Durchbruch.

Bischofskirchen und Metropolitanverbände

Mit der Heraufkunft der Bischofskirche verändert sich auch das Leben der Gemeinden. Kirche ist nicht mehr, wo "zwei oder drei in meinem Namen versammelt sind" (Mt 18,20), sondern : "Wo der Bischof ist, da ist die Kirche."[135]

Die Gemeinde wird zum Herrschaftsgebiet eines Bischofs. Die Kirche wird zur Rechts- und Bischofskirche. Der Bischof ist Richter der Gemeinde und Christi Stellvertreter[136]. Die Bischöfe sind kompetent für Stellungnahmen der Gemeinden bei Fragen, welche bestimmte Regionen oder sogar die Gesamtkirche betreffen. Zu ersten Provinz-Synoden, betreffend den Montanismus, kommt es um 170 in *Kleinasien*. Etwa ab dem Jahr 200 werden Provinzialsynoden zu ständigen Einrichtungen, zuerst auch wieder in Kleinasien, wobei hier auch noch Presbyter daran teilnehmen. Ab etwa 250 gibt es in allen Ländern der Christenheit Synoden, in Ägypten, Arabien, Mesopotamien, Afrika, Italien, später in Spanien, Gallien.

Durch die ständig wiederkehrenden Synoden ergeben sich mit der Zeit die sogenannten Metropolitanverbände, wie Karthago, Rom, Ephesus, Antiochia, Alexandria u.a.m. Die Bischöfe versammeln sich in der Hauptstadt unter dem Vorsitz des Bischofs der Stadtgemeinde. Im Lauf der Zeit steigt der Bischof der Hauptstadt zum Metropoliten auf.

Nach 300 werden auch die einzelnen Metropolitan-Kirchenverbände weiter zusammengefaßt und nochmals unter eine

---

[135] Schon Ignatius, an die Trallaner 7,2, an die Philadelphier 7, an die Smyrner 8; klassisch Cyprian: "Der Bischof ist in der Kirche und die Kirche im Bischof. Wer nicht mit dem Bischof ist, der ist auch nicht in der Kirche" (Brief 66,8).

[136] Cyprian, Br. 59,5. Im Osten denkt der gleichzeitige Origenes ähnlich, jedoch weniger stark juristisch, dafür die persönliche Verantwortung und Heiligung des Amtsträgers betonend (z.B. Mt. Komm. 12,14).

Dachorganisation gestellt. Nun gibt es die Obermetropoliten oder die Patriarchen. Der Bischof von Rom ist zum Beispiel Metropolit von Italien und Obermetropolit des Westens. In der Ostkirche sind die Bischöfe von Alexandrien, Antiochien, Jerusalem und Konstantinopel Obermetropoliten.

Höhere und niedere Weihen

In den größeren Gemeinden, wo der Bischof über mehrere Kirchen die Aufsicht hat, dürfen auch die Presbyter die Eucharistie leiten. Die Diakone bringen den Armen die Gaben der Gemeinde; sie nehmen sich der Gäste und Fremdlinge an, sorgen für die Bestattung von heimatlosen Toten, die sonst niemand bestatten will; sie besuchen unter Lebensgefahr die Gefangenen in den Bergwerken und kaufen sie mitunter los.

In Rom zählt man längere Zeit nur sieben Diakone[137], andere Gemeinden vermehren die Zahl der Diakonen deutlich. Diese drei Ämter: Bischof, Presbyter und Diakone, bilden zusammen die Geistlichkeit, den Klerus[138]. Diese Sonderstellung der Geistlichen beruht auf einer feierlichen Weihe mit Handauflegung, der Ordination. Die Ordination als Einsetzung in eine autoritative Dienststellung ist ein neutestamentlicher Gedanke (1. Tim 4,14 und 5,17 ff.). Ab dem 2. Jh. wird aber aus der schlichten Handauflegung eine Weihehandlung.

Etwa ab 250 (Bischof Fabian) kennt man in Rom eine ganze Stufenleiter von kirchlichen Ämtern, sogenannte ordines maiores und ordines minores. Die niederen Weihen sind die Vorstufe zu den höheren Weihen.

---

[137] Z.B. um 250 anläßlich der Neuordnung durch Bischof Fabian. Anlehnung an die sieben Armenpfleger der Jerusalemer Urgemeinde. Dafür werden zusätzliche Hilfskräfte engagiert.

[138] Kleros = Magistrat im Unterschied zum Laos = Volk. Das lateinische Wort heißt ordo.

Die niederen Weihen:

1. Ostiarius	Er ist der Türsteher, verantwortlich für die Ruhe beim Gottesdienst.
2. Lektor	Der Schriftleser am Lesepult
3. Exorzist	Geisterbanner, der Wohnungen und Menschen im Namen Christi vor bösen Mächten behüten soll (etwa bei Geisteskrankheit). Er spricht vor der Taufe auch die Beschwörungsformel.
4. Akoluth	Laufbursche und Kerzenträger des Bischofs.
5. Subdiakon	Hilfskraft der Diakone.

Die höheren Weihen

1. Diakon	Er richtet die Kirche zum Gottesdienst her. Er betreut Arme und Kranke. Er ist des Bischofs "Ohr und Mund, Herz und Seele". In abgelegenen Gebieten darf er predigen und das Abendmahl halten.
2. Priester	Das gleiche Wort wie Presbyter. Er ist Mitarbeiter des Bischofs. Er verwaltet mit ihm zusammen die Sakramente und Almosen.
3. Bischof	Oberster Priester und Leiter der Kirche, zuständig für die Ordination der Priester und das Lebensideal der Gemeinde. Leiter der Finanzen und der karitativen Arbeit.

Diese Verfassungs- und Leitungsstruktur entspricht dem Wesen des römischen Beamtenstaates. Auch die Kirche wird nun verwaltet durch eine Hierarchie von Kirchenbeamten. Die neutestamentliche Kirche hat Jesus als ihr Haupt, und ein Bruderrat ist für die Leitung verantwortlich. Jetzt aber ist die Kirche vergleichbar mit einem Schiff, das die Gläubigen ans himmlische Ufer führt. Der Besitzer des Schiffes ist Gott, der Kapitän heißt Jesus, der Steuermann ist der Bischof, die Matrosen sind die Priester, die Speisediener heißen Diakone.

Der Zölibat

Für die Angehörigen der höheren Weihen verstärkt sich seit dem 3. Jh. der Ruf nach Ehelosigkeit. Man beruft sich auf 1. Kor 7 und Mt 19,12. Die Geistlichen sollen nicht mit ihren Ehefrauen, sondern mit der Kirche vermählt sein. Auch aus einem kultischen Grunde müssen sie ledig bleiben. Der Priester des 3. Jhs. bringt Gott in der Messe bereits (theurgisch)[139] ein Opfer dar. Je mehr philosophische und mönchische Gedanken in die Kirche eindringen, desto stärker herrscht die Meinung: Beischlaf macht den Priester kultisch unfähig. Bischof und Priester sollen deshalb in der Nacht vor der Eucharistie keinen Beischlaf pflegen. Solange die Eucharistie nur an Sonntagen gefeiert wird, ist diese Erwartung noch zumutbar. Doch im 3. Jh. erfolgt der Übergang zur täglichen Feier. Von den Priestern wird jetzt die Führung einer Josephsehe verlangt. Sie müssen ihre Frauen haben, als hätten sie sie nicht. Zu ausdrücklichen Eheverboten kommt es im 4./5. Jahrhundert, nicht ohne Widerstände[140].

---

[139] Theurgisch = auf Gott einwirkend.

[140] Erstmals Canon 33 der Synode von Elvira (306) für den höheren Klerus: "Es ist beschlossen; daß sich Bischöfe, Presbyter und Diakone sowie alle Kleriker im (kirchlichen) Amt ihrer Ehegatten zu enthalten haben und keine Kinder (mehr) zeugen. Wer es dennoch tut, wird des Amtes enthoben."
G. Denzler, Die Geschichte des Zölibates (1993); St. Heid, Zölibat in der frühen Kirche (2.A.1998).

9. Die Entstehung des römischen Papsttums

War Petrus in Rom?

In neuerer Zeit bestreiten im Anschluß an Ferd. Chr. Baur nur noch wenige protestantische Forscher, daß Petrus in Rom für Christus gestorben ist[141]. Die Gegner verweisen darauf, daß Petrus in seinem ersten Brief aus Babylon grüßt. Auf dem Apostelkonzil des Jahres 48 wurde vereinbart, daß Paulus die Heiden, Petrus aber die Juden missionieren solle.

Das älteste klare Zeugnis für einen Aufenthalt des Petrus in Rom gibt uns Bischof **Dionysius von Korinth** um 170: "Petrus und Paulus haben beide in unserer Stadt Korinth die Pflanzung begonnen und uns in gleicher Weise in Italien gelehrt und zu gleicher Zeit den Martertod erlitten" (Euseb II,25).

Um 200 kann ein gewisser **Gaius** jedem die "Siegeszeichen" (Tropaia) der Apostel zeigen: "Du magst auf den Vatikan gehen oder auf die Straße nach Ostia, du findest die Siegeszeichen der Apostel, welche diese Kirche gegründet haben"(Euseb II,25). Irenäus und Tertullian sprechen ausführlich davon. Tertullian weiß sogar, daß Petrus gekreuzigt und Paulus geköpft wurde[142].

Die Nachricht des Dionys, daß Petrus sich in Korinth aufgehalten habe, hat Gewicht. Er selber ist vermutlich bald nach 100 geboren und kennt als Bischof die gut 100jährige Tradition seiner Gemeinde.

---

[141] Vgl. A. Schlatter, Die Geschichte der ersten Christenheit (1926)38 ff. und 297 ff.; K. Heussi, Die römische Petrustradition in kritischer Sicht (1955). Dafür: O. Cullmann, Petrus, Jünger-Apostel-Märtyrer (1952, 2.A.1960); C.P. Thiede, Das Petrusbild in der neueren Forschung (1987); M. Guarducci, Die zwei Gräber des Petrus = Merian 12/XXIX, S.103 ff.

[142] Irenäus, adv.haer. III,1+3; Tertullian, De praescr. 36. Vgl. Joh 21.

Die Bezugnahmen auf Petrus im **1. Clemensbrief** (95) und bei Ignatius wären natürlich erstklassig, doch sind sie für exakte Schlüsse zu allgemein. Daß Petrus unter Nero in Rom den Martertod gestorben ist, ist schwer zu bestreiten. Gegründet allerdings hat er die dortige Gemeinde so wenig wie Paulus. Vermutlich kommt Petrus sogar nach Paulus nach Rom. Sein Missionsgebiet sind die Juden im syrisch-babylonischen Raum, seitdem ihm Jerusalem verschlossen ist. "Das Motiv, das Petrus nach Babylonien trieb, glich dem, das Paulus nach Rom führte. War Rom das Zentrum für die Völkerwelt, so war es, wenn Jerusalem fiel, Babylonien für die Juden" (Schlatter). Was ihn schließlich nach Rom führt, wissen wir nicht.

Interessant sind hingegen die Ausgrabungen seit 1940. Die kirchliche Tradition besagt, daß Petrus unter Nero im Circus Vaticanus gekreuzigt und am Ort seiner Marter begraben wurde. Über seinem Grab läßt Konstantin später eine Petrus-Basilika erbauen.

Im 1. Jh. besteht der Vatikan aus Feldern und Weiden, die dem Kaiser gehören (Neronische Gärten). Das einzige Bauwerk ist der Zirkus, beherrscht vom großartigen Obelisken, der seit dem 16. Jh. auf dem Petersplatz steht. Am Weg vom Tiber zum Zirkus liegen im 1. Jh. einige Gräber. Hier wird Petrus in einem einfachen Erdgrab beigesetzt[143]. Nach dem Jahr 100 wird der Zirkus nicht mehr benützt. Es entsteht hier ein spätantiker Friedhof. Um 320 wird diese Nekropole zugeschüttet - eine unerhörte Maßnahme, die nur der Kaiser selbst bewilligen kann. Die Archäologen sind heute zuversichtlich, das "Tropaion" Petri, von dem Gaius berichtet, gefunden zu haben. Es ist umschlossen durch das Grabdenkmal, das Konstantin zu Ehren Petri errichtet, ehe er mit dem Bau der Basilika beginnt. Über dem Denkmal Konstantins erheben sich dann die Altäre Gregors d. Großen (590-604), Calixts II. (1119-1124) und Cle-

[143] Grabungsbericht von Margherita Guarducci, a.a.O.

mens' VIII. (1592-1605), der heutige päpstliche Altar. Existiert aber unter dem Tropaion des Gaius das Grab Petri? Existieren noch seine sterblichen Überreste?

Unter dem Tropaion entdeckte Frau Guarducci 1953 in einem mit Marmorplatten ausgekleideten Lokulus aus der Zeit Konstantins gut die Hälfte eines männlichen Skeletts, verkrustet mit Erde und mit Resten eines golddurchwirkten Purpurtuches. Im Innern der Grabnische fand sich eine griechische Inschrift "Petrus ist hier drinnen".

Die Archäologen haben somit das Petrusgrab Konstantins verifiziert sowie die Gebeine, die um 320 für die des Petrus gehalten wurden. Die Gebeine sind die eines kräftigen alten Mannes. Man bettete sie damals vermutlich ins trockene Marmorgrab, um sie vor weiterem Verfall zu bewahren. Absolut schlüssig kann die Authentizität dieser Gebeine natürlich nicht festgestellt werden.

Die römische Papstlehre beruht nicht auf der Gegenwart der Gebeine unter dem Petersdom, wohl aber auf der Historizität des römischen Martyriums von Petrus.

Die Anfänge des römischen Primates

Unter Primat versteht man die Überordnung des Bischofs von Rom über alle anderen Bischöfe. Schon von Anfang an genießt die römische Gemeinde hohes Ansehen in der ganzen Christenheit. Paulus dankt Gott im Römerbrief, "daß von eurem Glauben in der ganzen Welt die Rede ist". Ignatius nennt sie die Vorsitzerin der Liebe. Dionysius schreibt aus Korinth: "Ihr habt von Anfang an die Gewohnheit gehabt, daß ihr allen Brüdern die mannigfaltigsten Wohltaten erwieset und vielen Gemeinden in den verschiedenen Städten Unterstützung schicktet"(Euseb IV,23). Bis nach Syrien, Arabien und Kappadozien reichen die Liebesgaben der wohlhabenden römischen Gemeinde. Marcion zum Beispiel schenkt ihr 200.000 Sesterzen. Rom ist die Gemeinde der Weltstadt, wo auch der Kaiser zu Hause ist. Um 250 n. Chr. stehen in der Stadt etwa 40 Kirchengebäude (erweiterte Privathäuser).

Schon Irenäus erkennt Rom einen Vorrang zu für rechte Lehre und Tradition. Denn Rom wurde gegründet von den beiden ruhmreichen Aposteln Paulus und Petrus. Es hat seither sichere und zuverlässige Überlieferung.

> Mit der römischen Kirche nämlich muß wegen ihres besonderen Vorranges jede Kirche übereinstimmen, d.h. die Gläubigen allerwärts; denn in ihr ist immer die von den Aposteln stammende Tradition bewahrt worden (Adv.haer. III,3).

Irenäus spricht allerdings nicht von einem Vorrang des römischen Bischofs an sich. Die Gemeinde als solche ist berühmt. Auch als der greise Polykarp im Jahr 154 Rom besucht, um die Frage des Ostertermins zu regeln, schwingt sich der römische Bischof Anicet keineswegs über ihn auf. Im Gegenteil, er übergibt dem Kleinasiaten sogar die Leitung des Gottesdienstes, obschon sie sich nicht einigen konnten. Der Nordafrikaner Tertullian ist gleicher Meinung wie Irenäus:

> Bist du in der Gegend von Achaja, da hast du Korinth, kommst du ins Gebiet von Macedonien, da sind Philippi und Thessalonich; kannst du nach Asien [Asia] gelangen, da ist Ephesus, nahst du dich aber Italien, da hast du Rom, wo auch für uns die Autorität gegenwärtig ist[144].

Um 200 ist der Bischof von Rom zwar der Bischof einer berühmten, gewichtigen Gemeinde, doch nicht mehr. Als Jerusalem im Jahr 70 in Staub und Asche fällt, wird nicht etwa Antiochia, sondern das ferne Rom zum Symbol der christlichen Einheit. Die Stadt ist auch die einzige, die sich des Martyriums zweier Apostel rühmen kann. Die römischen Bischöfe versuchen schon früh, ihre Meinung auch anderen Gemeinden und Gegenden aufzunötigen.

---

[144] Tertullian, De praescriptione haereticorum 36.

Ein Beispiel für das gesteigerte Selbstbewußtsein ist Bischof **Viktor** anläßlich des Osterstreits um 190. Seit jeher bestand zwischen der kleinasiatischen und den meisten übrigen Kirchen ein Unterschied im Datum der Passahfeier.

Die Kleinasiaten begehen den Todestag Jesu nach dem jüdischen Kalender - also stets am 14. Nisan und unabhängig vom Wochentag. Die übrigen Kirchen beenden das Fasten erst am darauffolgenden Sonntag, dem Ostertag. In Kleinasien feiert die Kirche den Todestag als Erlösungstag. Sie feiern am selben Tag auch die Auferstehung.

Um 190 bezeichnet der römische Bischof Viktor die kleinasiatische Praxis als irrig. Er fordert die Gemeinden Kleinasiens auf, sich Rom und den übrigen Kirchen anzuschließen. Als sich Bischof Polykrates von Ephesus als Sprecher der Kleinasiaten weigert, bricht Viktor mit ihnen kurzerhand die Gemeinschaft ab. Doch der kleine römische Möchtegern dringt nicht durch. Von allen Seiten wird er wegen seines schroffen Vorgehens gerügt. Besonders Irenäus in Lyon tadelt ihn, er habe kein Recht, anderen seinen Brauch aufzuzwingen, und ermahnt ihn zum Frieden (Euseb V,24)[145].

---

[145] **Ostern** ist schon im 2. Jahrhundert das größte Fest der Christenheit. Die ganze Karwoche hindurch bereiten sich eifrige Gläubige durch Fasten und Beten auf dieses Hauptfest vor. In der Osternacht versammelt sich die Gemeinde zu Schriftlesungen, Gebeten usw. Tertullian fürchtet den Argwohn heidnischer Männer wegen ihrer Frauen. Mit Jubel wird das anbrechende Osterlicht begrüßt. In der Gemeinde zu Antiochia singt ein großer Frauenchor. Am Ostertag tauft der Bischof die als würdig befundenen Katechumenen. Die Täuflinge legen ihr Bekenntnis ab. Zum Zeichen ihrer Reinheit empfangen sie weiße Kleider. Sie werden in die Kirche geführt, wo der Bischof sie segnet und ihnen Milch und Honig als Vorgeschmack der himmlischen Herrlichkeit darreicht.

Das Osterfest und sein ökumenischer Termin ist für die Alte Kirche schon nicht ganz so eine reine Bagatellsache, wie sich das ein säkularisierter Mensch unserer Zeit vielleicht vorstellt. Allmählich wird der Ostertag zum Kristallisationspunkt für das **Kirchenjahr**. Die 40 Tage vor Ostern bilden seit dem 3. Jahrhundert die Quadragesimalzeit. Es ist die Zeit des Fastens. Im Osten gliedert sich diese Zeit in 8 x 5 Tage (ohne

Ein anderer römischer Bischof, dem widersprochen wird, ist **Callistus** (217-222). Ursprünglich Sklave eines reichen christlichen Beamten, wird er mit wenig Glück Wechsler am Fischmarkt. Auf der Flucht vor dem Bankrott stürzt er ins Meer, wird aber herausgefischt und von seinem Herrn zur Strafe in die Tretmühle gesperrt. Später muß er zur Zwangsarbeit nach Sardinien. Unter Bischof Viktor wird er dank der Vermittlung durch Marcia, der Geliebten des Kaisers Commodus, befreit. Er wird Vorsteher der nach ihm benannten Kata-

---

den Samstag), im Westen umfaßt sie den Abschnitt von Aschermittwoch bis Samstag plus 6 x 6 Tage. Auf Ostern selbst folgt die 50tägige Freudenzeit bis Pfingsten (Quinquagesimalzeit). Jetzt ist die Fastenzeit vorbei, die Gemeinde betet stehend und mit erhobenen Händen.

Der römische Presbyter Hippolyt berechnet im Jahr 234 die Ostertermine für die folgenden 112 Jahre. Das Weltende mit dem Tausendjahrreich kann nach seiner Meinung noch nicht anbrechen, denn seit der Schöpfung sind nach seiner Berechnung erst gut 5500 (statt der nötigen 6000) Jahre vergangen.

Im Lauf des dritten Jahrhunderts bildet sich für die Osternacht eine eigentliche **Taufliturgie** heraus mit hymnischem Lobpreis auf die heilige Osternacht.

O Nacht, heller als der Tag!
O Nacht, strahlender als die Sonne!
O Nacht, weißer als der Schnee!
O Nacht, blendender als der Blitz!
O Nacht, leuchtender als Fackeln!
O Nacht, köstlicher als das Paradies!
O Nacht, befreit von der Finsternis!
O Nacht, erfüllt von Licht!
O Nacht, die den Schlaf verscheucht!
O Nacht, die lehrt, mit den Engeln zu wachen!
O Nacht, Schrecken der Dämonen!
O Nacht, Sehnsucht des Jahres!
O Nacht, Brautführer der Kirche!
O Nacht, Mutter der Neugetauften!

Asterios, Hom. 11 = Handbuch Kirchengeschichte, hg. von H. Jedin I (1999) 313.

kombe, später der Nachfolger Zephyrins auf Petri Stuhl[146]. Pragmatisch gestattet er die kirchlich eingesegnete Ehe zwischen vornehmen Römerinnen (Frauenüberschuß!) und christlichen Sklaven (vom Staat untersagt). Ein eigenes kirchliches Eherecht bahnt sich hier an!

Vor allem in der Bußfrage (Kirchenzucht) begründet er eine laxere, aber auch zukunftsgerichtete Praxis: Die Alte Kirche kennt in jeder Gemeinde die Gruppe der Büßer, Ehebrecher, Mörder und jener, die unter dem Druck der Verfolgung schwach geworden sind. Sie sitzen in grauer Kleidung auf gesonderten Bänken. Vom Abendmahl bleiben sie ausgeschlossen. Nur die Bluttaufe (Märtyrertod) kann sie noch von ihrer Todsünde reinwaschen. Als im 3. Jh. die Zahl der reuigen Abgefallenen wächst, entschließt sich Callistus (Kalixt) zu einer neuen Praxis. Er läßt sie über längere Zeit während des Gebets knien und nimmt sie schließlich durch Handauflegung wieder in die volle Kirchengemeinschaft auf. Er beruft sich dabei auf die Binde- und Lösegewalt Petri, die allen Bischöfen gegeben sei. Einen römischen Primatsanspruch erhebt er also nicht.

Gegen diese Auslegung protestiert Tertullian heftig: Jesu Zusage in Mt 16,18 gilt nur Petrus persönlich, nicht aber seinen Nachfolgern[147]. Auch **Hippolyt**[148] protestiert.

---

[146] Neigt anfänglich, wie sein Vorgänger, dem Modalismus zu, verurteilt dann aber Sabellius. Quelle: Hippolyt (Gegenbischof), Philosophoumena IX,12, hg. P. Ewald, Griech. christl. Schriftsteller 26 (1916).

[147] Tertullian verspottet ihn als pontifex maximus und episcopus episcoporum (Über die Keuschheit 1). Callistus beruft sich beim Recht auf Sündenvergebung auf Mt 16,18f, doch gilt dieses Recht für alle Bischöfe.

[148] **Hippolyt**, cin Mann vermutlich aus Kleinasien oder Ägypten, geboren 160/170. Er ist Schüler von Irenäus und wie dieser Ketzerbestreiter. Er kommt unter Bischof Zephyrin (199-217) nach Rom und bekleidet das Amt eines Presbyters. Er kämpft gegen Gnostiker und

Einen weiteren Ballon des gesteigerten Selbstbewußtseins läßt **Stefan I.** (254-257) steigen. In Rom gilt inzwischen der Brauch, getaufte Schismatiker[149] nur noch durch Handauflegung statt durch Wiedertaufe in die Gemeinschaft der Kirche aufzunehmen. Stefan fordert Cyprian, den Bischof von Kart-

---

Modalisten, aber auch gegen laxe Kirchenzucht. Er gerät in schärfsten Gegensatz zur Mehrheit der römischen Gemeinde. Von einer Minderheit wird er als Gegenbischof zu Callistus (217-222) gewählt, vermag sich aber so wenig durchzusetzen wie später Novatian.

Schon um 200 verfaßt er eine Schrift "**Über den Antichristus**". Es ist die ausführlichste Erörterung dieser Frage in der ganzen Alten Kirche. Die düstere Weltlage und der Niedergang des Römerreiches (severianische Verfolgung) bewegen die Gemüter. Hippolyt ist aber überzeugt, daß das Tausendjahrreich noch lange ausstehen wird, denn nach seiner Berechnung dauert es noch etwa 300 Jahre, bis die Welt 6000 Jahre alt wird. Er berechnet für die kommenden 112 Jahre einen Osterterminkalender nach den Monden.

Mit Origenes teilt er die Liebe zur Bibel, welche er ebenfalls allegorisch auslegt. Von seinen biblischen Schriften ist einzig der um 204 geschriebene vierbändige Danielkommentar erhalten, die älteste uns erhaltene exegetische Schrift der christlichen Kirche.

Aus Sorge um die apostolische Überlieferung verfaßt er eine **Kirchenordnung** (Apostolike paradosis), die vor allem in Ägypten Beachtung findet. Schließlich stammen aus seiner Feder die 10 Bücher zur "**Widerlegung aller Häresien**", gewöhnlich als "Philosophoumena" zitiert. Das (außer Buch 2 u. 3) erhaltene Werk beschäftigt sich mit 33 gnostischen Häresien und ist eine ergiebige Quelle zur Gnosis-Forschung.

Weil Hippolyt in Rom lebt und griechisch schreibt, gerät sein Schrifttum bald in Vergessenheit. Um 235 wird er mit Pontian, dem Bischof der römischen Mehrheitsgemeinde, nach Sardinien verbannt. Beide sterben - nach vollzogener Versöhnung - den Martertod. Hippolyt gehört darum für die Katholische Kirche in die Reihe der glorreichen Märtyrer. 1551 wurde an der Stelle seines Grabes eine Büste und ein Verzeichnis seiner Werke gefunden.

MSG, Bd. 10; Deutsche Übers. in BKV, Hippolyt (1922) "Widerlegung aller Haeresien". Hippolyt, Kommentar zu Daniel (2000).

[149] Ein Schismatiker ist jemand, der sich vom Körper der Kirche trennt, ein Haeretiker trennt sich von der Seele der Kirche.

hago, auf, es den Römern gleichzutun. Doch eine numidische Synode mit 31 Bischöfen bleibt bei der alten Regelung[150]. Jetzt bricht Stefan die Kirchengemeinschaft mit den Nordafrikanern ab. Er handelt also wie weiland Viktor. Doch Bischof Dionys von Alexandrien, sachlich zwar auf der Seite des Römers, tadelt Stefans Gebaren[151]. Stefan aber behauptet, er habe die bessere Tradition, denn Matthäus 16,18 sei auf Petrus gemünzt und auf alle seine Nachfolger. Auch Bischof Firmilian von Cäsarea/Kappadozien stellt sich gegen den Römer[152].

Wenige Jahre vorher hat Cyprian ein Werk "Über die Einheit der Kirche"[153] geschrieben. Seine Argumentation: Die Einheit der Kirche ist gegeben durch die Einheit des Bi-

---

[150] Nur die wahre Bischofskirche der apostolischen Sukzession kann taufen. Dies entspricht völlig Cyprians Kirchenverständnis: neminem baptizari foris extra ecclesiam posse (Brief 70).

[151] Euseb, KG VII,7.

[152] Cyprian, Briefe 75. Eine Kirchenspaltung bleibt aus, weil Stephan 256 stirbt.

Wie stellt sich heute die **Katholische Kirche** zu diesem Thema? Karl Baus gibt zu, daß sich führende Bischöfe dem "Anspruch Stefans" nicht beugen. Stefan unternehme eine "Demonstration der Vorrangstellung Roms selbst um den Preis einer Kirchenspaltung". Baus findet dieses Vorgehen aber nicht schlecht, sondern richtig. Die **Primatsidee** muß sich "historisch gesehen in einem längeren Prozeß entfalten und klären. Cyprian von Karthago ist in seinem Verständnis von Mt 16,18 das Beispiel für eine Durchgangsstufe in diesem Klärungsvorgang" (Handbuch der Kirchengeschichte, hg. von Hubert Jedin I [Aufl. 1999] 406).

Dies entspricht vollauf der traditionellen römischen Lehre, wonach der römische Bischof als Nachfolger Petri und kraft seiner inneren Verbundenheit mit diesem solche Vollmacht schon immer gehabt habe und auch behalten werde, was freilich nicht immer ohne geschichtliche Kämpfe zu verwirklichen war bzw. sein wird.

[153] De ecclesiae unitate, dt. in: BKV (2.A.1918).

schofsamtes. Die Kirche ist eine Bischofskirche. Wenn Jesus zu Petrus spricht: "Du bist Petrus, und auf diesen Felsen will ich meine Kirche bauen" (Mt 16,18), so hebt er Petrus hervor, um die Einheit der Kirche zu betonen. Petrus ist der "typus unitatis". Die römische Gemeinde - nicht ihr Bischof! - hat einen Ehrenprimat. Sie ist die "ecclesia principalis", von der "die priesterliche Einheit ausgegangen" ist[154].

Cyprians Polemik zeigt, daß im 3. Jh. in Rom die klassische katholische Auslegung von Matthäus 16,18 aufkommt. Von einem Papsttum kann allerdings noch lange nicht die Rede sein. Bischöfe wie Cyprian, Dionys oder Firmilian fühlen sich auf gleicher Stufe wie der Römer. Der römische Bischof ist nur Metropolit von Italien.

Unterwegs zum Papsttum

Wann läßt sich erstmals eine Sonderstellung des römischen Bischofs innerhalb der Weltkirche feststellen? Das ist der Fall anläßlich der Synode von Sardica (Sofia) im Jahr 342. Es ist die Zeit der Streitereien zwischen der arianischen und der nicänischen Partei. Kanon 3 dieser Synode hält fest[155]: "Wenn ein Bischof in einer Sache verurteilt worden ist und meint, er habe gute Gründe dafür, daß sein Urteil neu aufgerollt werde, so wollen wir das Andenken des Apostels Petrus folgendermaßen ehren: Von denen, die das Urteil gefällt haben, soll an den Bischof Julius von Rom geschrieben werden, damit, wenn er es empfiehlt, das Verfahren... erneut aufgenommen werde und er einen Schiedsrichter aufstelle." Der

---

[154] Cyprian, Brief 59. Von Rom ist das Evangelium ausgegangen. B. Altaner/A. Stuiber, Patrologie (9.A.1980)

[155] Mirbt, Quellen, Nr. 122. G. Haendler, Von Tertullian bis zu Ambrosius (4.A.1992) 91.

römische Bischof wird also Appellationsinstanz für alle abgesetzten nicänischen Bischöfe.

Einen großen Schritt tut **Innocenz I.** nach 400. Er behauptet, dieses Recht der Appellationsinstanz basiere nicht auf dem Synodalbeschluß von Sardica. Der römische Bischof habe diese Kompetenz vielmehr kraft seiner mystischen Verbundenheit mit dem heiligen Petrus schon immer gehabt. Schließlich liege es auf der Hand, daß in der ganzen Westhälfte des Reiches niemand Kirchen gegründet habe als solche Priester, die Petrus ins Amt eingesetzt habe.

Ein letzter Schritt folgt mit **Leo I.**[156] (440-461). Leo gerät in Streit mit Bischof Hilarius von Arles in Südfrankreich. Hilarius ist Metropolit. Nach altem Recht darf er Bischöfe weihen. Jetzt aber protestiert Leo dagegen. Allein der römische Bischof sei kompetent, in Gallien Bischöfe einzusetzen. Er fordert Hilarius auf, sich dem bischöflichen Gericht in Rom zu unterwerfen. Doch Hilarius weigert sich. Jetzt wendet sich Leo an den weströmischen Kaiser Valentinian III. Er ersucht ihn zu bestätigen, daß der römische Bischof auch die Oberhoheit für Gallien innehabe. 445 verfügt der Kaiser das folgende Edikt:

> Nachdem der Vorrang des Apostolischen Stuhles befestigt ist durch das Verdienst des heiligen Petrus, der der erste ist im Kranz der Bischöfe, sowie durch die Würde der Stadt Rom, auch durch das Ansehen der heiligen Synode (v.Sardica), so versuche niemand mit frevelhafter Anmaßung das Ansehen dieses apostolischen Stuhles anzutasten; denn dann erst wird überall in den Gemeinden der Friede gesichert sein, wenn die Gesamtheit diesen apostolischen Stuhl als ihren Herrn anerkennt... Sollte jemand von den Bischöfen zur Rechtfertigung vor den römischen Oberpriester gefordert sein und sich weigern zu erscheinen, so wird er durch den Leiter seiner Provinz genötigt werden zu erscheinen (Mirbt, Nr. 172).

---

[156] BKV, Leo d.Gr. I+II (1927) Sämtliche Sermonen.

Damit ist der Bischof von Rom oberster Rechtssprecher in allen kirchlichen Dingen des Westens. Dies ist der entscheidende Erlaß, der den römischen Bischof zum Papst macht, dem niemand widersprechen darf. Von 440-445 ist **Leo I.** noch Bischof von Rom, nach 445 ist er der Papst. Das ist ein entscheidender Einschnitt in die Geschichte der Kirche. Bis dahin liegt die Leitung der Kirche bei der Gesamtheit der Bischöfe, d.h. bei den Synoden oder Konzilien. Man nennt diesen Zustand **Episkopalismus** oder Konziliarismus[157]. Mit seinem Entscheid von 445 hebt der Kaiser den römischen Bischof über seine Bischofskollegen und über die Bischofssynoden. Man nennt dieses System den **Papalismus**[158].

Warum kommt es gerade in dieser Zeit zur Entfaltung des Papsttums? Um 350 n. Chr. gibt es noch Metropoliten in Rom, Gallien, Spanien, Afrika. Diese haben alle den gleichen Rang. Die Kirche Afrikas wagt noch nach 400 unter Augustin, ihre Unabhängigkeit zu wahren. Doch dann beginnt die Völkerwanderung. Via Spanien fallen die Vandalen in Nordafrika ein (429). Fortan ist die afrikanische Kirche nur noch ein Schattengebilde. Das ist eine günstige Fügung für den römischen Bischof, seine Herrschaft über die schwache Westkirche auszubreiten. Nur in Gallien meldet sich noch Widerstand. Die herrschgewaltige Persönlichkeit Leos, unterstützt durch günstige Umstände, hat das Papsttum durchgesetzt.

In der Kuppel der Peterskirche prangen in lateinischer Sprache die Worte Jesu an Petrus: "Du bist Petrus, und auf diesen Felsen will ich bauen meine Kirche" (Mt 16,18). Die

---

[157] Die Versammlung der Bischöfe - auf einem Konzil - ist die oberste Instanz der Kirche (vgl. die Konzile zu Konstanz und Basel im 15. Jahrhundert).

[158] Der Papst steht über den Konzilien. Er ist, wenn er "ex cathedra" spricht, irrtumsfrei in allen Angelegenheiten des Glaubens und der christlichen Ethik. Der Papalismus wird auf dem 1. Vatikanum (1870) für den Weltkatholizismus zum Dogma erhoben.

katholische Dogmatik lehrt bis heute die Vorrangstellung des Petrus und seiner römischen Nachfolger. Schon in den frühen Bischöfen von Rom, die geschichtlich noch keine Päpste sind, scheint die ganze Fülle der päpstlichen Rechte durch. Sie sind alle geistlich mit Petrus verbunden.

Die Reformatoren urteilen wie Cyprian, durch Petrus werde der ganze Jüngerkreis angesprochen. Petrus sei lediglich der Vertreter der Gesamtkirche. Doch diese Auslegung ist nicht haltbar. Es wird von Jesus tatsächlich Petrus angesprochen. Jesus spricht ihm eine Sonderstellung zu. Aber es geht nicht um seine Nachfolger. Mit keinem Wort wird Petrus ein hierarchischer Anspruch oder seinen Nachfolgern ein geistliches Erbe zugesagt. Petrus bleibt Glied der Gemeinde wie die anderen Apostel (Gal 2). Er bekommt eine besondere Verheißung und einen besonderen Auftrag. Er wird der Fels sein, auf dem der Herr seine Gemeinde baut. Am ersten Pfingsttag erfüllt sich diese Verheißung. Durch seine Pfingstpredigt wird Petrus zum Gründer der ersten Gemeinde in Jerusalem.

10. Die Altkatholischen Väter

1. Irenäus[159]

Der "Biblizist" des 2. Jahrhunderts

Irenäus gehört zu den großen Gestalten der christlichen Kirche am Ende des 2. Jhs. Er stammt aus Kleinasien und ist dort in seiner Jugend ein Schüler des Bischofs Polykarp von Smyrna (ca. 69-155). Sein Leben ist geprägt durch den Kampf gegen die Gnosis. Sein Denken ist frei von Spekulationen. Im Unterschied zu den Apologeten argumentiert er ohne Bezug zur Philosophie. Er will Schrifttheologe sein. Man könnte ihn den Biblizisten des 2. Jhs. nennen. Zu Recht heißt er Irenäus, das heißt "der Friedfertige". Seine Stärke liegt in seiner Mäßigung und Konzilianz. Er kämpft nicht aus Freude am Kampf, sondern um des Evangeliums willen. Auch seine Gegner behandelt er gerecht.

Seine Widerlegung der Gnosis macht ihn zum Vater der christlichen Dogmatik. Sein Motto im Kampf gegen die "fälschlich so genannte Gnosis": Den spekulativen Systemen der Gnostiker antwortet die Kirche mit den Tatsachen der Heilsgeschichte, wie sie sich klar im Schoße ihrer Tradition vorfinden.

Er ergänzt die Argumentation mit der Bibel dadurch, daß er die mündliche Tradition hinzuzieht. Die im Schoß der Kirche überlieferten Heiligen Schriften sind die Wahrheit. Und

---

[159] Adversus haereses, Text/Übs. = Fontes Christiani, hg. N. Brox u. a. 8,1-5; deutsch in: BKV; Eusebius, KG V,20.24.26; Th. Zahn, Art. »Irenäus« in: RE 9,401ff; ders., Apostel und Apostelschüler in der Provinz Asien (1900); A. Harnack, Geschichte der altchristl. Literatur bis Eusebius I (1893) 263ff und II (1897) 320ff und 517ff; H. v. Campenhausen, Griechische Kirchenväter (8.A.1993); C. Andresen, Die biblische Theologie des Irenäus = Handb. d. Dogmen- u. Theologiegeschichte I (2.A.1989) 79ff; H. R. Drobner, a.a.O. 95ff; G. Maier, Die Johannesoffenbarung und die Kirche (1981) 1-69; W. Bittner, Johannes, Sohn des Zebedäus = Ev. Lex. f. Theol. u. Gde. II (1993) 1000ff; A. D. Baum, Papias und der Presbyter Johannes = JETh 9 (1995) 21ff.

diese kirchliche Wahrheit besteht nicht aus Spekulationen, sondern aus den Tatsachen der Heilsgeschichte. Anders als Clemens oder Origenes lehnt der Kleinasiate die gnostischen Spekulationen auch in gemilderter Form kategorisch ab. Ihm geht es um eine Theologie der biblischen Tatsachen.

Für die frühe Kirchengeschichte ist Irenäus von besonderer Bedeutung, weil er in seinen jungen Jahren selber noch mit Polykarp und mit anderen Apostelschülern verkehrt. Er beruft sich laufend auf einen Kreis von kleinasiatischen Senioren. Dazu gehören die Bischöfe Polykarp von Smyrna und Papias von Hierapolis[160]. Von ihnen hat er seine Nachrichten über die Entstehung der neutestamentlichen Schriften. Auch durch die Gemeinden Ephesus und Rom ist er gut informiert.

Fairer Kämpfer wider die Gnosis

Abgesehen von Fragmenten sind zwei vollständige Werke aus seiner Feder erhalten: eine kurze "Darstellung der apostolischen Verkündigung"[161] und fünf Bücher über die "Entlarvung und Widerlegung der fälschlich sogenannten Gnosis"[162]. Das Werk ist vollständig nur in einer lateinischen Übersetzung erhalten. Eusebius zitiert auch irenäische Briefe an den römischen Priester Florin und an Bischof Viktor[163].

---

[160] Adversus haereses IV,27-32; V,33; Th. Zahn in: RE 9,409.

[161] Epideixis tou apostolikou kerygmatos.

[162] Elenchos kai anatrope tes pseudonymou gnoseos = lat. **adversus haereses.**

[163] Euseb, Kirchengeschichte V,20.24.

Polykarp und Irenäus

Irenäus verbringt seine Jugend an der Westküste Kleinasiens in der Umgebung Polykarps von Smyrna. Im Jahr 177 überbringt er als Presbyter von Lyon ein Schreiben in Sachen Montanismus an den römischen Bischof Eleutherus (Euseb V,3 f.). Nach seiner Rückkehr wird er Bischof von Lyon als Nachfolger des Märtyrers Pothinus. Um 190 schreibt er noch einen Brief an Bischof Viktor in Rom. Sein Todesjahr ist unbekannt.

Auch sein Geburtsjahr kann nur ungefähr erschlossen werden:

1. Irenäus sagt, die Johannes-Offenbarung sei beinahe noch in seiner Generation, gegen Ende der Regierung Domitians — also ca. 95 — geschaut worden[164].
2. In seinem Brief an den Gnostiker Florin schreibt er, er habe ihn im kaiserlichen Gefolge in Niederasien gesehen. "Als ich noch ein Knabe war, sah ich dich im unteren Asien bei Polykarp. Du hattest eine glänzende Stellung am kaiserlichen Hofe und suchtest die Gunst Polykarps zu erwerben. Ich kann mich nämlich viel besser an die damalige Zeit erinnern als an das, was erst vor kurzem geschah; denn was man in der Jugend erfährt, wächst mit der Seele und bleibt mit ihr vereint. Daher kann ich auch noch den Ort angeben, wo der selige Polykarp saß, wenn er sprach..., seine Erzählung über den Verkehr mit Johannes und den anderen Personen, welche den Herrn noch gesehen"(Euseb V,20). Irenäus mag damals 12-15 Jahre alt gewesen sein. Nach Niederasien reist Kaiser Hadrian in den Jahren 123 und 129.
3. In seinem Hauptwerk sagt Irenäus, er habe Polykarp in seiner ersten Lebensphase gehört[165].

---

[164] Irenäus, adversus haereses V,30.

[165] Adv. haer. III,3. Die erste Hälikia umfaßt die Jugend und das junge Mannesalter bis etwa zum 35./40. Lebensjahr.

Es ergeben sich somit etwa die folgenden Jahreszahlen: Geburt in Niederasien um 115, aufwachsend unter dem Einfluß Polykarps um 129-150, eventuell gleichzeitig mit Polykarp in Rom (Ostern 154)[166]. Vor 177 Presbyter zu Lyon, Bischof daselbst seit 178, Abfassung seines Hauptwerks in den 80er Jahren, Brief an Viktor ca. 190, gestorben nach 190.

Harnack glaubt, Irenäus habe Polykarp nur flüchtig als junger Knabe kennengelernt (geboren ca. 140/42)[167]. Irenäus könne darum nur im weitesten Sinne als dessen "Schüler" bezeichnet werden. Seine "Beziehungen" zu Polykarp seien darum ohne historisches Gewicht. Er plädiert für das Treffen mit Florin anläßlich einer (schlecht bezeugten) Kaiserreise im Jahr 154. Wenn Florin 190 noch am Leben sei, so könne er nicht schon 129 am Kaiserhof eine gute Stellung gehabt haben. Dazu antwortet Zahn zu Recht, der Brief an Florin könne gut schon um 160/70 geschrieben worden sein. Im Brief an Viktor warne Irenäus nicht vor der noch lebenden Person Florins, sondern vor der Gefährlichkeit seiner Schriften.

Wer sich ein eigenes Urteil bilden will, muß Irenäus unbedingt selber lesen. Immer wieder berichtet er von kleinasiatischen Apostelschülern und Senioren, die er selber gehört habe (IV,27; V,33 u.a.). Namentlich nennt er Polykarp und Papias. Auch in einer verlorenen Schrift bezeugt er, "daß er der ersten nachapostolischen Generation nahegestanden" (Euseb V,20).

Erkenntnis und Interesse

Es liegt im Interesse konservativer Theologie, daß Irenäus früh geboren wurde und so mit den kleinasiatischen Senioren

---

166 In seinem Brief an Viktor berichtet Irenäus so lebendig und detailliert wie ein Augenzeuge, vgl. Euseb V,24.

167 Karl-Wolfgang Tröger, Das Christentum im zweiten Jahrhundert (1988) 74: "vor 142 (um 130?)".

noch wesentlichen Kontakt hatte. So erhöht sich nämlich der Wert seiner Informationen über die Entstehung der Evangelien und insbesondere der johanneischen Überlieferung.

Umgekehrt ist es das vitale Interesse der liberalen Theologie, Irenäus nur ganz am Rande, also faktisch gar nicht, mit Polykarp oder anderen Apostelschülern in persönliche Verbindung zu bringen. Als Träger ältester kleinasiatischer Überlieferung macht er Angaben über die Entstehung der Evangelien und der Offenbarung, indem er sich auf seine Bekanntschaft mit den Apostelschülern beruft. Ist zum Beispiel seine Nachricht, daß der Apostel Johannes in Ephesus sein Evangelium herausgab und daß Papias wie Polykarp noch Hörer des Apostels waren (V,33), zutreffend, dann gerät die liberale Theorie der Entstehung der Evangelien ins Rutschen. Hier liegen die Gründe, weshalb sich auch die neuere Einleitungswissenschaft für Harnack entscheidet. Irenäus muß sich viel moderne Aggression gefallen lassen. Er wird zum Redaktor gemacht, der verschiedene schriftliche und mündliche Quellen von Personen verarbeitet, die er angeblich gar nicht mehr richtig kennt.

Irenäus bürgt für die apostolische Wahrheit

> Die von den Aposteln in der ganzen Welt verkündete Tradition kann in jeder Kirche jeder finden, der die Wahrheit sehen will, und wir können die von den Aposteln eingesetzten Bischöfe der einzelnen Kirchen aufzählen und ihre Nachfolger bis auf unsere Tage. Sie haben von den Wahngebilden jener (Gnostiker) weder etwas gelehrt noch auch nur gehört (III,3).

Irenäus bringt eine Liste der römischen Bischöfe seit Petrus:

1.	Linus	(ca. 64- 76)
2.	Anacletus	(ca. 76- 88)
3.	Clemens	(ca. 88- 97)
4.	Euaristus	(ca. 97-105)

5.	Alexander	(ca. 105-115)
6.	Xystus	(ca. 115-125)
7.	Telesiphorus	(ca. 125-136)
8.	Hyginus	(ca. 136-140)
9.	Pius	(ca. 140-154)
10.	Anicet	(ca. 154-166)
11.	Soter	(ca. 166-174)
12.	Eleutherus	(ca. 174-189)[168]

Dasselbe hat auch Polykarp immer gelehrt, wie er es von den Aposteln gelernt und der Kirche überliefert hatte und wie es auch allein die Wahrheit ist. Er war nicht allein von den Aposteln unterrichtet und hatte noch mit vielen verkehrt, die unseren Herrn Christus gesehen haben, sondern war auch von den Aposteln zum Bischof von Smyrna für Kleinasien eingesetzt worden. Auch wir (Irenäus!) sahen ihn noch in unserer ersten Lebensphase[169]... Mit seiner Lehre stimmen alle Kirchen in Asien und die Nachfolger des Polykarp überein, und sein Ansehen ist gewiß größer und sein Zeugnis zuverlässiger als das des Valentin und Marcion und der übrigen Narren...

---

[168] Adversus haereses III,3; teilweise auch Euseb V,6. Schon **Hegesipp**, der zur Zeit des römischen Bischofs Anicet (154-166) eine Reise aus dem Osten via Korinth nach Rom unternimmt, erstellt mit gleicher (dogmatischer) Absicht schon um 160 eine entsprechende Liste (Hypomnemata, vgl. Euseb, KG IV,22). A. Harnack, Mission und Ausbreitung des Christentums 817 ff., traut dieser ältesten Papstliste (mindestens ab dem 2. Jh.) eine relativ hohe Glaubwürdigkeit zu. Problematisch ist die Liste für die Zeit des 1. Jhs., als es in Rom noch kaum einen monarchischen Bischof gibt. Bischof Pius (Bruder von Hermas) stammt - wie später Callistus (217-222) - aus dem Sklavenstande. Vgl. Th. Klauser, Die Anfänge der röm. Bischofsliste = Bonner Zschr.f.Theol. u. Ss 8 (1931) 193ff. H.v. Campenhausen, Lehrerreihen u. Bischofslisten im 2. Jh. = Fschr. f. E.Lohmeyer (1951) 240 ff.

[169] en tä protä hälikia hämon = erste Lebensphase bis zum jungen Mannesalter (35/40 Jahre).

Gott vollbringt das Heil durch den Logos

Wir kennen Irenäus eigentlich nur als Bestreiter der Gnosis. Als solcher denkt er heilsgeschichtlich. Er bejaht das Alte Testament. Der Schöpfer- und Erlösergott ist einer. Logos und pneuma sind die beiden Hände Gottes, durch die er die Welt erschuf (V,28). Zu ihnen sprach Gott: "Lasset uns Menschen machen, uns zum Bilde" (1. Mose 1,26). Durch den Sündenfall wird das Ebenbild versehrt[170]. Nun wird der Logos Fleisch. Christus wird der zweite Adam, der neue und der gerechte Mensch (IV,20; III,21). Die Gnostiker trennen Jesus und Christus. Der Geist soll sich nicht am Fleisch beflecken. Irenäus aber betont gerade die Fleischwerdung: Christus wird Mensch, damit wir durch ihn göttlich würden. Als zweiter Adam wiederholt (rekapituliert)[171] er alle Stufen des Menschseins und schenkt der Menschheit wieder ihr verlorenes Bild.

Jesus ist Gottes Wort (Logos) von Ewigkeit her. So hat er es von Johannes 1 und von Polykarp gelernt. Doch Irenäus spekuliert nicht wie die Gnostiker. Von Paulus unterscheidet er sich darin, daß er stark das Weihnachtsgeschehen, eben die Fleischwerdung des Logos, in den Vordergrund rückt (II,19). In Jesus Christus vereinigen sich eine göttlich-allmächtige und eine menschlich-schwache Natur. Dabei vergottet die göttliche die menschliche Natur. So wie in Adam alle fielen, so finden in Christus alle das göttliche Bild. Der einzelne empfängt die Erlösung durch den Genuß der Sakramente und durch das Halten der Gebote. Seine Erlösungslehre erschöpft sich freilich nicht völlig in der mystisch-physischen Vergottung des Hellenismus. "Er hob den am Holz geschehenen Ungehorsam des Menschen auf, indem er gehorsam ward bis zum Tod am Kreuz, und heilte so den am Holz geschehenen Ungehorsam durch den am Holz gewährten Gehorsam" (V,16).

---

[170] Imago et similitudo.

[171] Recapitulatio, griech. anakephalaiosis, ist zentraler Begriff.

Am Kreuz hat *Gott* in Jesus Christus gelitten, nicht ein Mensch, auch nicht ein adoptierter Mensch, sondern der ewige, präexistente Logos. Gott, nicht der Mensch, hat die Erlösung vollbracht. Damit weist Irenäus der Kirche den Weg zum Bekenntnis von Nicäa (325).

Tatsachen, nicht luftige Ideen!

In seiner Lehre von der Endzeit hält sich Irenäus als Schüler der johanneisch-ephesinischen Tradition an die Johannes-Offenbarung. Er vertritt die Lehre vom Tausendjahrreich (Chiliasmus). Der Kirchengeschichtler Euseb von Cäsarea, der diesbezüglich anders denkt, nennt Irenäus immer mit großer Ehrerbietung. Als in seiner Heimat sich die Prophetie im Montanismus übersteigert, die Aloger die Echtheit des Johannesevangeliums bezweifeln und die Offenbarung am liebsten aus der Kirche verbannen würden, tritt ihnen Irenäus scharf entgegen, ohne selber Montanist zu werden.

Indem Irenäus die Autorität der Bibel durch die der kirchlichen Tradition ergänzt, legt er das Fundament der frühkatholischen Kirche. Den gnostischen Sektierern hält er die Einheitlichkeit und die Universalität der Kirche mit ihrer treuen Überlieferung vor Augen. Natürlich betont er damit die Bedeutung der geoffenbarten Lehre gegenüber spekulativer Wissenschaft und Gnosis. Wer mehr Sympathien für Clemens und Origenes hegt, wird diese "Eingrenzung des Geistes" durch ein "äußeres Prinzip" bedauern; für die Kirche des 2. Jahrhunderts aber ist der Kampf für die biblische Heilsgeschichte, den Irenäus kämpft, überlebensnotwendig. Ohne klare Linien wären die christlichen Gemeinden im Meer des religiösen Synkretismus untergegangen. Irenäus vertritt die kirchlichen Überlieferungen der kleinasiatischen und der römischen Kirche. Er stützt sie durch klare Schrift- und Traditionsbeweise. Daß die Katholische Kirche im 16. Jahrhundert gegen die Reformation mit dem Argument der Tradition auftritt, kann dem Lyoner Bischof des 2. Jahrhunderts nicht angelastet werden. Es ist für ihn als Mann seiner Zeit selbstverständlich, so zu argumentieren.

In Gallien lernt der Kleinasiate eigens die keltische Sprache, um den Heiden in der Gegend von Lyon das Evangelium in ihrer eigenen Sprache zu predigen. Auch in der Geschichte der Mission gebührt Irenäus ein Ehrenplatz!

2. Tertullian[172]

Ein Rechtsanwalt für die Kirche

Septimus Florens Tertullian ist der älteste lateinisch schreibende Kirchen-Schriftsteller und zugleich erster Zeuge für die Kirche Nordafrikas. Cyprian und Augustin stehen klar auf seinen Schultern. Die von ihm geprägten Formulierungen für die Trinitätslehre und die Christologie werden zur Grundlage der abendländischen Rechtgläubigkeit.

Tertullian wird um 160 als Heide in Karthago geboren. Sein Vater ist römischer Offizier. Tertullian erhält eine gute rhetorische und juristische Ausbildung. Eine Zeitlang praktiziert er in Rom als Rechtsanwalt. Von Hause aus Heide, ergötzt er sich an den Schaustellungen des Theaters, den Gladia-

[172] Opera, hg. von E. Deckers I-II (1954); vollst. übs., hg. H. Kellner, I-II (1882); teilw. übs. in: BKV, Tertullian I+II; Apologeticum, lat./dt., hg. C. Becker (4. A.1992); Adversus Praxean, lat./dt. = Fontes Chr. 2.F. 34 (2001); J. Eber, Tertullian (2000); A. Hauck, Tertullians Leben und Schriften (1877, ND 1991); H. v. Campenhausen, Lateinische Kirchenväter (7.A.1995); G. Haendler, Von Tertullian bis zu Ambrosius (4.A.1992) 21-53

torenkämpfen und an heidnischer Sünde[173]. In Rom schließt er sich der christlichen Kirche an (ca. 185/90). Bald darauf kehrt er nach Nordafrika zurück. Er möchte seine Gaben der christlichen Gemeinde zur Verfügung stellen. In Karthago betätigt er sich als Katechet. Hieronymus gibt ihm sogar den Presbytertitel.

Tertullian ist ein heißblütiger, eifriger Mann. Seine Lebensluft ist der Kampf. Auch seine Schriften spiegeln diese Haltung: klar entschieden, unnachgiebig, schroff. Seine Polemik kennt keine Rücksichtnahme gegenüber den Gegnern. Den Gnostikern bestreitet er grundsätzlich das Eigentums- und Verfügungsrecht über die apostolischen Schriften. Er will der Wahrheit und der Klarheit dienen. 207 schließt er sich den Montanisten an und bleibt dort bis kurz vor seinem Tode nach 220.

Tertullians Kampf ist ein *Drei-Fronten-Krieg*. Er kämpft:

1. gegen die laugewordene Christenheit,
2. gegen den römischen Staat, sofern er sich gegen die Christen stellt,
3. gegen die Irrlehrer, v.a. gegen die Marcioniten.

Sein Kampf gegen die Lauheit der Christen

In diese Front gehören die folgenden Schriften: **De spectaculis** ("Über die Schauspiele"). Tertullian wendet sich gegen das Einreißen weltlichen Geistes, profaner Methoden und Stimmungen in der Kirche Christi. Er leidet an der Verweltlichung und Veräußerlichung. Den Begriff "Schauspiel" faßt er weit. Dazu gehören Theater, Amphitheater, Arena, Zirkus usw. Hier herrschen heidnischer Geist und Unsittlichkeit. In

---

[173] Apologie 18: haec (die Verkündigung der Schrift) et nos risimus aliquando; De resurrectione 59: ego me scio neque alia carne adulteria commisisse, neque nunc alia carne ad continentiam eniti.

den Schauspielen werden bedenkenlos Operetten mit dem Thema Ehebruch gezeigt, es wird Gelegenheit zu Nackttänzen geboten. Eröffnet werden die Anlässe mit einer Prozession für den betreffenden Schutzgott. Christen, die vom Theaterfieber ergriffen sind, hält er vor, daß sie die Welt noch liebhaben. "...die Zeit *unserer* Gastmähler und *unseres* Hochzeitsfestes ist noch nicht gekommen. Wir können nicht mit ihnen zu Tische liegen, weil sie es mit uns auch nicht können." Die Geschichte vollzieht sich in Wechselfällen. Jetzt freuen *sie* sich, wir aber stehen in Bedrängnissen. Es heißt ja auch: "Die Welt wird sich freuen, ihr aber werdet traurig sein" (Joh 16,20). Also wollen wir trauern, während die Heiden sich freuen, damit wir - wenn sie zu trauern beginnen - uns freuen können und nicht mit ihnen trauern müssen, weil wir uns jetzt mit ihnen freuten. Du bist ein Wollüstling, Christenmensch, wenn du auch in diesem Weltzeitalter Vergnügen begehrst, vielmehr: du bist ein Tor, wenn du so etwas für Vergnügen hältst... Welches Schauspiel ist in Bälde die Ankunft unseres Herrn! Was ist ergötzender, als Versöhnung mit Gott? Wie groß wird der Jubel der Engel, wie groß die Herrlichkeit der auferstandenen Heiligen sein! Aber es warten noch andere Schauspiele: jener letzte und für immer entscheidende Gerichtstag, herrlicher als Amphitheater, Zirkus und Rennbahn!

De cultu feminarum ("Gegen Putzwut und Kosmetik der Frauen"). Tertullian beschwert sich darüber, daß christliche Frauen sich schminken, putzen und pflegen wie die Heidinnen. Besonders hoch im Kurs stehen Schminken und Blondfärben der Haare. Als sich gegen Ende des 2. Jhs. die Verfolgungen etwas legen, dringen auch vornehmere Frauen in die Gemeinden ein. Luxus und Behaglichkeit führen zum Erschlaffen der ursprünglichen Gemeindeethik. Jede Frau trägt tief in sich die trauernde und büßende Eva, denn das Weib war es, die Adam im Paradiese die Frucht reichte. Tertullian vertritt ein eher düsteres Frauenbild.

Ad uxorem ("An die Ehefrau"). Er rät der Ehefrau dringend ab, sich nach dem Tode ihres Mannes ein zweites Mal zu verheiraten. Wenn sie nicht anders kann, dann soll es wenigstens ein Christ sein.

De idolatria ("Über den Götzendienst"). Das ist die Ursünde der Welt. Alle Berufe, die mit Götzendienst zusammenhängen, sind dem Christen untersagt: Bildhauer, Silberbearbeiter, Maler, Schauspieler, Lehrer, Soldat.

Ad martyres ("An die Märtyrer in den Gefängnissen"). Er ermuntert sie, geduldig und fröhlich auszuharren. "Ihr seid einem gefährlichen Kerker (der Welt) entronnen und habt nun einen stillen Ort zum Gebet. Euer Leben wandelt auf der Straße zu Gott." Es ist eine Trost- und Ermutigungsschrift an die Märtyrer und Bekenner der Severianischen Verfolgung.

De paenitentia ("Über die Buße"). Er schärft besonders den Katechumenen ein, schon vor der Taufe ein Leben der Heiligung zu führen. Für die Zeit nach der Taufe gelte dies erst recht. Nach der Taufe gebe es höchstens noch ein einziges Mal eine Gelegenheit der Sündenvergebung, nämlich auf dem Wege der feierlichen Kirchenbuße (vgl. Hirt des Hermas!).

Tertullian vertritt eine strenge Ethik. In der Severianischen Verfolgung verleugnen in Karthago viele ihren Glauben. Mutige Christen dagegen sieht der Montanismus. So wird Tertullian im Jahr 207 Montanist. Kurz vor seinem Tode gründet er noch eine eigene Denomination, die Augustin "Tertullianisten" nennt und wieder in den Schoß der katholischen Kirche zurückführt.

Tertullian wird im Alter noch schroffer. Als Montanist schreibt er "**De fuga in persecutione**". Er verbietet den Gläubigen, in der Verfolgung zu fliehen, denn die Verfolgung komme von Gott.

Seine exklusive Haltung vertritt Tertullian im Gegensatz zu vielen Bischöfen seiner Zeit. Der römische Bischof Callistus soll gemäß Hippolyt[174] selbst Männer, die mit zwei Frauen verheiratet waren, zur Ordination zugelassen haben. Er habe die Kirche verglichen mit Noahs Arche. Dort habe man schließlich auch reine und unreine Tiere mitgeführt, selbst Hunde und Wölfe...

Solche Milde ist für Tertullian ein Greuel vor dem Herrn. Die römische Kirche nimmt ihn später nicht in den Reigen der Kirchenväter auf, sie gibt ihm nur den Titel eines Scriptor ecclesiae.

Sein Kampf gegen den römischen Staat und die Heiden

Adversus nationes ("Wider die Nationen")ist Tertullians erster apologetischer Versuch; es bestehen noch starke Ähnlichkeiten mit den traditionellen Apologeten. Tertullian hat diese Arbeit bald selber überboten durch das

Apologeticum[175] ("Verteidigungsschrift"). Das Werk ist eine der originellsten Leistungen der christlichen Apologetik überhaupt. Geschrieben ca. 197, ist es gerichtet an die Spitze des römischen Staates sowie an die Statthalter der Provinzen. Tertullian weist die Vorwürfe der Menschenfresserei, des Menschenhasses und der ödipodeischen Laster zurück. Der ganze Ton ist anders als in der übrigen Apologetik. Da ist nichts Kriecherisches oder Schmeichlerisches, im Gegenteil: Er führt den Adressaten das Unrecht der Verfolgungen vor

---

[174] **Hippolyt**, griech. Hippolytos, geb. ca. 160, ist ein Schüler von Irenäus. Ein Mann aus dem Osten. Er wird in Rom Presbyter. Streng in der Kirchendisziplin, wird er der Führer einer Oppositionsgruppe und Gegenbischof zu Callistus. Vgl. Seite 135f.

[175] Liegt vor in krit. Ausgabe lat./dt. durch C. Becker (4.A.1992).

Augen. Es steht im Widerspruch zum römischen Gesetz und Rechtsempfinden. Der Ton ist fordernd bis drohend. Er preist den römischen Herren den Christusglauben nicht an als staatserhaltende Religion. Der Glaube ist keine Philosophie, sondern eine Sache des Willens und des Gehorsams. Auf den Vorwurf, die Christen beteten einen Esel an, antwortet er: Das stimmt nicht, aber nehmen wir einmal an, es stimmte, selbst dann wären wir Christen noch viel besser als die Heiden, die eine ganze Menge von Götzen und Tieren anbeten. Aus einer Position der Stärke hält er dem römischen Staat die Aussichtslosigkeit seiner antichristlichen Politik vor Augen:

> Wenn der Tiber über die Mauern flutet, wenn der Nil die Felder nicht überspült, wenn der Himmel sich nicht rührt, wenn die Erde bebt, wenn eine Hungersnot, wenn eine Seuche wütet, gleich schreit man: 'Die Christen vor den Löwen!' So viele vor einen einzigen?... Aber nur so weiter, ihr prächtigen Statthalter, macht euch nur beim Volk beliebter, indem ihr ihm die Christen opfert! Kreuzigt, martert, verurteilt uns, reibt uns auf - eure Ungerechtigkeit ist der beste Beweis unserer Unschuld! Darum duldet ja Gott, daß wir dies alles erleiden... Und doch nützt euch eure noch so ausgeklügelte Grausamkeit gar nichts; ihr macht damit nur Reklame für unsere Gemeinschaft. Nur zahlreicher werden wir, sooft wir von euch niedergemäht werden: ein Same ist das Blut der Christen![176]

Sein Kampf gegen die Irrlehrer

De anima ("Über die Seele"). Die menschliche Seele ist nicht, wie Platoniker und Gnostiker glauben, präexistent. Sie ist vielmehr kreatürlich, mit dem Leib geschaffen. Ja, er geht so weit, daß er mit der Stoa die Substantialität der Seele behauptet. Die Seele ist eine substantia. Sie entsteht mit dem

---

[176] Plures efficimur, quotiens metimur a vobis: semen est sanguis Christianorum. (Apologeticum 50,12 f.; erstes Zitat 40,2).

Leib bei der Empfängnis. Auch die Erbsünde wird so - also traducianisch! - weitergegeben[177].

De praescriptione haereticorum[178] ("Prozeßeinrede gegen die Irrlehrer"). Eine Präscriptio ist im römischen Rechtsleben ein Einspruch gegen eine Zivilklage. Ist der Einspruch stichhaltig, so kommt es gar nicht zum Prozeß. Tertullian überträgt dies auf den Streit zwischen der Kirche und den Irrlehrern.

Die christliche Lehre wurde den Aposteln - und nur ihnen - anvertraut. Seither befindet sich dieser Schatz im Eigentum der Kirche. Irrlehrer können gar nicht beanspruchen, die christliche Überlieferung zu besitzen. Die Kirche hat es darum gar nicht nötig, sich erst auf einen Streit über die rechte Auslegung des Gotteswortes einzulassen. Die Heiligen Schriften sind Eigentum der Universalkirche; die Gnostiker haben schlichtweg kein Verfügungsrecht über die Bibel.

> "Wer seid ihr, seit wann und von wo kommt ihr eigentlich her? Was treibt ihr in meinem Eigentum, ohne mir zu gehören? Wer gibt dir, Marcion, eigentlich das Recht, meinen Wald zu fällen? Wie kommst du dazu, Valentin, meine Quellen abzuleiten?... Mein ist der Besitz. Ich besitze ihn von jeher, besitze ihn vor euch und habe sichere Beweismittel von den Eigentümern selber, denen das Objekt gehört. Ich bin der Erbe der Apostel"(37,3ff).

---

[177]Traducianismus heißt die Anschauung, nach der die menschliche Seele bei der Zeugung als Ableger der väterlichen Seele entsteht. Vgl. de anima 41: malum... animae... ex originis vitio... naturale quodammodo. nam... naturae corruptio alia natura est. Zur Erbsündenlehre vgl. de testimonium animae 3: totum genus de suo semine infectum, suae etiam damnationis traducem fecit.

[178] J. Stirnimann, Die praescriptio Tertullians im Lichte des römischen Rechts und der Theologie (1949).

Wie vor ihm schon Irenäus, so beruft sich Tertullian auf die mündliche Tradition neben der Schrift, insbesondere auf die Glaubensregel. Aus dieser Denkweise entsteht das katholische Nebeneinander der beiden Autoritäten von Schrift und Tradition[179].

Adversus Marcionem, libri V ("Wider Marcion, fünf Bücher"). Die fünf Bücher gegen Marcion sind das umfangreichste Werk. Es ist die Hauptquelle für unsere Kenntnis des Marcionitismus. Tertullian widerlegt zuerst Marcions Lehre vom Gegensatz zwischen dem Schöpfer- und Erlösergott. Buch III behandelt Marcions Christologie, die Bücher IV und V besprechen Marcions Neues Testament. Was die Askese betrifft, scheint Tertullian von Marcion nicht gar viel zu trennen.

Weitere antignostische Schriften sind: De carne Christi, De resurrectione carnis, Adversus Valentinianos.

Tertullian als Sprachschöpfer

Tertullian wirkt für die Kirche schöpferisch auf sprachlichem Gebiet. Er ist der bedeutendste Mitschöpfer der lateinischen Kirchensprache. 982 Worte soll er der lateinischen Sprache gegeben haben, wobei freilich nicht ganz sicher ist, ob er nicht doch auf bereits vorgegebenen Wortschatz zurückgreift. Vermutlich kann er die altlateinische Bibel bereits voraussetzen. Er hat auf jeden Fall die Gabe, mit wenigen Worten den Kern der Sache zu treffen. Von seinem militärischen Vaterhaus und seiner juristischen Laufbahn gibt er der lateinischen Kirche eine Reihe von Fachausdrücken mit auf ihren Weg:

---

[179] Das Konzil von Trient hält - gegen die Reformationskirchen - fest, Schrift und kirchliche Tradition seien "pari pietatis affectu ac reverantia" zu verehren.(Eröffnungssession, 13.XII.1545; Mirbt, Nr. 442).

- disciplina = Kirchenzucht
- ius ecclesiae = Kirchenrecht
- sacramentum = Fahneneid, Taufgelübde
- meritum = Verdienst
- substantia (griech. hypostasis) = "Wesen"
- persona (griech. prosopon) per-sonare! = Person
- trinitas[180] = Dreifaltigkeit, Dreieinigkeit

Tertullian als Theologe

Tertullian entfaltet seine Trinitätslehre in der Streitschrift **Adversus Praxeam** ("Gegen Praxeas"). Praxeas, ein Kleinasiate, kommt nach 190 via Rom nach Nordafrika. Er vertritt - wie Sabellius - den Modalismus: Vater, Sohn und Heiliger Geist sind nur drei verschiedene Modi (= Erscheinungsformen) des einen Gottes. Gott hat gleichsam drei Gesichter: im AT erscheint er als Vater, im NT als Sohn, seit Pfingsten als Heiliger Geist. Der Modalismus will sagen: Gott ist *einer*; Vater, Sohn und Geist sind eins. Die Schwäche dieser Lehre: der Modalismus beseitigt die Unterschiede von Vater, Sohn und Geist. Die Gegner werfen den Modalisten "Patripassianismus" vor: der Vater hat gelitten.

Auch Tertullian wendet ein: für die Modalisten ist der Vater etwas Vergangenes. Auch die Gnostiker sind natürlich sehr empfänglich für den Glauben, der Vater sei passé. Im Gegensatz zum Modalismus formuliert Tertullian: Vater, Sohn und Geist sind "unum, non unus", sie sind wohl wesenseins, doch nicht *ein* Wesen. Mit der Formel "tres personae, una substantia" nimmt Tertullian faktisch das ökumenische Bekenntnis von Konstantinopel (381) vorweg[181].

---

[180] Vgl. F. Loofs, Leitfaden zum Studium der Dogmengeschichte (7.A.1968) 122ff.

[181] Adversus Praxeam 13.

Vater, Sohn und Geist sind verschiedene Personen: In Gott selber ist ein Werden[182]. Tertullians Trinitätslehre ist eine ökonomische, sie entfaltet sich im Laufe der Heilsgeschichte. Als Gott sprach: Es werde Licht!, da trat der Sohn aus dem Vater heraus wie der Bach aus der Quelle[183]. Erst mit dem Werden der Kirche tritt auch der Geist aus dem Vater durch den Sohn hervor[184]. Am Ende der Tage wird der Bach wieder zur Quelle zurückfließen. Christus wird das Reich dem Vater zurückgeben, und Gott wird wieder sein alles in allem (1. Kor 15,26 ff.).

Wegweisend für das Abendland wird der Nordafrikaner schließlich mit seiner Sünden- und Gnadenlehre. Er lehrt eine Art Erbsündenlehre[185]. Der Mensch ist eine Mischung von Gutem und Bösem. Die Seele ist von Natur aus gut (anima naturaliter christiana), das Mangelhafte liegt im fleischlichen Körper. Die kleinen Kinder sind noch unschuldig, sie sind auch nicht zu taufen.

Auch der sündige Mensch behält die Freiheit des Willens. In der Taufe werden die bisherigen Sünden vergeben. Dann erwartet Gott ein heiliges Leben, d.h. Opfer (merita), die er dann mit der entsprechenden Seligkeit belohnt. Das höchste Opfer ist das Martyrium. Es garantiert den sofortigen Eingang ins Paradies.

Tertullian ist mehr als nur Schöpfer der lateinischen Kirchensprache. Durch seine prägnante Formulierung grundlegen-

---

[182] Eine dispositio oder Ökonomie.

[183] Adv. Praxeam 7. Adversus Hermogenem 3: "fuit tempus, cum... filius non fuit"! Oder: "pater tota substantia..., filius derivatio totius et portio" = adv. Praxeam 9.

[184] "A patre per filium" = Adv. Praxeam 4. Das Hervorgehen des Geistes "a patre filioque" ist im Abendland uralt.

[185] Vitium originis = Mangelhaftigkeit des Ursprungs.

der Gedanken legt er im Abendland die Grundlage für die Anfänge einer theologischen Wissenschaft. Cyprian steht klar auf seinen Schultern. Auch Augustin hat Tertullian gelesen. Mit Tertullians Formulierungen kann der lateinische Westen die griechischen Kämpfe um die rechte Christus- und Gotteslehre aus einer gewissen Distanz verfolgen und sich stets auf die Seite der Orthodoxie schlagen. Erst das gelasianische Edikt von 495 verwirft Tertullians Schriften als häretisch.

3. Cyprian von Karthago[186]

Tascitus Cäcilius Cyprian ist der zweite große Kirchenlehrer, den die nordafrikanische Kirche hervorbringt. Er wird bald nach 200 in Nordafrika geboren. Er entstammt einer angesehenen Familie und genießt eine gute Ausbildung als Jurist und Rhetor. Seine Eltern sind Heiden. Ungefähr im Jahr 245 läßt er sich taufen. Er verschenkt einen großen Teil seines Vermögens an die Armen, studiert die heiligen Schriften und vor allem die Werke Tertullians. An einem schönen Ferientag während der Weinlese läßt er sich mit seinem Freund Donatus an einem idyllischen Plätzchen seiner Gärten nieder und schildert ihm die Nacht des Heidentums und die "Hilfe des lebenspendenden Wassers der Taufe", das ihm den "Schmutz der

---

[186] Lateinische Quellen: CSEL III (1868); deutsche Übersetzung: BKV, Cyprian I, beinhaltend: Vita Cypriani von Pontius, An Donatus, Über die Haltung der Jungfrauen, Über die Gefallenen, Über die Einheit der Katholischen Kirche, Über das Gebet des Herrn, An Demetrius, Vom Segen der Geduld, Über gute Werke und Almosen (1918); BKV, Cyprian II, Cyprianische Briefsammlung (1928); B. Altaner, Ecclesia principalis bei Cyprian (1933) = Kleine patristische Schriften (1967) 554ff; H. Gülzow, Cyprian und Novatian (1975); H. v. Campenhausen, Lateinische Kirchenväter (7.A.1995); G. Haendler, Von Tertullian bis zu Ambrosius (4.A.1992) 54-75.

früheren Jahre abgewaschen" habe[187]. Der einzige Weg aus dem düsteren Treiben dieser Welt - Raub, Mord, Krieg, Gladiatorenspiele, Unzucht, Korruption usw. - sei die Bekehrung zu Gott. Mit der Taufe empfange der Christ die Kraft der Gnade und gewinne so Macht über die bösen Mächte dieser Welt.

Cyprians besondere Bedeutung liegt auf dem Gebiet der Gemeindeleitung. Bereits 248 wird der Neuling - nicht ohne den Widerstand älterer Presbyter - "durch das Urteil Gottes und die Gunst des Volkes" zum Bischof gewählt[188].

Cyprian - ein Mietling?

Zu Beginn des Jahres 250 bricht die Decische Verfolgung aus. Der römische Bischof Fabian[189] wird umgehend enthauptet. Sein Stuhl bleibt vorerst unbesetzt. Schon fordert das

[187] Ad Donatum, CSEL III,1, ed. W. Hartel (1868); deutsch: An Donatus, in BKV 34 (2.A.1918) 33 ff.

[188] Der Diakon Pontius, der mit Cyprian 14 Monate die Verbannung teilt, schreibt eine Biographie Cyprians. Vita Caecilii Cypriani, CSEL,III,3; deutsch in: BKV 34 (2.A.1918) 1-32.

[189] Bischof **Fabian** wird am 20. Januar 250 im Gefängnis enthauptet (Cypr.Br. 37,2 u. 6,3-9). Fabian war ein würdiger und starker Bischof. Euseb berichtet, als zur Bischofswahl schon eine ganze Zahl bester Männer zur Auslese bereitstanden, "soll plötzlich vom Himmel eine Taube herabgeflogen sein und sich aufs Haupt des Fabianus niedergelassen haben... darauf habe plötzlich das ganze Volk 'würdig' gerufen und ihn auf den bischöflichen Thron erhoben" (VI,29). Fabian teilt die Stadt ein in sieben Bezirke für sieben Diakone (VI,43). Von den später 25 römischen Titelkirchen reichen vermutlich 18 in die Zeit Fabians hinab. Es sind alte Privathäuser, die unter dem Titel des Besitzers laufen und nebst der Bischofskirche für den Gottesdienst gebraucht werden. Nach Fabians Martertod wird die Gemeinde eine Zeitlang kollektiv geleitet. Federführend ist der Presbyter **Novatian**.

ungestüme Volk auch den Kopf des Bischofs von Karthago: Cyprian vor den Löwen! Cyprian flieht und leitet die Gemeinde während 15 Monaten aus dem frei gewählten Versteck. Eine Gruppe von römischen Presbytern, wohl unter der Führung von Novatian, bezeichnet in einem Brief Cyprian als schlechten Hirten und Mietling, der flieht in der Gefahr (vgl. Joh 10,12)[190]. Auch in Karthago selber belasten ihn seine Gegner mit diesem Vorwurf. Zu Unrecht! Die Gemeinde ist uneins, völlig unvorbereitet für den Schlag einer so schweren Verfolgung. Sie bedarf seiner führenden Hand. Cyprian schreibt verhafteten Christen und stärkt sie mit Worten der Bibel, z.B. Ps 115,5; Mt 28,20; Joh 12,25; Röm 8,16; Daniel 3 (Männer im Feuerofen). Er wünscht, daß sie "zur Herrlichkeit der himmlischen Krone gelangen mögen"(Br. 6). Den Römern schreibt er das Jesuswort: "Wenn sie euch in einer Stadt verfolgen, so fliehet in eine andere!"(Mt 10,23). Er sei in seiner Gemeinde nur dem Leibe nach abwesend, nicht aber dem Geiste nach. Cyprian hat diese schwere Entscheidung mit gutem Gewissen getroffen, nicht aus Feigheit. Der Brief aus Rom hat ihn hart getroffen. Bei der zweiten Welle der Verfolgung hält er seinen Kopf dann willig hin.

Märtyrer, Bekenner und Abgefallene

So sieht es im Jahr 250 in Karthago aus: Todesmutigen Bekennern stehen in der Stadt Scharen von Verleugnern gegenüber. Der Zudrang der Geängstigten zu den Opfern auf dem Kapitol ist von Anfang an so stark, daß man viele auf spätere Tage vertröstet. Auch Kleriker, ja sogar Bischöfe der Umgebung befinden sich unter ihnen.

---

[190] Cyprian, Brief Nr. 8. Von Cyprian ist eine Sammlung von 81 Briefen erhalten, 65 davon hat er selber geschrieben, die übrigen 16 sind an ihn oder an den Klerus von Karthago gerichtet. (CSEL III,2 (1871), ed. W. Hartel. Deutsch in BKV.

Erst als Kaiser Decius im Frühjahr 251 in den Kampf gegen die Goten zieht, kann es Cyprian nach dem Osterfest wagen, sein frei gewähltes Versteck zu verlassen. In der Kirche Karthagos herrscht Zerwürfnis. Zur Klärung steht eine grundsätzliche Frage der Kirchenzucht. Dürfen so viele Abgefallene einfach wieder in die Kirche aufgenommen werden oder nicht? Da kommen Leute und begehren wieder Einlaß in die Gemeinde, die mit scheinbar bestem Gewissen "in christlicher Freiheit" (Röm.8,21) opferten und sich bei Märtyrern oder Confessoren umgehend ein Empfehlungsschreiben besorgten. Wieder andere haben sich durch Geld eine Opferbescheinigung erschlichen. An die Spitze dieser Leute stellen sich der Diakon Felixissimus und der (neue) Gegenbischof Fortunatus.

In dieser Lage verfaßt Cyprian zwei Schriften: "Über die Gefallenen" und "Über die Einheit der Katholischen Kirche"[191] und sendet je ein Exemplar davon auch nach Rom. Ein afrikanisches Konzil bestätigt Cyprian als legitimen Bischof von Karthago. Unter seinem Vorsitz begnadigt es die Libellatiker[192], die übrigen Gefallenen müssen auf der Bußbank bleiben. Auch gefallene Geistliche können wieder Zulassung zur Gemeinde finden, müssen aber fortan auf ihr Amt verzichten. 253 gewährt eine zweite Synode in Karthago allen reuigen Gefallenen Verzeihung. Den Märtyrern und Bekennern wird das Recht zur Fürsprache bestritten. Schließlich gibt es noch eine Gruppe, die zwar nicht geopfert hat, eine Zeitlang aber mit dem Gedanken spielte. Diese Bekenner stellt Cyprian als positive Vorbilder hin. Es ist also eine gewaltige Seelsorge-Arbeit, die Cyprian als erster Bischof Afrikas in der so plötzlich veränderten Gesamtlage zu bewältigen hat, zumal die nächste Verfolgungswelle bereits in der Luft liegt.

[191] De lapsis; de catholicae ecclesiae unitate = CSEL III,1. Deutsch in: BKV 34 (2.A.1918) 83 160.

[192] Die Libellatiker besorgten sich durch Bestechung einen libellus, d.h. eine Opferbescheinigung, ohne selber je geopfert zu haben.

Gott als Vater, die Kirche als Mutter

Es geht Cyprian um die Einheit der Kirche angesichts des brüllenden Löwen. Sein Kirchenbegriff ist alles andere als das Produkt eines sicher dahinlebenden Theologieprofessors. Er wird geboren aus der existentiellen Notlage seiner Gemeinde, seiner Provinz, ja der Gesamtkirche. Seine laxen Gegner argumentieren mit dem Jesuswort: "Wo zwei oder drei in meinem Namen versammelt sind, da bin ich mitten unter ihnen"(Mt 18,20). Wo führt dies hin, wenn jedes Grüppchen so argumentiert? Ist das Christi Gemeinde? Cyprian entgegnet: "Wie können sich zwei oder drei versammeln in Christi Namen, wenn doch feststeht, daß sie von Christus und seinem Evangelium geschieden sind?"[193]

> Sie warteten nicht einmal mit dem Emporsteigen zum Capitol (heidn. Tempel), bis man sie fragte. Vor der Schlacht schon waren sie besiegt, ohne Kampf schon geschlagen. Viele retteten nicht einmal den Schein, als ob sie widerwillig geopfert hätten. Nein, aus freien Stücken opferten sie, eilten sie ihrem geistlichen Tode entgegen, gerade als ob sie das schon längst ersehnt hätten... Wie kann ein solcher Mensch vorschützen, nur durch Gewalt zu seinem Vergehen verleitet worden zu sein, da er doch selbst Gewalt angewendet hat, um sein Verderben herbeizuführen?... Hätte er nicht vor des Teufels Opferherd, von dem er den gräßlich riechenden Rauch aufsteigen sah, als vor einer Todes- und Grabstätte schaudernd fliehen müssen? (Kap.8)

Dieses Volk will nun so billig wie nur möglich wieder in die Kirche. Und wenn das Konzil der Bischöfe dafür einen Tarif ansetzt, der ihnen nicht zusagt, dann schreiten sie unter Berufung auf Mt 18,20 flugs zur Separation. Hier liegt der "Sitz im Leben" für Cyprians in jedem Lehrbuch zitierten und vorab Protestanten erschaudernden Satz: "Nicht kann Gott zum

---

[193] De unitate 12.

Vater haben, wer die Kirche nicht als Mutter hat"[194]. Die Arche Noahs oder der unzerteilte Rock Christi sind Symbole der Einheit Christi, für die er selber gebetet hat. Darum gibt es außerhalb der Kirche kein Heil[195]. Wer nicht zur Kirche gehört, *kann* gar nicht Märtyrer werden. Wenn jemand seinen Leib zum Verbrennen hingibt, hat aber die Liebe nicht, so nützt es ihm nichts (1. Kor 13) usw.

Für Cyprian bedeutet Kirche Bischofskirche, und die Einheit der Kirche besteht in der Unterordnung unter den Bischof bzw. die Beschlüsse der Bischofssynoden. So entwickelt er den klassischen, frühkatholischen Kirchenbegriff. Gegenüber den römischen Primatsansprüchen Stefans im sogenannten **Ketzertaufstreit**[196] vertritt er das Kirchenmodell des Episkopalismus: die Gemeinschaft der Bischöfe, nicht ein Papst, ist oberste Instanz in der Kirche. Im Flug der Zeiten ist diese hierarchisch organisierte Bischofskirche die alleinseligmachende Mutter, aus deren Schoß alle - auch die Kinder - durch die Taufe zu neuem Leben geboren werden. Nur in dieser Kirche kann das Sakrament der Taufe gültig gespendet werden.

Man kann gegen Cyprian vom Neuen Testament her selbstverständlich viel entgegenhalten. Nur: gibt es bei Cyprian, einmal vom Grundsätzlichen seines veräußerlichten Kir-

---

194 Habere non potest deum patrem, qui ecclesiam non habet matrem" (De unitate 6).

195 Salus extra ecclesiam non est (Briefe 73,21).

196 Der **Ketzertaufstreit**, zwischen Cyprian und Stephan von Rom in den Jahren **255-257** geführt, dreht sich um die Frage: Sind Gläubige, die aus häretischen oder schismatischen Kirchen in die allgemeine Kirche aufgenommen werden und schon getauft sind, nochmals zu taufen, oder genügt die segnende Handauflegung? Rom verzichtet seit ca. 220 auf eine Wiedertaufe. Cyprian befürwortet die katholische Taufe, weil ausserhalb dieser Kirche eine wirksame Taufe gar nicht möglich ist. Die gleiche Frage beschäftigt später die **Donatisten**. Sie üben bei Übertretenden die Wiedertaufe, weil nur von Todsünden reine Priester das Sakrament der Taufe gültig vollziehen können. Vgl. das Thema bei Augustin.

chenbegriffs abgesehen, gerade für uns rasch zum Subjektiven und zur Separation neigenden Protestanten nicht auch Wahrheitsmomente?[197]

Cyprian wird öffentlich enthauptet

Am 14. September des Jahres 258 erleidet Bischof Cyprian in Karthago den Märtyrertod. Nachdem er sich geweigert hat, ein Opfer zu bringen, wird er in Begleitung von unzähligen christlichen und heidnischen Begleitern zum Richtplatz geführt. Nach einem letzten Gebet entkleidet er sich und läßt

[197] Auch **Rom** erlebt in der Decischen Verfolgung ähnliche Probleme. Nach der Enthauptung von Bischof Fabian leitet zunächst ein Kollegium von Presbytern die Gemeinde. Federführend ist der gelehrte **Novatian**. In einem dogmatischen Werk über die Dreieinigkeit (de trinitate) kommt er zu ähnlichen Ergebnissen wie einst Tertullian. Natürlich hofft er, als gelehrtester Mann Roms neuer Bischof zu werden. Doch er muß mit seiner strengen Haltung in Sachen Kirchenzucht erleben, was eine Generation früher schon dem ebenfalls gebildeten Hippolyt widerfahren ist. Mehrheitsfähig als Bischof ist nicht er, sondern der wenig bekannte **Cornelius** (251-253). Cornelius bejaht die großzügige Wiederaufnahme der Gefallenen nach einer kurzen Zeit der Buße. Novatian verhärtet schließlich seine Meinung und stellt sich ganz gegen die Wiederaufnahme Gefallener. Abgefallene und Ehebrecher könne nur Gott - nicht die Kirche - begnadigen. Durch eine Minderheit wird auch er zum Bischof erhoben und von fünf italienischen Bischöfen geweiht, womit Rom erneut zwei Bischöfe hat. Für wen entscheidet sich Cyprian? Anfänglich steht er näher bei Novatian. Doch die beiden Männer entwickeln sich beide gegenläufig: Cyprian wird milder, Novatian strenger. So stellt sich der Karthager auf die Seite des offiziellen Cornelius.

Bei Novatian spielen nicht nur Unterschiede im Kirchenverständnis eine Rolle, sondern auch persönliche Beleidigungen. Novatian wird 251 exkommuniziert. Er stirbt später den Martertod. Die von Abgefallenen und Ehebrechern reine Novatianische Konkurrenzkirche verbreitet sich von Spanien bis nach Syrien und erhält sich zum Teil bis ins 7. Jahrhundert. Die Novatianer halten treu zum Nicänum. (Lit.: A. Harnack, RE 14 (1904) 240-242. H. Gülzow, Cyprian und Novatian (1975).

dem Scharfrichter 25 Goldstücke aushändigen. Die Gläubigen haben bereits Leintücher ausgebreitet, um sein kostbares Märtyrerblut aufzufangen. Ein Schwertstreich beendet sein Leben. Auf Wunsch der Heiden wird sein Leichnam zuerst zur Schau gestellt. In der folgenden Nacht kommen Gläubige und tragen den Körper des Bischofs in feierlichem Zuge zu Grabe.

Über der Stätte seines Todes erhebt sich später eine seinem Namen geweihte Basilika; eine zweite Kirche wird über seinem Grab errichtet. Die dritte ihm geweihte Kapelle befindet sich in der Nähe des Hafens am Meer. In ihr betet Monika eine Nacht lang für ihren Sohn Augustin, als er nach Italien abreist (383). Die beiden erstgenannten Kirchen werden bereits durch die Vandalen verwüstet. Mit dem Einfall der Araber im 7. Jh. verschwindet auch Cyprians Grab. Die Legende berichtet, Harun al Raschid habe Karl dem Großen gestattet, Cyprians Gebeine nach Frankreich zu holen; sein Enkel, Karl der Kahle, habe sie schließlich im Kloster zu Compiègne bestattet.

Der Ertrag der Altkatholischen Väter

Irenäus, Tertullian und Cyprian schreiben keine systematische Dogmatik. Im Kampf mit der Gnosis und dem Heidentum durchdenken sie aber als erste Grundfragen der christlichen Theologie und der kirchlichen Verfassung. Sie legen die Grundlagen für die Katholische Kirche:

1. Heil und Rettung gibt es nur innerhalb der sichtbaren Heilsanstalt der allgemeinen Kirche. Diese Kirche gründet sich auf das Fundament der Bischöfe[198]. Hier allein gibt es die Wahrheit des Glaubens: Heilige Schriften, Bekenntnis, mündliche Überlieferung[199].
2. Gott ist einer. Schöpfergott und Erlösergott sind eins.
3. Auch das AT hat Gültigkeit in der Kirche.
4. Gott schuf die Welt durch sein Wort aus dem Nichts.
5. Christus, der Logos, wurde Fleisch (gegen den Doketismus!).
6. Nicht nur die Seele, auch der Leib wird auferstehen.
7. Die Taufe[200] ist das Bad der Neugeburt, die Vergebung der Sünden, sie schenkt den Heiligen Geist. Verdienstvoll sind Fasten, Ehelosigkeit und vor allem das Martyrium.

---

[198] **Irenäus**: (IV, 26) Die Bischöfe haben als Nachfolger der Apostel das sichere Charisma der Wahrheit.

[199] **Cyprian:** (Brief 63) Ille sacerdos vice Christi vere fungitur, qui id quod Christus fecit imitatur.

[200] **Irenäus:** (II,22) Omnes qui per eum renascuntur in Deum, infantes et parvulos et pueros et iuvenes et seniores.

Tertullian: (De baptismo 18) Ait quidem Dominus (Mt 19, 14) nolite illos prohibere ad me venire. Veniant ergo, dum adolescunt… fiant Christiani, cum Christum nosse potuerint. Quid festinat innocens aetas ad remissionem peccatorum?

Origenes: (Komm. Römerbr. 5,9) Ecclesia ab apostolis traditionem suscepit etiam parvulis baptismum dare.

11. Wissenschaft (Philosophie) und Glaube

A. Clemens und die Katechetenschule[201]

Im 1. und 2. Jahrhundert erblühen im ganzen Reich die Rhetorenschulen. Dahinter stehen philosophische, humanistische und pädagogische Motive. Schulung in der Eloquenz bedeutet Erziehung zur harmonischen Persönlichkeit. Der gute Redner wird zugleich ein guter Mensch sein. Die beste Seele und die höchste Rednergabe sollen sich vereinen zur wahrhaft schönen Individualität. Die Rhetorik ist damals die Königin der Wissenschaften. Sie gilt als Voraussetzung für Lehrer, Anwälte, Offiziere, Staatsbeamte. Als Lehrbuch wird die Institutio Oratoria von Quintillian (35-90) verwendet. Seine Rhetorik ist philosophisch. Es geht ihm um die Bildung eines humanen Charakters. Die Rhetorenschulen sind die Hochschulen der Antike. Es gibt auch schon freiwillige Elementarschulen.

In Analogie zu diesen heidnischen Hochschulen entstehen im 2. Jh. auch christliche Katechetenschulen. Solche Schulen gibt es in Rom, in Cäsarea (Palästina) und - die berühmteste - in Alexandria. Die Stadt ist der geistige Mittelpunkt des Reichs, wo alle Wissenschaften, Philosophien und Religionen ihre Lehrstätten haben. Diese Katechetenschulen sind nicht Institute für den Taufunterricht, sondern christliche Akademien für Erwachsene, die sich ins Christentum einführen lassen wollen.

Die alexandrinische Katechetenschule besteht von 180-400. Als Gründer wird Pantänus genannt, "eine sizilianische Biene", die "in den Seelen der Hörer reinen Honig der Er-

---

[201] Deutsche Quellen in BKV: Bd. I (1934) Mahnrede, Erzieher; Bd. II (1934) Erzieher, Welcher Reiche?; Bd. III (1936) Teppiche; Bd. IV (1937) Teppiche; Bd. V (1938) Teppiche mit ausgedehntem Sach- und Namenregister. Quellen, griech.-deutsch, Clemens von Alexandrien, übs. W. Schultz, (Berlin 1964). U. Schneider, Theologie als christliche Philosophie (1999). B. Altaner/A. Stuiber, Patrologie (9.A.1980).

kenntnis erzeugte"[202]. Eusebius bezeichnet Pantänus als eifrigen Missionar, der auf Reisen im Orient bis nach Indien (südliches Arabien) vorgedrungen sei.

Der erste bekannte und auch berühmte Lehrer ist Clemens von Alexandrien, Leiter der Schule von 190-202. Seine eigene Ausbildung als christlicher Lehrer bezieht er in Griechenland, Unteritalien, Palästina und Ägypten. Seine Lehrer stammen aus Jonien (Athenagoras?), Ägypten, Assyrien (Tatian?) und Sizilien. Wegen der Severianischen Verfolgung muß er Alexandria schließlich verlassen. Er stirbt um 215 vermutlich in Kleinasien[203].

Die Schriften von Clemens[204]

Euseb gibt in seiner Kirchengeschichte VI,13 eine Übersicht der ihm bekannten Bücher. Heute sind noch drei Hauptschriften erhalten:

1. Mahnrede an die Heiden
2. Der Erzieher
3. Die Teppiche[205].

---

[202] Clemens, Teppiche 1,1. Sehr wahrscheinlich meint Clemens hier Pantänus. Vgl. auch Euseb V,10.

[203] Teppiche I,11.

[204] Griech. Text = MSG, Bde. 8 und 9. Deutsch in: BKV (2.A.1934 ff.)

[205] 1. Protreptikos pros Hellenas = cohortatio ad gentes, 2. Paidagogos, 3. Stromateis. Außerdem: Tis ho sozomenos plousios? = lat. Quis dives salvetur? = Welcher Reiche wird gerettet werden? Eine erweiterte Predigt, die zeigt, daß auch der Reiche gerettet werden kann, wenn er sein Gut für den Dienst des Nächsten einsetzt.

Mahnrede an die Heiden. Es ist eine Werbeschrift für den christlichen Glauben. Er ruft den Heiden zu: Wendet euch von euren Mythen und Mysterien ab! Haltet euch zum wahrhaftigen Wort (Logos), das in Christus Mensch geworden ist! Es ist eine Schrift an Gebildete. Der Christus-Logos ist allen Heidengöttern überlegen. Im Grunde zielen schon die Philosophen auf diesen Logos hin. Christus ist der Zielpunkt aller Philosophie.

Der Erzieher ist Christus selbst. Er ist über diese Erde gegangen und hat den Menschen das Leben des wahren und überlegenen Weisen vorgelebt und verkündet. Ein maßvolles und zuchtvolles Leben ist ein christliches Leben. Luxus und Schwelgerei sind gefährlich.

Sein Hauptwerk in 8 Büchern sind die **Teppiche**. "Unsere Schrift soll bunt gewirkt sein wie ein Teppich", also ohne eine besondere Systematik. Er geht ein auf das Verhältnis von Glaube und Philosophie. Weil Gott der Urheber alles Schönen ist, so ist er auch Urheber der schönen Philosophie. Vor der Erscheinung des Herrn war die Philosophie für die Griechen nötig zur Gerechtigkeit vor Gott. Jetzt dient sie noch der Gottesverehrung. Sie ist eine Art Vorschule (Propädeutik) für diejenigen, welche auf dem Denkweg und durch Beweise zu Gott gelangen möchten (I,28).

Was für die Hebräer das Gesetz, das ist für die Griechen die Philosophie. In den Sprüchen 3,23 heißt es: "Befestige die Weisheit, dann wird sie dich erhöhen." Natürlich gibt es bessere und schlechtere Philosophie. Ein guter Philosoph ist Plato. Die letzte Antwort auf die Gottesfrage aber ist die "Lehre des Sohnes". Er ist "das Angesicht der Wahrheit".

Für die Forschung ist Gott letztlich unbeweisbar (VI,156), aber der Sohn-Logos kann teilweise erkannt werden. Er ist Weisheit, Wissen, Wahrheit. Die nichtgriechische Philosophie (barbaros philosophia) ist vollendet und wahr. Diese Philosophia, dieser Glaube wird durch Gnade geschenkt. Keine Erkenntnis ohne Glaube, kein Glaube ohne Erkenntnis.

Clemens stellt in den Teppichen auch verschiedene christliche Gnostiker dar, z.B. die Valentinianer. Ihnen gegenüber entwickelt er eine wahrhaft christliche Gnosis.

Clemens als christlicher Gnostiker

Im 6. Buch unterscheidet er zwischen den schlichten Gläubigen und den christlichen Gnostikern. "Die einen sind Abrahams Samen und noch immer Gottes Sklaven; diese aber sind die Berufenen." Die christlichen Gnostiker sind nur noch von jenen Trieben abhängig, die zur Erhaltung des Körpers nötig sind, z.B. Hunger oder Durst. Leidenschaften aber wie Zorn, Schmerz, Angst, Begierde usw. kennen sie nicht mehr. Die Vollendung der Gnosis besteht in der (affektlosen) Liebe.

Clemens versteht sich als christlicher Gnostiker. Dieser Geist liegt damals - zumal in Ägypten - in der Luft. Er kennt die Schulhäupter der Gnosis, aber er versucht, die Gnosis dem kirchlichen Glauben anzunähern. Bibelglaube und Gnosis sind für ihn keine sich ausschließenden Gegensätze. Es sind vielmehr verschiedene Stufen einer Entwicklung. Die griechische Welt und das Christentum sind für ihn letztlich eine Einheit. Eine Symbiose ist möglich. Clemens steht hier auf der Linie der Apologeten, er setzt das Werk Justins fort. Eine Geistesverwandtschaft im weitesten Sinn besteht auch mit der Aufklärung und dem deutschen Idealismus (Schleiermacher).

Aus dieser Verbindung entsteht in Ägypten das, was man später "wissenschaftliche Theologie" nennt (Heussi). Clemens geht einen völlig anderen Weg als Tertullian, der auch bereit ist, Absurdes zu glauben, solange es mit der Glaubensregel übereinstimmt. Clemens tut so, als ob der christliche Glaube in erster Linie eine Verstandesangelegenheit wäre. Er glaubt an einen bruchlosen Übergang vom Evangelium zur griechischen Philosophie. Die Kirche ist die jungfräuliche Mutter, welche ihre Kinder mit der Milch des Logos säugt. Die Darreichung der Erkenntnis ist mit heiligen Weihen verbunden, die erleuchten und göttliches Leben spenden. Darum ist schon der schlichte Gläubige mit dem Heil verbunden. Durch die Eucharistie empfängt der Mensch die Vereinigung mit Logos und Geist sowie Anteil an der Unsterblichkeit[206]. Der Kirchenglaube ist die Vorstufe zum wahren Erkennen.

Bei Irenäus heißt die Alternative: Unglaube oder Glaube. Mit dem Glauben ist auch die Erkenntnis (Gnosis) gegeben. Bei Clemens aber heißt die Reihe: Unglaube → Glaube → Gnosis. Die Gnosis ist eine Überhöhung des Glaubens. Christus ist nicht gekommen, um durch sein Blut am Kreuz die gefallene Schöpfung zu retten, sondern: Er vollendet die griechische Philosophie und zeigt, wie der Mensch das Leben eines überlegenen Weisen führen kann und wie er sich aus dieser vergänglichen Welt in die ewige Welt der Gottheit erheben kann. Bei Clemens begegnet uns eine spürbare Verfremdung des biblischen Evangeliums (Hellenisierung).

B. Origenes[207]

Origenes wird um 185 in Alexandrien geboren und als kleines Kind getauft. Sein Vater ist ein frommer christlicher Lehrer mit dem Namen Leonides. Schon früh erkennt er die außerordentliche Begabung des Sohnes. Darum läßt er Origenes große Stücke der griechischen Bibel auswendig lernen.

---

[206] Päd. I,26f; II,19f.

[207] Die griech. Christl. Schriftsteller der ersten 3 Jh.te, hg. von der Kirchenväterkommission der Preußischen Akademie der Wissenschaften = GCS (1897) Bde. 2,3,6,10,22,29,30,33,38,40,41. Deutsche Übs. in: BKV, Origenes I (1926) Vom Gebet, Ermahnung zum Martyrium; Origenes II-III (1926) Gegen Celsus.
H.J. Vogt, Origenes, Matthäuskommentar, übs. u. eingeleitet (1983).
L. Lies, Origenes. "Peri Archon" (1992); H. Strutwolf, Gnosis als System (1993).

Später darf er die Katechetenschule von Clemens besuchen. Der Jüngling entwickelt eine feurige Liebe zu Christus. Als 202 die Severianische Verfolgung ausbricht und der Vater im Gefängnis liegt, will er sich selber als Christ anzeigen, um mit ihm das Martyrium zu erleiden. Der Mutter bleibt nichts anderes übrig, als dem Sohn die Kleider zu verbergen und ihn so zu zwingen, das Haus zu hüten. Origenes schreibt dem Vater ins Gefängnis: "Halte aus; laß dich unsertwegen nicht auf andere Gedanken bringen!" Da der Staat zugleich das Vermögen der ganzen Familie kassiert, beginnt der mittellose 17jährige selbst Elementarunterricht zu erteilen.

Hochschullehrer im Angesicht des Todes

Alexandria ist eine geistig rege und vielseitige Stadt. Auch Ammonius Sakkas (gest. 242), der Vorläufer Plotins, lebt als Zeitgenosse und Lehrer von Origenes in der ägyptischen Stadt. Origenes nimmt die ganze Bildung, christliche und heidnische, in sich auf. Er arbeitet so fleißig, daß man ihm den Beinamen "der Stählerne" gibt. Als er 18 Jahre alt wird, ernennt ihn Bischof Demetrius zum Nachfolger von Clemens.

Der junge Lehrer besucht die Gefangenen. Er wohnt allen Verhören bei und stärkt die zum Tod Verurteilten auf ihrem letzten Gang. Wunderbarerweise bleibt er unbehelligt, obschon der Pöbel mehrfach gegen ihn schnaubt, wenn er die Todgeweihten mit dem Bruderkuß verabschiedet[208]. Die Schar seiner Zuhörer nimmt dermaßen zu, daß vor seiner Wohnung ein öffentlicher Sicherheitsdienst für Ordnung sorgen muß, weil die Heiden tumultieren. Bischof Demetrius übernimmt selber die Elementarausbildung, damit sich Origenes auf die speziell christliche Lehre beschränken kann. Um nicht ständig von fremden Gaben abhängig zu sein, verkauft Origenes einen Teil

[208] Euseb VI,3.

seiner Bibliothek, was ihm eine tägliche Rente von vier Obolen einbringt - ein Betrag, der für seinen asketischen Lebensstil eben reicht. "Sehr viele Jahre führt er so das Leben eines Philosophen, jeglichen Reiz zu jugendlicher Ausschweifung von sich fernhaltend"[209]. Tagsüber hält er Vorträge, des Nachts widmet er sich dem Studium der Heiligen Schrift, meidet den Schlaf oder liegt auf bloßer Erde, um seinen Körper zu kasteien.

Eine ganze Anzahl seiner Schüler erleidet das Martyrium: Plutarch, sein erster Schüler, wird enthauptet; Serenus erduldet den Feuertod. Heraklid und Heron werden enthauptet, und ein anderer Serenus empfängt die "Feuertaufe". Auch die Katechumenin Herais, Schülerin von Origenes, muß durchs Feuer in den Tod usw.[210]

Die überspannte Askese führt Origenes dazu, sich selber zu entmannen (vgl. Mt 19,12), "um jeglichem Verdacht und schändlicher Verleumdung den Boden zu entziehen". Demetrius ist ob dieser Tat zwar nicht eben begeistert, doch überläßt er ihm weiter die Leitung der Schule.

Am 4. Februar 211 stirbt Kaiser Severus. Unter der Regierung Caracallas unternimmt Origenes eine Reise nach Rom, doch die laxe Kirchenzucht in der zephyrinischen Stadtgemeinde[211] scheint den strengen Alexandriner nicht sonderlich anzusprechen. Jedenfalls ist sein römischer Aufenthalt nur von kurzer Dauer. Er hört aber eine Predigt von Hippolyt.

---

[209] Euseb VI,3.

[210] Eusebius a.a.O.

[211] Unter den Bischöfen Zephyrin (199-217) und Callistus (217-222) entfaltet sich in Rom eine laxe Kirchenzucht. Ehebrecher und vom Glauben Abgefallene werden ohne große Umstände durch Handauflegung wieder in die Kirchengemeinschaft aufgenommen.

Gefeierter Redner und Systematiker

Bis 215 kann er als Leiter der Katechetenschule frei wirken. In Alexandria begegnet ihm ein steinreicher valentinianischer Gnostiker mit Namen Ambrosius. Origenes gewinnt ihn für die Kirche. Eine Stadtrevolution gegen den Kaiser und die anschließende Besetzung des Orts durch Militär zwingen ihn zur Abreise. Vielleicht in Begleitung von Ambrosius zieht er nach Cäsarea in Palästina. Auch hier gibt es eine Katechetenschule. Die Bischöfe von Jerusalem und Cäsarea fordern Origenes auf zu predigen. Doch Origenes hat noch gar keine Weihen. Die palästinischen Bischöfe weihen deshalb Origenes zum Priester. Bischof Demetrius von Alexandrien aber wird deshalb äußerst sauer, denn er betrachtet Origenes als Mann seines Sprengels (Amtsbezirks). Er verbannt Origenes aus seinem Kirchenbezirk und erklärt die Weihe für ungültig. So bleibt Origenes an der Katechetenschule in Cäsarea und betreut daneben noch eine Gemeinde. Für seine wissenschaftliche Arbeit stellt ihm sein Gönner Ambrosius reichlich Personal zur Verfügung. Origenes braucht jetzt nur noch zu diktieren. Sieben Stenographen zeichnen seine Diktate auf, sieben Schreiber übertragen die Stenogramme in Buchschrift, und Schönschreiberinnen besorgen die Vervielfältigungen der Bücher.

In großem Stil unternimmt Origenes den Versuch, das gesamte Wissen seiner Zeit in christlichem Format darzustellen. Bischof Firmilian von Cäsarea (Kappadozien) lädt ihn ein und besucht ihn selber in Palästina. Militärisch eskortiert reist der Gefeierte nach Antiochia, um dort Julia Mamäa, der Mutter des Kaisers, persönliche Vorträge zu halten. Er besucht auch eine Synode in Arabien. Dort ist die Lehre aufgetaucht, daß die Seele mit dem Leibe sterbe und verwese. Erst in der Auferstehung kehre sie wieder zum Leben zurück. Es gelingt Origenes, die Abgefallenen wieder für die Kirche zu gewinnen[212].

---

[212] Euseb VI, 37.

Origenes stirbt als Bekenner

Im Jahr 250 kommt es zur Decischen Verfolgung. Origenes hat sich schon vorher den Zorn der Behörden zugezogen wegen seines Buchs gegen den Philosophen Celsus[213]. Er wird verhaftet, gefoltert, ins Halseisen gelegt und viele Tage mit Händen und Füßen in den Block gespannt, ohne daß man ihn zum Abfall zwingen kann. Origenes stirbt im Jahr 254 an den Folgen der Mißhandlungen. Er wird darum Confessor genannt. Weil Origenes in seiner Lehre allerlei Ungereimtes einbringt, verurteilt 553 die 5. ökumenische Synode zu Konstantinopel unter Justinian einige seiner Grundsätze. Nicht Origenes als Person, aber Teile seiner Theologie werden geächtet. Deshalb wird er nicht zu den Kirchenvätern gerechnet.

Die Schriften von Origenes (Origenes als Bibelausleger)

Das schriftstellerische Werk von Origenes ist außergewöhnlich umfangreich. Bischof Epiphanius von Salamis auf Cypern (gest.403) will 6000 Schriften gezählt haben. Hieronymus hält die Zahl allerdings für übertrieben. Der Hauptstock seiner Schriften beschäftigt sich mit Bibelauslegung. Origenes versteht sich in erster Linie als Schriftausleger. Er bekennt sich unbedingt zu den heiligen Schriften der Kirche. Er ist überzeugt von der **Inspiration der Septuaginta**[214]. Die Autorität der Kirche bürgt dafür, daß sich keine unechten Schriften eindrängen. Nur was in den Gemeinden unbezweifelt als Heilige Schrift in Gebrauch ist, hat göttliche Autorität. Die

---

213 Kata Kelsou, lat. contra Celsum, deutsch in: BKV (2.A.1926 f.).

214 Lat. "siebzig" (LXX); angeblich unter Ptolemaios II. Philadelphos (3.Jh.v.Chr.) von 70 Übersetzern auf der Insel Pharos für die Bibliothek in Alexandria angefertigte Übersetzung des hebräischen Alten Testaments ins Griechische.

Kirche ist die Hüterin der Heiligen Schriften. Sie ist die Arche, in der es allein Rettung gibt. Sie ist das Haus, mit dem Blute Christi bezeichnet (2. Mose 12).

Origenes will dem inspirierten Originaltext so nahe wie möglich kommen. Deshalb schafft er sich eine sechsfache Bibel, die HEXAPLA. In 6 Kolonnen ordnet er nebeneinander das AT und 5 griechische Übersetzungen. Die geistige Achse ist die 5. Kolonne mit der LXX. Das Riesenwerk liegt Hieronymus bei der Übersetzung der Vulgata noch vor. Heute ist noch eine teilweise Abschrift, die 1896 in der Mailänder Bibliothek auftauchte, erhalten (vgl. Abbildung am Ende des Buches). Die Hexapla beschäftigt Origenes etwa 30 Jahre lang. Er unterzieht sich dem Dienst an der Heiligen Schrift in einer Haltung der tiefsten Ehrfurcht, denn in ihr begegnet er dem Wort des lebendigen Gottes. Das Verstehen ist ihm die "Kunst der Künste und die Wissenschaft der Wissenschaften"[215]. Im Kommentar zum Matthäus-Evangelium ruft er spontan Jesus um Hilfe an, er möge ihm doch selber den Weg zur rechten Deutung zeigen[216]. Die tägliche Schriftlesung ist ihm der Quellgrund seines persönlichen geistlichen Lebens. Dazu ermahnt er auch seine Schüler[217]. Die eigentliche Deutung ist für Origenes erst gefunden, wenn er hinter den Buchstaben auch einen tieferen göttlichen Sinn entdeckt hat (Allegorese)[218]. Hier liegt der im Acker vergrabene Schatz. Seine exegetische Arbeit besteht aus drei Abteilungen:

1. Scholien (gr.) = erklärende Randbemerkungen
2. Kommentare
3. Homilien = fortlaufende Predigten oder Lehrvorträge

---

215 Joh.Komm. 13,46.

216 Matth.Kommentar 10,5; Lev.hom. 1,1 und 5,5.

217 Gen.Kommentar 10,3.

218 Von griech. ALLA LEGEIN: Der Text sagt noch anderes.

1. Scholien. Origenes hat wahrscheinlich zu allen biblischen Büchern Scholien geschrieben. Viele sind bezeugt, aber kein eigentlicher Scholienkommentar ist erhalten.

2. Kommentare. Seine Kommentare sind breit angelegt und häufig mit umfangreichen Exkursen ausgestattet. Er ist bestrebt, den vollen Sinn des Textes auszuloten. Er schreibt Kommentare zu allen biblischen Büchern. Erhalten sind zum Beispiel Teile von Kommentaren zu Matthäus, Johannes, Römerbrief, Hohelied, 1. Mose.

3. Homilien. In Gottesdiensten nachgeschriebene Predigten. Satz für Satz folgt er dem Text, rhetorische Kunstgriffe verschmähend, aber immer (allegorisch) nach dem tieferen Sinn fragend. Erhalten sind noch gegen 600 Predigten.

Origenes entwickelt eine eigene Hermeneutik[219]. Er glaubt an einen **dreifachen Schriftsinn**, entsprechend dem menschlichen Organismus. Jedes Bibelwort hat

1. einen somatischen Sinn (wörtlich-geschichtlich),
2. einen psychischen Sinn (moralisch-philosophisch),
3. einen pneumatischen Sinn (mystisch-geistlich).

"Der Erbauung des Einfältigeren dient das Fleisch der Schrift, wie wir die nächstliegende (buchstäbliche) Auffassung nennen. Wer aber weiter fortgeschritten ist, der erbaue sich an ihrer Seele, während der Vollkommene denen gleicht, von denen der Apostel schreibt:'Weisheit reden wir unter Vollkommenen'(1.Kor.2,6). Denn wie der Mensch aus Leib, Seele und Geist besteht, so ist es auch mit der Schrift... da es aber in den Schriften auch Stellen gibt, die überhaupt keinen leiblichen Sinn haben, darf man gelegentlich sozusagen ausschließlich nach Seele und Geist der Schrift forschen"[220].

---

[219] Hermeneutik = wissenschaftliches Verfahren über die rechte Auslegung von Texten.

[220] De principiis (Über die Grundlehren) 4,2.

Die erste und unterste Stufe ist der herkömmliche Kirchenglaube. Origenes betrachtet ihn als Mythos, ohne ihn aber zu verachten. Der buchstäbliche Glaube bildet die Grundlage für den Kirchenchristen. Diesen Glauben verteidigt Origenes gegenüber dem Philosophen Celsus.

Die zweite Stufe atmet philosophische Luft. Dazu hat ihm Clemens verholfen. Wie Justin und Clemens betrachtet er die Philosophie als eine Hilfe für den denkenden Glauben. Durch den philosophischen Unterbau des Glaubens will er den gebildeten Griechen ein Grieche werden. Gott hat der Kirche nicht nur das Evangelium gegeben; er hat dem Menschen auch die Wahrheit ins Herz geschrieben. Bei Justin und Clemens angebahnt, geht Origenes zwischen Jerusalem und Athen eine geistige Verbindung ein. Durch Origenes strömt griechischer, "wissenschaftlicher" Geist in die Kirche ein, den sie seither nie wieder losgeworden ist. Origenes ist der Schöpfer des christlichen Humanismus.

Die dritte und höchste Stufe erreicht erst der geistliche (pneumatische) Christ. Mit Clemens legt Origenes im gnostisierten Ägypten die Grundlage zu einer kirchlichen Gnosis. Die Christussonne erleuchtet den Glaubenden durch den Strahl ihrer Offenbarung und macht ihn so zum Pneumatiker.

Vater der christlichen Mystik

Der Höhepunkt ist erreicht, wenn Christus, der Logos Gottes, in der Menschenseele geboren wird. Christus ist der Bräutigam, die Seele die Braut. Höhepunkt seiner Logos-Mystik ist die Vermählung von Christus und der Seele. Wer solches erlebt, wer so hoch hinaufgehoben wird, dessen Auge nimmt auch die Äonen und die Kämpfe der überirdischen Geistesmächte wahr, von denen der große Haufe der Menschheit nichts weiß. Origenes ist der Begründer der Christus-Braut-Mystik. Seine Frömmigkeit ist von tiefer Jesus-Innigkeit. Ähnlich denkt im Mittelalter Bernhard von Clairvaux.

Der Aufstieg der Seele zur mystischen Vereinigung mit dem Logos vollzieht sich in Stufen. Diese Stufen sind zum Beispiel im Zug der Israeliten durch die Wüste ins Gelobte Land für die Seele vorabgebildet. Ein Prachtsbeispiel im Alten Testament, das nach mystisch-geistlicher Deutung ruft, ist das Hohelied, denn Christus ist der Bräutigam der Seele. Auch der Einzug Jesu in Jerusalem veranschaulicht den Einzug des Logos in die Seele. Hartnäckiges Festhalten am buchstäblichen Sinn fällt nach Origenes unter Jesu Weheruf über die Schriftgelehrten. Die Bibel schenkt uns zum geistlichen Leben nur das Notwendigste, die Anfangsgründe. Die geistliche Auslegung sucht darum das ewige Evangelium über der Septuaginta und den kirchlichen Evangelien. Das Himmelreich als solches kann nicht mit Buchstaben ausgedrückt werden. Es sind die himmlischen Urbilder und die künftigen himmlischen Güter, deren Schatten das Gesetz enthält (Hebr 8,5; 10,1). Trotz äußerlicher Widersprüche ist die Heilige Schrift inspiriert, sie stimmt innerlich überein. "Der Logos hat es nämlich so gefügt, daß in Gesetz- und Geschichtsbüchern auch ärgernis- und anstoßerregende Stellen hinein verwoben wurden, damit wir nicht, unfähig, uns vom Buchstaben zu lösen, der Wahrnehmung des Göttlichen verschlossen blieben."

Origenes als Dogmatiker

Das dogmatische Hauptwerk von Origenes trägt den Titel "Über die Grundlehren"[221]. Es ist die erste zusammenhängende christliche Glaubenslehre. Er verbindet die biblische Botschaft mit neuplatonischem Gedankengut. Hier erkennen wir Origenes als Schüler von Clemens. Sein Zeitgenosse, der Neuplatoniker Porphyrius meint: "Sein Leben war das eines Christen und widersprach den Gesetzen. In seiner Auffassung

---

[221] Peri Archon, lat. übersetzt von Rufinus **"de principiis"**.

von der Welt und von Gott dachte er wie ein Grieche und schob den fremden Mythen (dem Evangelium) griechische Ideen unter. Ständig beschäftigte er sich nämlich mit Plato".[222]

Das 1. Buch der Grundlehren handelt von der geistigen Welt, nämlich von der Dreifaltigkeit, von den Engeln, Geistern und Seelen und von deren Fall.

Das 2. Buch beschreibt die sichtbare Welt, die Erschaffung des Menschen, den Sündenfall und die Erlösung.

Das 3. Buch handelt von der Willensfreiheit, von der Seele, vom Widersacher, der Endlichkeit der Welt und von der Wiederbringung (Allversöhnung).

Das 4. Buch endlich beinhaltet die Lehre von der Heiligen Schrift und vom dreifachen Schriftsinn.

Gott ist "jenseits von Vernunft und Sein"[223]. Er ist der **Urgrund**, über den nichts gedacht oder gesagt werden kann. Weil er vollkommene Güte ist, teilt er sich mit: Er läßt den Logos aus sich herausgehen wie das Licht den Glanz. Der Logos ist gleichen Wesens[224] und doch niedriger. Nur der Vater ist "ho theos" (der Gott). Im Blick auf den Vater ist der Sohn nur "deuteros theos" (zweiter Gott)[225]. Der **Logos** ist **ewig gezeugt und geschaffen** (Emanation): von Ewigkeit her und bis in alle Ewigkeit hin (I,2). Der Sohn-Logos ist der Mittler. Er steht zwischen dem ungezeugten Gott und der geschaffenen Welt. Durch den Sohn-Logos schafft Gott ewig die ganze Welt der Geister. Im dritten Rang steht der **Heilige**

---

[222] Euseb VI,19.

[223] De principiis I,1. Er ist fons ex quo initium totius intellectualis naturae (ebd.)

[224] Homoousios, also eine mildere Subordination.

[225] De Princ. I,2; contra celsum 5,39.

Geist. Er ist das erhabenste durch den Sohn geschaffene Wesen. Diese drei (subordinierten) Stufen sind Origenes die "angebetete Dreifaltigkeit".

Es ist nicht eine echte Trinität, sondern eine nach unten offene. Origenes denkt neuplatonisch-emanatistisch. Unter dem Heiligen Geist stehen die Engel, die Menschenseelen, die Dämonen und der Teufel. Diese Geistwesen[226] waren alle mit freiem Willen ausgestattet. Sie sind vor dieser Welt, also präexistent, entstanden.

Noch vor dieser Zeit und Welt geschah der Ur-Sündenfall. Der oberste Engel trachtete danach, Gott gleich zu werden. Gott aber schleuderte ihn genau so tief, wie er emporsteigen wollte, in den Abgrund. Der sich empörende Engel wurde zum Satan. Er riß jene Engel und Menschenseelen mit, die sich am Aufruhr beteiligten.

Gott aber hatte Erbarmen und wies den Fallenden entsprechende Orte des Wohnens zu, um den Fall zu stoppen. So wurden die sichtbare Welt, die Luftregion, der Erdkreis, aber auch die Unterwelt geschaffen.

> Der Nichtigkeit ist ja die Welt unterworfen... für diese Seelen, die wegen allzu großer Mängel ihres Geistes dieser gröberen und festeren Körper bedurften, wurde diese Welt eingerichtet... Die gesamte Kreatur jedoch hegt die Hoffnung auf Befreiung (3,5).

Die Schöpfung der Welt ist also ein Akt des Erbarmens mit den gefallenen Geistern. Sie ist der erste Akt der Erlösung. Die materielle Welt ist also nicht - wie in der Gnosis - die gottfeindliche Macht. Sie steht im Dienst der Erlösung. Sicher spürt man die Neigung, das Körperliche abzuwerten und den Geist von der Erlösungsbedürftigkeit auszunehmen. Origenes hat in Alexandrien Ammonius Sakkas, den Lehrer Plotins, gehört. Doch die Bibel zwingt Origenes, den Eigenwert des Leiblichen anzuerkennen. Mit asketischem Eifer

---

[226] rationabiles naturae 2,9.

bekämpft er sein Schlafbedürfnis. Wie später viele Mönche wählt er als sein Bett die bloße Erde. Seine jugendliche Entmannung durch eigene Hand zeigt das Problem: Der Leib soll dem Geiste dienen; aber er ist nicht das schlechthin Böse und Nichtige wie bei Plotin. Das Leibliche ist Abbild und Gleichnis für die dahinter liegende geistige Welt. Das Ziel der Leiblichkeit ist darum nicht ihre Vernichtung, sondern ihre Vergeistigung und Verklärung. Solches gilt für die gesamte Schöpfung.

> Auch die Sonne und der Mond und die übrigen Gestirne sind beseelt. Ja, wie wir Menschen um gewisser Sünden willen mit diesen dichten und trägen Körpern bekleidet wurden, so haben auch die Lichter des Himmels diesen oder jenen Körper erhalten, daß sie mehr oder weniger leuchten. Und die Dämonen sind wegen ihrer größeren Vergehen mit einem Luftkörper bekleidet... Ich glaube nämlich, daß auch die Sonne sprechen möchte, es sei schöner, abzuscheiden und bei Christus zu sein, das wäre nämlich bei weitem das Bessere... Dasselbe gilt auch vom Mond und den übrigen Gestirnen... Wenn Christus das Reich Gott dem Vater übergeben wird, werden auch diese beseelten Wesen... übergeben werden (I,7).

Christus bringt die Erlösung durch seine Menschwerdung[227]. Durch Predigt und Vorbild sammelt er die Menschen, die sich ihm durch freien Willen anschließen. Dann geschieht das, was Luther den "fröhlichen Tausch" nennt: Christus wird wie unsereiner, und wir dürfen werden wie er.

Christi Kreuzestod tritt bei Origenes eher zurück. Christus kämpft und siegt über die Dämonen. Er gibt seine reine Seele

---

[227] **Enanthropesis**. Er verbindet sich mit einer präexistent rein gebliebenen Seele und wird **Theantropos**. Seinen Leib führt er durch die Verklärung, Auferstehung und Himmelfahrt hindurch der Vergottung entgegen (3,41). **Christus ist eine Person in zwei Naturen**. Die Göttlichkeit seines Geistes und die Reinheit seiner Seele gestatten ihm die Verklärung seines menschlichen Leibes.

dem Teufel als Lösegeld. Im Himmel und auf Erden und unter der Erde ist alles in Entwicklung. Die eigentliche Erlösung bringt erst der Tod und das, was auf ihn folgt.

> Ich bin der Ansicht, daß die Heiligen, wenn sie aus diesem Leben scheiden, an einem auf der Erde gelegenen Ort, den die göttliche Schrift Paradies nennt, bleiben werden... in einem Hörsaal oder einer Schule der Seelen, an dem sie über alles, was sie auf Erden gesehen haben, belehrt werden und auch gewisse Aufschlüsse über das Folgende und Zukünftige erhalten... Wenn die Heiligen in jene Gebiete gekommen sind, dann werden sie das Wesen der Gestirne im einzelnen durchschauen und erfahren, ob sie lebend oder was sie sind usw.

Auf den Tod folgt das Gericht. Die Guten kommen ins Paradies, die Bösen in die Hölle. Die Hölle ist ein reinigendes Feuer, da jeden seine Sünde brennt[228]. Die Guten dringen höher durch weitere Sphären und Äonen der Vervollkommnung bis zur Vollendung. Schließlich werden auch die Bösen, ja selbst der Teufel, zu Gott zurückgeführt werden (I,6). Das ist dann die Wiederbringung aller Dinge, die Allversöhnung[229]. Die Ewigkeit der Hölle ist also preisgegeben zugunsten eines Läuterungs-Prozesses aller Seelen durch viele Äonen[230]. Freilich kann ein erneuter Abfall der sittlich freien Geister eine neue Weltperiode herbeiführen. Auch der jetzige Äon ist nicht der erste.

---

[228] De princ. 2,10. Er verweist auf 1. Kor 3,13.

[229] Die Apokatastasis panton (Apg 3,21), hier allerdings anders gemeint.

[230] De princ. I,6 und III,6; Contra Cels. 8,72.

Der zwiespältige Eindruck

Im Mittelpunkt der origenistischen Theologie stehen Christus und die Bibel. Origenes liebt Jesus Christus. Er ist ein Christusmystiker. Christus ist der Bräutigam seiner Seele. Origenes ist der Vater einer überaus reichen Tradition innigster Christusliebe. Das nicht zufällig in Ägypten beginnende Mönchtum hat ihn als geistigen Vater[231]. Bernhard von Clairvaux vertritt im Mittelalter - dogmatisch gut katholisch - dieselbe Christusmystik. Ungezählte Nonnen und Jungfrauen lieben Jesus als den Bräutigam ihrer Seele in der Gestalt mehr oder weniger geistlicher Christuserotik. Auch der innige Christusglaube mancher Pietisten steht in dieser Geistestradition: "Ich bete an die Macht der Liebe, die sich in Jesus offenbart... ich will, anstatt an mich zu denken, ins Meer der Liebe mich versenken" (Tersteegen) usw.

Es gelingt Origenes, die Botschaft der Bibel mit dem (neuplatonischen) Geist seiner Zeit zu versöhnen. In der Tat: er bietet wissenschaftliche Theologie. Origenes als wissenschaftlich gebildeter missionarischer Christ glaubt an die Zukunft seiner großen Synthese. In seinem Alexandrien, wo Griechen, Juden, Gnostiker und die christliche Kirche miteinander wetteifern, um den Menschen das Geheimnis der höchsten Erkenntnis zu vermitteln, muß der Glaube mit der wissenschaftlichen Vernunft in Beziehung gebracht werden. Origenes hat selber die neuplatonische Schule bei Ammonius Sakkas besucht. Schon Justin in Rom und Clemens in Alexandrien haben ihm auf diesem Weg vorgearbeitet. Origenes mit seinem gewaltigen Einfluß gelingt die Einbettung des christlichen Glaubens in die griechische Volksseele, und damit öffnen sich die Herzen der Bibel. Origenes verschafft auch der Logos-Christologie das entscheidende Übergewicht.

---

[231] Auch wenn es am Ende des 4. Jh.s gerade Mönche sind, die seine Verdammung betreiben (553).

Dennoch ist der Preis für dies alles sehr hoch! Das ganze Evangelium ist in ein neuplatonisches Korsett gepreßt. Der Heide Porphyrius hat das durchaus richtig gespürt! Darin gleicht Origenes wohl manchen Theologen der Gegenwart. Es ist seine Absicht, die Denkart seiner Zeit dem biblischen Christus dienstbar zu machen. Ob ihm dies immer gelingt? Ist sein heiß geliebter Christus noch der neutestamentlich geoffenbarte? Schon die Alte Kirche hat ihm nicht alle Sätze abgenommen. Die Kritik des Großmeisters fiel ihr nicht leicht, denn:

1. Origenes anerkennt die volle Inspiration der Bibel.
2. Er anerkennt das Glaubensbekenntnis.
3. Er kämpft gegen Irrlehrer und führt viele zurück.
4. Er leistet Großes als Exeget (Hexapla).
5. Er führt ein vorbildliches Leben der Christus-Nachfolge.
6. Er leidet und stirbt um Christi willen (Konfessor).

Dennoch setzt sich Origenes in Widerspruch zum Evangelium und zum Bekenntnis der Kirche. Seine moralische und mystische Auslegung der Bibel verdrängt die wörtliche. Die biblische Eschatologie zum Beispiel wird völlig spiritualisiert (Christus kommt wieder zur mystischen Seele). Das Evangelium ist (zu) stark hellenisiert. Durch seine übertriebene Allegorese liest Origenes zu viel in die Bibel hinein. Die mystische und pneumatische Auslegung der Bibel hat ihre Gefahren. Es sind stets die gleichen, wir sehen sie exemplarisch bei Origenes! Sie hat Origenes teilweise blind gemacht für die wörtlichen Aussagen der Schrift. Sie hat den Weg geebnet für die philosophische Überlagerung der Theologie.

Die folgenden Lehrpunkte von Origenes hat die Kirche auf die Dauer nicht akzeptiert (Konzil von **Konstantinopel 553**):

1. Seine Lehre von der **Präexistenz der Seelen** und ihrem vorzeitigen Fall. Nach biblischem Zeugnis wird die Seele mit dem Leib geschaffen. Origenes meint, die Schöpfung sei ein ewiger göttlicher Akt. Gottes Allmacht könne nie ohne Gegenstand der Betätigung sein. Das ist griechisch-zeitloses Denken.

2. Seine Lehre von der **Allversöhnung**. Apg 3,21 meint nicht Allversöhnung, sondern: bis alles wiedergebracht ist, wovon Gott geredet hat durch den Mund der Propheten.
3. Seinen Glauben an die **Wiederverkörperung** (Reinkarnation)

Origenes wirkt heute anziehend auf Esoterik und New Age, mit denen er verwandt ist. Auch die Spiritualisten und Bräutigams-Mystiker aller Zeiten können sich auf ihn berufen. Sein Ersatz der Polarität zwischen Himmel und Hölle durch die Idee der Entwicklung erinnert an Aufklärung und deutschen Idealismus (z.B. Schleiermacher). Sein direkter Einfluß auf das spätere Mönchtum liegt auf der Hand. Er ist sein geistiger Vater. Die spätere Kirche hat zwar die krassesten Sätze von Origenes verurteilt, aber nicht alles von ihm. Wo bei den Menschen viel Licht ist, da ist eben auch viel Schatten. Origenes hat mit seinem Herzen Christus geliebt bis in den Tod. Und diese Liebe ist schließlich doch immer noch größer als alle Erkenntnis oder Fehlerkenntnis.

Schüler und Gegner von Origenes

Die weitere theologische Entwicklung des Ostens vollzieht sich stark in der Auseinandersetzung mit Origenes. Die Verurteilung durch die Synode von Konstantinopel (553) wirft einen schweren Schatten auf Origenes. Sein Andenken und die Lektüre seiner Werke sind damit für lange Zeit geächtet. Heute liegt nur ein kleiner Teil seines immensen Lebenswerks in griechischer Sprache vor. Anderes ist in lateinischer Übersetzung von Hieronymus oder Rufin erhalten geblieben. Von Rufin stammt die Übersetzung "De principiis".

In der zweiten Hälfte des 3. Jh.s erobert ein verkirchlicht-gemäßigter Origenismus die Mehrheit der Bischofsstühle der Ostkirche. Als wichtigste Schüler nennen wir:

Dionysius der Große, Bischof von Alexandria (247-264) und Leiter der Katechetenschule.

Gregorius Thaumaturgus[232], Bischof von Neo-Cäsarea in Pontus (gest. ca. 270). In Cäsarea hört er fünf Jahre lang die Vorträge von Origenes. Die Dankesrede bei seinem Weggang zeigt den wohlüberlegten Ausbildungsgang der Schule: Logik, Physik, Geometrie, Astronomie und Ethik, verbunden mit praktischen Übungen der Tugend; anschließend via Metaphysik zur Frage nach dem "Grund aller Dinge": Lektüre der alten Dichter und Philosophen und vor allem der Bibel. "Er schied aus, was bezüglich der Religion bloße Ausgeburt des Menschengeistes war"[233]. In seinem Heimatland zum Bischof geweiht, entfaltet Gregorius im ganzen Norden Kleinasiens eine außerordentlich erfolgreiche Missionstätigkeit. Gregor von Nyssa nennt ihn "den Großen". Als wundertätiger Missionsbischof wird er in Zentralkleinasien und in der byzantinischen Kirche hoch verehrt.

Pamphilus (gest. 309 als Märtyrer), Presbyter in Cäsarea (Palästina). Er ist kein persönlicher Schüler mehr, aber er verwaltet und archiviert in der Stadt den literarischen Nachlaß des Meisters. Er ist der Lehrer von Eusebius, dem Kirchengeschichtsschreiber.

Eusebius[234] (ca. 260-339), Bischof von Cäsarea (Palästina). Verfasser der "Kirchengeschichte" (bis 324); Freund Konstantins und Verfasser von dessen Lebensgeschichte; in Nicäa (325) Führer der starken origenistischen Partei zwischen Arianern und Orthodoxen.

---

[232] Fontes Christiani, 2.F. Bd. 24 (1996): auch in BKV, Des heiligen Gregorius Thaumaturgos Lobrede auf Origenes (1911) 49 Seiten.

[233] A.a.O., Lobrede, Kap. 14.

[234] Eusebius, Kirchengeschichte (4.A.1997); ders., Über das Leben des Kaisers Konstantin (1998). Beides auch in BKV.

Methodius[235], kirchlicher Schriftsteller in Kleinasien, ist der Hauptvertreter der gegnerischen Front. Als Kleinasiate neigt er zum biblischen Realismus. Er verwirft die Lehre von der Präexistenz der Seelen und den Zyklus mehrerer Weltschöpfungen, ohne freilich der origenistischen Allegorie zu entsagen. Das Nein zur Spekulation findet später einen starken Vertreter in Athanasius.

Epiphanius von Salamis[236], zunächst Abt in Judäa, 367-403 Bischof von Salamis (Cypern), nimmt als Kämpfer wider alles Häretische[237] auch Origenes ins Visier. Es gelingt ihm in den 90er Jahren des 4. Jh.s, einen origenistischen Theologenkranz um Bischof Johannes von Jerusalem zu sprengen und die beiden abendländischen Freunde Hieronymus und Rufin zu entzweien. Hieronymus wechselt ins Lager der Origenes-Gegner.

In Ägypten verehren Asketen der Nitrischen Wüste Origenes als ihren geistigen Vater, während Mönche der Sketischen Wüste sich an seiner Gnosis ärgern und ihn als heimlichen Vater der Arianer verdächtigen. Bischof Theophilus von Alexandrien gibt schließlich dem Drängen der sketischen Mönche nach und läßt Origenes 399 auf einer ägyptischen Synode verurteilen. Rom schließt sich an. Etwa 50 führende Origenesfreunde Ägyptens suchen Schutz bei Chrysostomus in Konstantinopel.

---

235 Deutsche Übers. in: BKV, Methodius von Olympus, Gastmahl oder Jungfräulichkeit (1911).

236 Deutsche Übers. in: BKV, Epiphanius, Panarion (Arzneimittelkasten).

237 Vgl. sein Werk Panarion = Arzneikasten gegen 80 Häresien, für die ältere Zeit hauptsächlich aus Irenäus und Hippolyt geschöpft.

Die ökumenischen Konzile der Alten Kirche

1. 325 zu **Nicäa:** Jesus Christus ist das Wort Gottes (der Logos). Er ist aus Gott geboren (gezeugt) und nicht erschaffen. Er ist mit dem Vater wesens**eins.**
2. 381 zu **Konstantinopel:** Dreieinigkeits-Lehre: Gott ist **ein** Wesen in drei Verwirklichungsgestalten (Hypostasen). Homoousios bedeutet jetzt wesensgleich. Ertrag der kappadozischen Väter!
3. 431 zu **Ephesus:** Maria ist Gottesmutter. Verurteilung der Nestorianer (→ Sezessionstendenzen verstärkt).
4. 451 zu **Chalcedon:** Die zwei Naturen in Christus sind unvermischt und ungetrennt. Kanon 28: Die Bischöfe von Rom und Konstantinopel haben den gleichen Rang!
5. 553 zu **Konstantinopel**, unter Justinian: Drei Kapitel; Origenes verurteilt!
6. 680 zu **Konstantinopel:** Jesus Christus hat zwei Willen, der menschliche gehorcht dem göttlichen. Papst Honorius verurteilt!
7. 692 zu **Konstantinopel:** Ergänzung zu Nrn. 5 und 6. Kein Zölibatszwang für Priester und Diakone, keine Abbildung Christi als Lamm. Differenzen zum Westen auch hinsichtlich Kirchenrechtsquellen (alte Kirchenordnungen etc.).
8. 787 zu **Nicäa:** Bilderverehrung ja! Synode zu Frankfurt unter Karl d. Gr. und Alcuin: nein!

II. VON DER KONSTANTINISCHEN WENDE BIS ZUM ENDE DES WESTRÖMISCHEN REICHES

12. Die Konstantinische Wende[238]

Die Reichsvierteilung durch Diokletian

Schon um 250 ist das Christentum an Bedeutung und Zahl seiner Bekenner so sehr gewachsen, daß sich die Heiden und der heidnische Staat irgendwie bedroht fühlen. Man schätzt die damalige Zahl der Christen in Rom auf mindestens 30.000 bei einer Bevölkerung von gegen 1,5 Mio. Das sind zwar nur zwei bis drei Prozent, doch diese Minderheit hat innere Kraft. In der Osthälfte des Reiches ist die Dichte der Christen erheblich größer. Ein Mann wie Origenes demonstriert durch sein Leben und sein bekennendes Sterben, daß sich christlicher Glaube und antike Bildung durchaus zur höheren Einheit verbinden können. In der langen Friedenszeit von 260-300 wenden sich zunehmend auch Personen aus den höheren Ständen dem christlichen Glauben zu. Der Staat arrangiert sich und entbindet die christlichen Beamten von den Opferverpflichtungen. Die Bischöfe erfreuen sich achtungsvoller Behandlung seitens der Provinzstatthalter. Immer häufiger steigen Christen in höchste Verwaltungsposten auf, weil sie als zuverlässig gelten. Auch am Hof wächst die Zahl der christlichen Bekenner. Diokletians Frau Priska und ihre Tochter Valeria bekennen sich beide zum christlichen Glauben. Gegenüber der Kaiserpfalz in Nikomedien bauen die Christen auf ragender Höhe eine stolze Kirche. Der Kaiser schaut grollend hinüber, doch er schweigt.

---

[238] Quellen: Eusebius, Kirchengeschichte und Eusebius, Leben Konstantins (= Bde. in BKV 1913 bzw. 1932); ferner: Lactantius, Von den Todesarten der Verfolger und Lactantius, Vom Zorne Gottes (= BKV 1915); E. Dassmann, Kirchengeschichte II/1. Konstantinische Wende und spätantike Reichskirche (1996). E. v. Mühlenberg (Hg.), Die Konstantinische Wende (1998).

Auf der andern Seite ist auch das Heidentum nicht völlig erschlafft. Seine Vertreter spüren richtig, daß der zunehmende Einfluß der Christen am Hofe und in der Gesellschaft die heidnische Religion bedroht. Gewiß machen die Christen im Westen nur einen winzigen Bruchteil der Bevölkerung aus, und auch im Osten liegt ihr Anteil noch weit unter der Hälfte. Aber die Christusjünger haben doch etwas Unheimliches an sich, zumal für eine Kultur im Niedergang. Sie behaupten offen, Jesus Christus sei das Ende der Religionen. So sind die Christen für das labile und gefährdete Reich in den Augen der Regierung eine zusätzliche Bedrohung.

Von 284-305 herrscht der starke Kaiser **Diokletian**[239]. Er verlegt seine Residenz von Rom in den Osten. Um das zerfallende Reich neu zu ordnen, gliedert er es 293 in vier Teilgebiete. Er selber herrscht als Augustus im Osten mit Sitz in **Nicomedia**. In Kleinasien, Syrien, Palästina und Ägypten unterstehen ihm 29 Legionen. Mitkaiser und Augustus des Westens ist sein Freund, der Haudegen Maximian, mit Sitz in Mailand. Dessen zwölf Legionen sichern das Reich an der oberen Donau und in Afrika.

Zur Entlastung der Kaiser werden auch **zwei Unterkaiser** (Cäsares) eingesetzt: **Galerius** im Osten mit Sitz in **Simrium**[240]. Seine Legionen stehen an der unteren und mittleren Donau und auf dem Balkan. Der vierte Mitregent, der Cäsar **Constantius Chlorus**, herrscht über Britannien, Gallien, Spanien und Teile von Marokko. Seine Truppen sind zur Hauptsache im nördlichen Gallien und in Britannien stationiert. Seine Residenzstadt ist **Trier**. Hier leben nebst den Beamten des kaiserlichen Hofes noch 2000 Verwaltungsbeamte der gallischen Präfektur. Mit ihren 80.000 Einwohnern ist Trier im 4. Jahrhundert - nach Rom, Konstantinopel und Alexandria - die

---

[239] Sohn einer dalmatischen Sklavin und eines freigelassenen Sklaven. Geburtsort Dioklea bei Cattaro.

[240] Liegt heute an der Autobahn ca. 60 km westlich von Belgrad.

viertgrößte Stadt des Reiches. Der Ort verfügt über ein Amphitheater mit 20.000 Plätzen, Keller für Raubtiere und Gladiatoren sowie über eine Wagenrennbahn (Circus Maximus). Die Thermen von Trier sind die größten außerhalb Roms. Schon im 3. Jh. gibt es in Trier ein Bistum.

Zuerst läßt Diokletian die Christen unbehelligt. Christliche Beamte werden nicht gezwungen, an heidnischen Festen und Veranstaltungen teilzunehmen. Erst gegen Ende seiner Regierungszeit hört er vermehrt auf seinen Cäsaren Galerius, einen erklärten Feind der Christen.

Der große Entscheidungskampf

Eine genaue Darstellung des Verlaufs geben uns zwei christliche Zeitgenossen. Der eine ist **Lactantius**[241], Lehrer der Beredsamkeit in Nikomedia, der die Vorgänge mit eigenen Augen gesehen hat. Bald nach 316 verfaßt er sein Werk "Über die Todesarten der Verfolger". Er schildert darin das schreckliche Ableben der die Christen jagenden Kaiser: Nero, Domitian, Maxentius, Galerius oder Diokletian. Ihr schauerliches Sterben ist die gerechte Gottesstrafe für ihr Wüten gegen die Christen.

---

[241] **Laktanz**, Rhetoriklehrer aus Nordafrika am kaiserlichen Hof. Kurz vor der Verfolgung Hinwendung zum christlichen Glauben. Er verliert bei Ausbruch der Verfolgung sein öffentliches Amt. Aus nächster Nähe erlebt er bei großer Armut die furchtbaren Stürme. Er schreibt kurz nach dem Tode Diokletians (316) **de mortibus persecutorum** = Über die Todesarten der Verfolger. Um 317 ruft ihn Konstantin nach Gallien zur Unterweisung seines Sohnes Crispus. Vgl. J. Moreau, Lactance. De la mort des persécuteurs (Text, Übers. Komm.); Dt. Übers. in BKV (2.A.1919).

Der andere Berichterstatter ist **Eusebius**[242], der die Verfolgung als Assistent des gelehrten Presbyters Pamphilus in Cäsarea erlebt. Buch VIII seiner Kirchengeschichte ist ganz diesem Thema gewidmet.

Die Vorgeschichte

Die Vorgeschichte meldet uns nur Lactanz. Anläßlich einer Orientreise bleibt Diokletian bei einem Orakelopfer ohne göttliche Antwort, weil christliches Personal der Opferhandlung beiwohnt und sich zum Schutz vor den Opferdämonen bekreuzigt. Auch der Chef der Eingeweide-Schauer beklagt sich beim Kaiser, er finde in den Eingeweiden der Tiere keine Vorzeichen mehr. Im darauf folgenden Winter 302/3 besucht ihn sein Cäsar Galerius, der schon längere Zeit eine Christen-Razzia im Schilde führt. Dessen Mutter, Anhängerin eines Kybele Mysterienkultes, schnaubt ebenfalls gegen die Christen. Auch Eusebius bestätigt, daß Galerius die treibende Kraft ist. Diokletian wehrt sich gegen ein gewagtes Unternehmen. Erst als ihm auch ein Orakel zu Didyma[243] grünes Licht gibt, befürwortet er eine allgemeine Verfolgung.

---

[242] Bischof **Eusebius von Cäsarea** (263-339), Schüler des Pamphilus, führt die Bibliothek und Gelehrtenschule, die einst Origenes begründete, weiter. Zur Zeit der Verfolgung ist er Zeuge zahlreicher Martyrien und wird selber um des Glaubens willen inhaftiert. Seine Kirchengeschichte (Historia eklesiastike, bis 324) ist das erste Werk dieser Gattung. Das Werk ist als Quelle einzigartig, weil es eine Fülle von Zitaten heute verlorener altchristlicher Schriften enthält. Seit 324 persönlicher Freund Konstantins, verfaßt er eine Biografie des Kaisers.

[243] In Kleinasien, südlich von Milet. Orakelheiligtum des Apollon Philesios. Die Ruine des riesigen Tempels aus dem 4. vorchristlichen Jahrhundert ist erhalten.

Schlauer Verfolgungsplan

Der Verfolgungsplan gliedert sich in sechs Stufen:
1. Stufe: Säuberung der Armee von Christen, damit dieselbe für die Verfolgung gebraucht werden kann. Christen sollen aus der Armee entlassen werden.
2. Stufe: Alle Gotteshäuser sind zu zerstören.
3. Stufe: Alle Bibelhandschriften sollen verbrannt werden.
4. Stufe: Vornehme Christen - sofern sie hartnäckig bleiben - sollen ihres Ranges und Standes beraubt werden. Man soll ihren Besitz wegnehmen, damit sich keine Christen mehr in ihren Häusern versammeln können.
5. Stufe: Die Priester werden gefangengenommen und zum Opfern gezwungen. Wer sich weigert, bleibt im Gefängnis.
6. Stufe: Die nunmehr hirtenlosen Gläubigen sollen zum Opfern gezwungen werden.

Diokletian glaubt zuversichtlich, der schlaue Plan lasse sich ohne Blutvergießen durchführen. Als glückverheißender Tag für das große Vorhaben wird der 23. Februar 303, der Festtag eines Grenzgottes, ausersehen. Doch "des Menschen Herz erdenkt sich seinen Weg, aber der Herr allein gibt, daß er fortgehe" (Spr 16,9). Die Ausführungen klappen von Anfang an nicht, das ganze Vorhaben entgleitet den kaiserlichen Händen.

Der Plan entgleitet dem Kaiser

In der Morgenfrühe des 23. Februar erscheint der Polizeihauptmann mit einem Stoßtrupp von Grenadieren vor der Kirche zu Nikomedia. Die Männer brechen die Türe auf, sie verbrennen die Bibelhandschriften und geben die Kirche der Plünderung preis. Weitere Truppen marschieren auf und machen die Kirche dem Erdboden gleich.

Am Tag darauf erscheint ein Edikt, welches den Christen in aller Form den Kampf ansagt. Alle Kirchen sind zu zerstören, alle Handschriften zu vernichten. Wer sich weigert zu opfern, wird umgehend in den Sklavenstand zurückversetzt. Die Verfolgung beginnt in Nikomedia. Die Kaiserin Prisca und ihre Tochter Valeria werden zum Opfern gezwungen. Der Bischof der Stadt verliert seinen Kopf durch das Schwert.

Die große Überraschung des neuen Kurses wird sichtbar am Verhalten eines christlichen Mannes vom kaiserlichen Hofe. Als das Edikt auf öffentlichem Platz angeschlagen wird, reißt er es umgehend nieder. Er realisiert noch gar nicht den Ernst der neuen Lage. Dann aber trägt er die Strafe für sein Tun "heiter und gelassen bis zum letzten Atemzuge"[244]. Euseb fährt fort:

> Wir wollen nur das Lebensende eines einzigen erwähnen und es den Lesern überlassen, daraus das Schicksal der übrigen zu erschließen... als er sich widersetzte, erging die Weisung, ihn nackt in die Höhe zu ziehen und am ganzen Körper mit Geißeln so lange zu zerfleischen, bis er nachgeben würde. Da er aber trotz dieser Martern unbeugsam blieb - die Knochen waren bereits sichtbar - mischten sie sodann Essig mit Salz und gossen es ihm in die schwärenden Teile des Körpers. Und da er auch diesen Schmerz nicht achtete, wurden weiter Rost und Feuer herbeigeschafft, und was von seinem Körper noch übrig war, wie Fleisch, das man zum Essen bereitet, von der Flamme aufgezehrt, nicht auf einmal, auf daß er nicht rasch stürbe, sondern nach und nach. Die Schergen, die ihn auf den Scheiterhaufen gelegt, durften ihn nicht eher wegnehmen, als bis er sich - von den Qualen bezwungen - dem Befehle fügen würde. Doch er blieb fest und gab als Sieger mitten unter den Peinigern seinen Geist auf. Dies war das Martyrium eines der kaiserlichen Diener. Der Märtyrer verdiente seinen Namen, er hieß nämlich Petrus (VIII,6).

---

[244] Eusebius, KG VIII,5.

Auch psychologische Kriegsführung wird gegen die Christen angewendet. Überall ertönt das Gerücht, die Zahl der Verleugner - vor allem unter den Priestern und Bischöfen - sei erdrückend. "So suchten die Feinde der Gottesfurcht den Schein zu erwecken, als hätten sie ihr Ziel erreicht." Natürlich gibt es auch diesmal Christen, die dem Druck nachgeben. Doch die Zahl der Bekenner ist viel größer, als Diokletian erwartet hat. Im Westen schließlich wird das Edikt nur teilweise durchgesetzt. Märtyrer sehen Italien, Nordafrika und vermutlich auch Spanien. Gallien und Britannien bleiben weitgehend verschont.

Diokletian dankt ab

Die Verfolgung hat in den Augen Diokletians nicht den gewünschten Erfolg. Am 1. Mai 305 legt er seine Krone nieder[245] und veranlaßt seinen Mitkaiser, Maximian in Mailand, ein Gleiches zu tun. Automatisch rücken jetzt die beiden Cäsaren zu Augusti auf: Constantius Chlorus im Westen, Galerius im Osten. Als Mitregenten und Cäsaren steigen auf: Im Westen Severus, ein höherer Offizier; im Osten **Maximinus Daja**, ein Neffe von Galerius.

Leer gehen aus: 1. **Maxentius**, der Sohn Maximians. Rasch versteht er es, in Italien die Sache für sich und gegen Severus zu entscheiden. 2. Der junge **Konstantin** eilt zu sei-

[245] Der eigentliche Grund der Abdankung ist unklar. Der 60jährige Diokletian läßt sich unweit seines Geburtsortes (Salona) im dalmatischen Spalato (serbisch Split) eine gewaltige Wohnung mit Palästen, Säulenhallen und Gärten bauen. Die 216 x 175 m große Anlage am Ufer des Meeres kann heute noch bestaunt werden. Von diesem Ruhesitz aus muß Diokletian den Zusammenbruch seines gut ersonnenen Regierungssystems erleben. Er muß mit ansehen, wie seine antichristliche Politik völlig ins Gegenteil umschlägt. Vermutlich im Jahr 316 nimmt sich der alte Kaiser durch Gift das Leben.

nem Vater nach York[246]. Noch rechtzeitig steht er am 25. Juli 305 an dessen Sterbelager. Die väterlichen Truppen rufen ihn zum neuen Augustus aus. Glänzende Siege über die Alemannen und Franken sowie der Bau einer Rheinbrücke bei Köln sichern Konstantin die völlige Ergebenheit seiner Truppen. Damit kommt der Westen für einige Jahre zur Ruhe. Konstantin ist jetzt Augustus von Gallien und Britannien; Maxentius, der Sohn Maximians, wird durch einen Staatsstreich in Rom Augustus von Italien, Spanien und Nordafrika. Konstantin heiratet Fausta, die Tochter des westlichen Augustus Maximian. Er hat sie in Nikomedien kennengelernt, wo sie ihm auf seine abenteuerliche Abreise einen goldenen Helm mitgab. So erhält er quasi obendrein gleich auch noch Maxentius als Schwager[247].

Galerius lenkt ein (311)

Im Osten führt Augustus Galerius mit Daja die Verfolgung weiter. Ja, die Hetze wird jetzt überaus grausam und ruft bei den Verfolgten mutigen Widerstand hervor. In Kleinasien (Phrygien) wird ein ganzes Städtchen umzingelt und eingeä-

---

[246] Konstantin wird in Nikomedien quasi festgehalten als Pfand für das Wohlverhalten seines Vaters im Westen. Als sein kranker Vater ihn zum Kampf gegen die Pikten in Britannien zurückruft und Galerius dazu sein Einverständnis gibt, eilt er nach Boulogne-sur-Mer. In der weisen Ahnung, Galerius könnte seine Zusage widerrufen und ihn zurückholen, läßt er auf allen Poststationen des Weges die Pferde lähmen.

[247] Der alte Maximian versucht dann, seinen Schwiegersohn zu töten. Fausta nimmt zum Schein an der Verschwörung teil und warnt ihren Mann. Konstantin soll im Schlaf getötet werden. Konstantin aber befiehlt einem Eunuchen, sich an seiner Stelle ins Bett zu legen. Er selbst hält sich mit einer Garde im Nebenzimmer verborgen. Als der mörderische Schwiegervater nach seinem blutigen Werk am Eunuchen aus dem Zimmer stürzt und ruft: "Fausta, der Tyrann ist tot!", wird er selber von Konstantins Garde überwältigt.

schert, auch die Frauen und Kinder. Die ganze Einwohnerschaft, samt den Beamten und dem Rat, hat sich geschlossen zu Jesus Christus bekannt[248].

Zu dieser Zeit stirbt auch Pamphilus, der Lehrer von Eusebius und Bearbeiter des Origenes-Archivs in Cäsarea (Palästina). Doch mitten in der Verfolgung verfällt Galerius einem Krebsleiden der Genitalien und des Unterleibes. Am 30. April 311 erläßt Galerius als ältester Augustus im Verbund mit Konstantin und **Licinius**[249] einen **Duldungserlaß** für die Christen;[250] fünf Tage später beschließt er sein Leben.

Die Christenheit jubelt

Eusebius gibt die Stimmung seiner Zeitgenossen mit den Worten wieder: "Im Kampf mit solchen Leiden wurde er sich der Verbrechen bewußt, ...ging in sich und bekannte dem Gott des Alls seine Schuld". Das Toleranzedikt von Galerius vermittelt uns Laktanz[251].

Wie stellt sich die Christenheit zu diesem Edikt? Die Christen antworten mit dem Siegeslied Mirjams am Roten Meer: "Singen will ich dem Herrn, denn hoch erhaben ist er; Roß und Reiter warf er ins Meer" (2. Mose 15,1). Die Gefängnisse und Bergwerke öffnen sich. Scharen von heimkehrenden Krüp-

---

[248] Eusebius, KG VIII,11.

[249] Geb. um 250 in Illyrien, seit 307 Augustus (anstelle von Severus, neben Galerius, Maximinus Daja, Konstantin, Maximian, Maxentius). Nach seinem Sieg über Maximinus Daja (313) Kaiser des Ostens. Konstantins Schwager. Unterliegt 324 Konstantin bei Adrianopel, wird gefangengenommen und 325 getötet.

[250] Laktanz, Todesarten 33,11; Eusebius, KG VIII,17.

[251] De mortibus persecutorum 34.

peln und Geschundenen erfüllen die Straßen. Die Gottesdienste leben wieder auf. "Ein freundlicher und heller, von keiner Wolke getrübter Tag leuchtete nun fortan mit den Strahlen himmlischen Lichtes auf der ganzen Erde über den Kirchen Christi"[252].

Nur zwei Jahre bleibt das Edikt von 311 - auch Drei-Kaiser-Edikt genannt[253] - in Kraft. Im Jahr 313 wird es erneuert durch Konstantin, Kaiser des Westens und Licinius, Kaiser des Ostens. Es ist das sogenannte **Zwei-Kaiser-Edikt** oder das Edikt von **Mailand**. Es bringt für die Christen weitere Fortschritte.

1. Die Bedingung der "öffentlichen Ruhestörung" entfällt.
2. Die durch den Staat beschlagnahmten Güter und Versammlungshäuser der Christen sind diesen zurückzugeben.

Die Kirchen werden von jetzt an als juristische Körperschaft betrachtet. Für die Christen besteht uneingeschränkte Gewissensfreiheit. Erst im Jahr 380 wird aber das Christentum obligatorische Staatsreligion.

Konstantins Kreuzesvision und Sieg

Im Jahr 312 zieht Konstantin mit etwa 40.000 Soldaten beim Mont Genèvre über die Alpen. Bei Turin erschlagen seine Soldaten mit eisernen Keulen die schwere Reiterei des Feindes. In Verona wird die ganze Besatzung, Mann für Mann, gefesselt. Als Ketten dienen ihre eigens dazu umgeschmiedeten Schwerter. Auch Mailand und Modena öffnen ihm die Tore. Unerwartet rasch steht Konstantin vor den

---

[252] Euseb, KG X,1.

[253] Erlassen von Galerius, zugleich im Namen der westlichen Augusti Maxentius und Konstantin.

Toren Roms. Maxentius ist mit etwa dreifacher Übermacht auf die Schlußabrechnung vorbereitet. Er hat die ganze Stadt mit Proviant versorgt und seine gesamte Armee innerhalb der Mauern zusammengezogen. Auch mit den Göttern ist er im klaren[254]. Der bevorstehende Kampf ist für Konstantin ein Alptraum. Für ihn steht alles auf dem Spiel. Er weiß, daß sein Gegner von einer ganzen Menge von Wahrsagern und Magiern umgeben ist. In dieser Lage erlebt er die sogenannte Kreuzesvision.

Konstantin befindet sich nördlich der Stadt. Die Sonne steht im Zenit. Er blickt zum Himmel, überlegend, welchen Gott er anbeten soll. Alle Kaiser seit Diokletian, die auf die Heidengötter gesetzt haben, sind untergegangen. Nur sein Vater, der dem einen großen Gott, dem Sonnengott[255], vertraut hat, ist ruhig gestorben. Unterdessen ist es Nachmittag geworden, die Sonne beginnt sich zu neigen. Konstantin erzählt seinem Freund Eusebius später,

> daß er um die Mittagszeit, als sich der Tag eben zu neigen begonnen, mit eigenen Augen am Himmel, oberhalb der Sonne, das Siegeszeichen[256] eines aus Licht gebildeten Kreuzes und darauf die Inschrift gesehen habe: "In diesem (Zeichen) siege!" Ob dieser Vision sei ihn und sein ganzes Heer, welches Zeuge dieses Wunders ward, ein Schrecken angekommen (Euseb, Leben Konstantins 1,28 f.).

---

[254] Maxentius wagt die Stadt nicht zu verlassen, weil ein Orakel ihm prophezeit hat, er müsse sterben, sobald er ihre Mauern verlasse.

[255] Sol invictus. Kaiser Aurelian baut 274 dem sol invictus einen Tempel. Der Sonnengott wird in allen Teilen des Reichs in wechselnder Gestalt verehrt: in Gallien als Apollo, bei den Truppen als Mithras; er ist der Gott des ganzen Reiches.

[256] Tropaion.

Lactanz berichtet weiter:

> Da erhielt Konstantin im Traum die Anweisung, das himmlische Zeichen Gottes[257] an den Schildern seiner Soldaten anbringen zu lassen und so den Kampf zu beginnen. Er tat, wie er geheißen, und ließ Christus (das Christusmonogramm) mit einem quergestellten X, dessen oberer Arm gekrümmt war, an die Schilde anbringen (Kap. 44).

Wie ist dieser Bericht zu deuten? An der Vision ist nicht zu zweifeln. Euseb hat die Nachricht unmittelbar von seinem Freund Konstantin empfangen. Vielleicht erlebt Konstantin eine eidetische Vision. In bedrängter Stunde projiziert er innere Bilder in die Außenwelt. Die Schwierigkeit dieser Interpretation liegt allerdings darin, daß auch die Soldaten die Erscheinung sehen. Eine Massenvision? Vielleicht. Wem es die Enge seines Weltbildes nicht verbietet, der wird die Möglichkeit offen lassen, daß der Pantokrator Christus auch selber durch ein Zeichen am Himmel Geschichte zu schreiben in der Lage ist. Weshalb eigentlich nicht?

Roß und Reiter warf er ins Meer!

Konstantin ist jetzt seines Sieges gewiß und geht zum Angriff auf die Stadt über. Nun geschieht das Unerwartete. Im selben Augenblick, da Konstantin über den Tiberfluß zu setzen beabsichtigt, öffnet Maxentius die Stadttore. Mit einer Schiffsbrücke zusätzlich zur milvischen Brücke will er den Fluß überqueren und Konstantin außerhalb der Stadt angreifen. Unglücklicherweise lösen sich die Befestigungen der Pontonbrücke; die Schiffe kippen, und Maxentius ertrinkt im Tiber. "Roß und Reiter warf er ins Meer!" (Euseb).

[257] caeleste signum dei.

Konstantin gewinnt die Schlacht. Der Kopf von Maxentius wird auf einer Lanze durch die Straßen der Stadt getragen[258]. Konstantin wird im Triumph in Rom empfangen. Senat und Volk von Rom bauen dem neuen Kaiser 315 am Anfang der Via Appia einen Triumphbogen und räumen ein, daß der "fromme, glückliche, erhabene Konstantin auf die Eingebung der Gottheit hin mit gerechten Waffen den Senat an dem Tyrannen gerächt" habe. Fortan gibt es im Reich nur noch zwei Kaiser (Augusti): Konstantin im Westen und sein Schwager Licinius im Osten. Das kühle Einvernehmen zwischen beiden währt indessen nur kurze Zeit; früher oder später muß es zur Entscheidung kommen. Licinius tritt mehr und mehr auf die Seite der Heiden. 323 kommt es zum offenen Krieg. Es ist zwar kein Religionskrieg, trotzdem entscheidet er über die Zukunft des Christentums wie des Heidentums. Licinius wird geschlagen, und Konstantin ist ab 324 der unbestrittene Kaiser des ganzen Römerreiches.

Konstantin - Heuchler oder Christ?

Jacob Burckhardt meinte, Konstantins Wandel zum Christentum sei nichts weiter als ein Akt militärischer Schlauheit. Konstantin sei kein Christ, sondern ein Heuchler, der die Kirche politisch mißbrauche. Sein Freund Eusebius, dem wir außer der Kirchengeschichte auch eine Lebensbeschreibung Konstantins verdanken, betreibe reine Lobhudelei und Bauchpinselei. Diese Ansicht ist quellenwidrig und heute völlig

[258] Die Bevölkerung litt gemäß Euseb unter Maxentius. Der Unzüchtling ließ angeblich Frauen aus ihren Wohnungen in seinen Palast abführen, um sich an ihnen zu vergehen. Die christliche Frau eines Statthalters soll sich gar selbst getötet haben, als ihr das genannte Schicksal bevorstand.

überholt[259]. Konstantin verehrt wie schon sein Vater den höchsten Sonnengott[260]. In den Christen sieht er Geistesverwandte, die zu verfolgen er für völlig sinnlos hält. Eusebius streicht in der Tat die guten Seiten des Kaisers hervor, sagt dies aber auch offen (1,11). Die Kreuzesvision bewirkt in Konstantin zwar keine Bekehrung, aber der Kaiser ist völlig überzeugt, daß Jesus Christus, der Gott der Christen, ihm den Sieg gegeben habe. Zu ihm betet er fortan, nachdem er in Gallien noch den Gott Apollo als Sol invictus angerufen hat.

Konstantin verbietet, sein eigenes Bild in den heidnischen Tempeln aufzustellen und zu verehren. In seinem Palast richtet er eine Art Kirche ein, wo er eifrig in der Bibel liest und sie in gemeinsamen Hausgottesdiensten den Hofangestellten auslegt. Auch verfaßt er ein Gebet für die Soldaten.

Konstantin läßt sich erst 337 auf dem Sterbebett taufen. Dies spricht nicht gegen seine religiöse Ehrlichkeit. Die damalige Kirche lehrt, daß mit der einmaligen Taufe alle Sünden abgewaschen werden. Konstantin weiß offenbar genau, wieviel er in seinem Leben als Kaiser gesündigt hat. Schon seine politische Karriere geht über Leichen: sein Schwiegervater, der alte Maximian, sein Schwager Maxentius und der Gemahl seiner Schwester, Licinius, müssen sterben. Dies wäre ja für einen Militärmann wie Konstantin noch halbwegs verständlich. Doch

---

[259] J. Burckhardt, Die Zeit Constantins des Großen (1853) = Ges. Werke II (1929); Jakob Burckhardt war ein Freund Friedrich Nietzsches. Anders H. Kraft, Kaiser Konstantins religiöse Entwicklung (1955): "Die Erdichtung von Visionen paßt nicht zu dieser Persönlichkeit; es gibt nirgends auch nur den leisesten Hinweis dafür, daß dem Kaiser sein Erwählungsglaube nicht ernst gewesen wäre" (S. 16); H. Kraft, Konstantin der Große (1974); B. Bleckmann, Konstantin der Grosse (1996).

[260] Daß schon Konstantius Chlorus mit dem christlichen Glauben sympathisierte, ist gut möglich. Eine Tochter aus zweiter Ehe trägt jedenfalls den christlichen (und jüdischen) Namen Anastasia.

326 läßt er auch seinen Sohn Crispus aus erster Ehe ermorden und seine Gemahlin Fausta im Bade ertränken. Möglicherweise kam es zwischen Crispus und seiner Stiefmutter zu unerlaubten Beziehungen (Zosimus). Dann rettet der Kaiser mit den Strafen die Ehre seiner Familie. Ansonsten bleiben Fragezeichen, doch fiele Konstantin als Kaiser damit nicht sonderlich aus der Reihe seiner Vorgänger und Zeitgenossen.

Konstantin bleibt Pontifex maximus

Wichtige Grundzüge in Konstantins Kirchenpolitik sind Geduld und Vorsicht. 312 wendet sich Konstantin dem christlichen Glauben zu. Er wird aber kein feuriger Missionar, sondern bleibt Politiker und Stratege. Wohl wissen es alle im Reich, daß Konstantin seine Siege dem Gott der Christen verdankt. Aber er greift das Heidentum nicht an. Er tritt ein für Religionsfrieden im Reich. Innerlich steht er dem Christentum nahe. Er beläßt aber das Heidentum als offizielle Staatsreligion. Er bleibt pontifex maximus, d.h. (zu nichts verpflichteter) oberster Priester des Staatskultes, für den er auch finanziell aufkommen muß. Doch wehrt er sich gegen den Kaiserkult.

Konstantin begünstigt die Kirche

Die **Bevorzugung** der christlichen **Kirche** durch Konstantin zeigt sich in folgenden Punkten:

1. Die christlichen Bischöfe, Priester und Diakone werden - wie das heidnische Kultpersonal - von allen öffentlichen Lasten und **Steuern**[261] befreit.

[261] Die Kleriker sind also frei von den drückenden Pflichten der Vermögenden zur Haftung für alle städtischen Ausgaben. Dieses Privileg genießen nur Stände im öffentlichen Dienst, z.B. die Feuerwehr, Reeder.

2. Kreuzigung als Todesstrafe und Brandmarkung im Gesicht der zu Zwangsarbeit Verurteilten sind verboten, denn der Mensch ist das Ebenbild Gottes.
3. Am 3. März **321** wird der **Sonntag** zum allgemein verbindlichen Feiertag erklärt[262]. Die Arbeit der Richter, Beamten und der Stadtleute soll ruhen. Die Soldaten sollen den Tag des Herrn feiern. Selbst die Heiden müssen an diesem Tag aufs Feld und ein auswendig gelerntes Gebet aufsagen: "Dich allein erkennen wir als Gott und König, dich rufen wir als unseren Helfer an. Von dir haben wir die Siege erlangt. Durch dich die Feinde überwunden. Dir danken wir das Gute, das wir bisher empfingen. Von dir erhoffen wir das Zukünftige. Zu dir flehen wir alle und bitten dich: bewahre du uns unseren Kaiser Konstantin und seine Gott liebenden Söhne für lange Zeiten wohl erhalten und siegreich." - Hingegen ist es zumal am Sonntag gestattet, vor dem Bischof "im Schoße der Kirche" Sklaven die Freiheit zu schenken. Auch anderes Gutes darf verrichtet werden, zum Beispiel ist es erlaubt, die Felder zu bestellen[263].
4. Nach seinem Sieg über Licinius (324) fühlt sich Konstantin als erwähltes Werkzeug Gottes (vita 2,28 u. 4,24). Er ermuntert seinen Freund Eusebius und die Bischöfe, Kirchen zu bauen[264]. Konstantin selber stiftet Prachtskirchen in Nikomedien und Antiochia (vita 3,50). Im Westen leitet er vor allem in Rom eine Ära grandioser **Kirchenbauten** ein; errichtet wird zum Beispiel die Petersbasilika.

---

[262] Dies solis; dies dominicus erscheint 386. Daraus einen dem Sonnengott gewidmeten Tag abzuleiten, fiele völlig aus dem Gesamtzusammenhang. Vgl. W. Rordorf, Sabbat und Sonntag in der Alten Kirche (1972).

[263] Zitat bei Euseb, vita Const. IV,18 ff.; W. Rordorf, Sabbat und Sonntag in der Alten Kirche = Traditio Christiana 2 (1972).

[264] Eusebius, vita Constantini II,46.

Es werden jetzt überall - in Nikomedia, Antiochia und im Heiligen Land - stattliche Basiliken gebaut, die das äußere Bild der Städte zunehmend mitprägen. Reiche Mittel dazu fließen auch aus der Tasche seiner Mutter **Helena**[265] (Grabeskirche in Jerusalem, Geburtskirche in Bethlehem). Die großartigsten Kirchen errichtet Konstantin in der neuen Reichshauptstadt **Konstantinopel**, dem alten Byzanz, heute Istanbul. Die neue Hauptstadt wird am 1. Mai 330

---

265 **Helena**, die ehemalige Herbergswirtin (Ambrosius), war mit Konstantius Chlorus nicht legitim verheiratet, da Ehen zwischen höheren Offizieren und einheimischen Frauen der Provinzen verboten waren. Wenige Jahre später trennt sich Konstantius von ihr, um sich im Zuge der diokletianischen Politik mit Theodora, der Stieftochter Maximians, zu vermählen.

Als Alleinherrscher kann Konstantin Helena später die Rolle der ersten Frau im Reich zuweisen. Durch ihn findet sie auch den Weg zum christlichen Glauben. Die betagte Helena unternimmt - als Bußfahrt für Fausta? - eine **Pilgerreise** nach Jerusalem. Auf der Stelle der alten Schädelstätte hatten die Römer eine Terrasse mit einem Hain angelegt und der Aphrodite einen Tempel gebaut. Mit der Hilfe eines Jerusalemplanes aus dem 1. Jahrhundert werden an der vermuteten Stelle durch ein Heer von Arbeitern Häuser, Mauern, Aphrodite-Tempel und Schutt abgetragen (Euseb, vita III,26 f.). Das Geld spielt keine Rolle; Helena selbst ist Millionärin, und Konstantin widmet dem ganzen Unterfangen das Vermögen seiner unglücklichen Fausta. Nach wochenlanger Arbeit wird der nackte Kalvarienfels (Schädelstätte) freigelegt. Von drei zufällig gefundenen Kreuzen in einer verschütteten Zisterne erweist sich das eine als das **Kreuz** Christi, weil eine todkranke Frau bei dessen Berührung auf der Stelle gesund wird. Teile des Kreuzes sollen zuerst nach Rom, Konstantinopel (und Jerusalem) gelangt sein. Cyrill von Jerusalem schreibt 347: "Der ganze Erdkreis ist voll von Splittern des Kreuzes Christi."

Helena läßt drei Kirchen bauen, eine zu Ehren der Passion Christi, eine zu Ehren des heiligen Kreuzes, eine zu Ehren der Auferstehung. Die heutige **Grabeskirche** - von den Kreuzfahrern erbaut - umschliesst alle drei Stätten.

In Bethlehem, wo schon Origenes die Geburtsgrotte besucht hat, läßt Helena eine Basilika erbauen usw. (Eusebius, Leben Konstantins III,41-47; Die Sage der Kreuzauffindung berichtet erst Rufin, h. e. X,7,8). Vgl. M. Biddle, Das Grab Christi (1998).

Roms Rivalin, für die sich Konstantin aus strategischen, aber auch aus politischen und religiösen Gründen entschieden hat[266]. Das "neue Rom" soll als christliches Gegenbild zum alten, heidnischen Rom erstrahlen[267]. Für die Kirchen der neuen Stadt läßt der Kaiser 50 Bibeln herstel-

[266] **Konstantinopel strategisch**: Vom Land her kann die Stadt nur auf einer Seite angegriffen werden, für die andern drei Seiten braucht es eine Flotte. **Politisch**: Konstantin mißtraut Rom als einer Brutstätte von Verrat. **Religiös**: In Rom ist das Heidentum, zumal bei einflußreichen Familien, noch tief verwurzelt. Konstantin hatte ein nächtliches Gesicht, das ihm den Ort für die neue Stadt zeigte (Sozomenos, Kirchengeschichte II,3). Byzanz ist damals bereits eine 1000jährige Siedlung (Dorische Gründung).

[267] Rom zu "verchristlichen" wäre baulich und politisch unmöglich. Die Zahl der Statuen und Tempel ist hier Legion! Rom ist durch das Heidentum geworden, und die alten Adels- und Senatorenfamilien halten - teils bis ins 5. Jahrhundert - zäh am alten Glauben fest. Das Heiligtum Jupiters krönt noch das Kapitol, als die Vandalen die Stadt heimsuchen (455).

Beim Umbau des alten **Byzanz** in **Konstantinopel** werden die Tempel teils verkirchlicht, teils anderen öffentlichen Zwecken zugeführt. Konstantin stiftet u. a. die Michaelskirche und die berühmte Sophienkirche, die von Justinian 538 völlig neu gebaut wird. Mehrere hundert Standbilder aller Art – teils aus Italien und Griechenland geraubt – zieren die neue Stadt. Das neue Rom steht auch auf sieben Hügeln, es beherbergt wie Rom eine Pferde- und Wagenrennbahn (Hippodrom) sowie Theater, Thermen und Kapitol. Und der Kaiser unterläßt es nicht, auch sich selber in einer kolossalen goldenen Statue zu verewigen. Vornehme Familien werden durch großzügige Schenkungen von Ländereien angelockt, das gewöhnliche Volk teils zwangsweise angesiedelt. Nach den Angaben von Chrysostomus zählt die Stadt im 4. Jahrhundert etwa 100.000 Einwohner. Konstantinopel rettet die östliche Reichshälfte vor dem Untergang; es schirmt später Europa lange Zeit vor gefährlichen Feinden; und endlich wird es zum Zentrum einer neuen Kultur. Erst 1453 fällt es in die Hände der Türken und wird zur Hauptstadt der Türkei. Atatürk macht Ankara zur neuen türkischen Hauptstadt. Konstantinopel heißt seit 1930 Istanbul.

len[268]. Durch den Bau der Stadt legt Konstantin freilich den Grundstein für die spätere Spaltung der westlichen und der östlichen Christenheit.

5. Unter Konstantin wird am 25. Dezember (336?) erstmals das **Weihnachtsfest** gefeiert[269]. Das Fest verdrängt den

---

268 Euseb, Leben Konstantins, IV,36.

269 Die Kirche der ersten zwei Jahrhunderte denkt nicht daran, den Geburtstag Christi als Fest zu feiern. Vielmehr werden die Todestage der Heiligen und Märtyrer als Geburtstage (natales dies) begangen. Nur Gottlose wie Pharao oder Herodes (1. Mose 40,20; Mt 14,6) feiern den Geburtstag als Freudenfest. Der Geburtstag Jesu als solcher wird von Hippolyt (ca. 220) in seinem Danielkommentar mit dem **25. Dezember** angegeben, vermutlich 9 Monate nach der Frühlings-Tag- und Nachtgleiche. Der 25. März wird als Tag der Weltschöpfung und der Empfängnis Mariae angenommen. - Bis in die Zeit Konstantins ist der 25. Dezember auch der Geburtstag der "unbesiegbaren Sonne", des Schirmherrn des Reiches. Noch im Stadtkalender des Jahres 354 ist der "Natalis Invicti" verzeichnet. Faktisch triumphiert aber die neue "Sonne der Gerechtigkeit" (Maleachi 3,20) über den sinkenden Götterhimmel.

In der Ostkirche wird die Erscheinung Gottes auf Erden am **6. Januar** gefeiert; zuerst bei ägyptischen Gnostikern als Fest der Taufe Christi, weil er da den göttlichen Geist empfing.

Ursprünglich ist die Nacht vom 5./6. Januar eine Nachtfeier im Tempel der Jungfrau Kore, begangen mit Flötenspiel und Gesang. Beim Hahnenschrei ziehen die Teilnehmer unter Fackelschein in ein unterirdisches Heiligtum und feiern mit rauschenden Hymnen und Gesang ein hölzernes Götterbild. In dieser Stunde des Mysteriums gebiert die göttliche Jungfrau den Aion, das ist die Personifikation der Ewigkeit. Diese Geburtsfeier des Aion aus der Jungfrau Kore wird zur Geburtsfeier des Gottessohnes aus der Jungfrau Maria. Der 6. Januar ist in Ägypten aber auch der Tag, an dem das Wasser des Nils heilige Kraft empfängt. Die Ägypter füllen ihre Krüge und bewahren es in ihren Häusern auf als Wunderkraft wider alles Böse und Kranke. Solche Wunder vollbringt indessen nur Christus, weil er am Tag seiner Taufe das Wasser geheiligt hat. So wird Epiphanie auch von da her zum Tauffest Christi. Übrigens auch zum Tag der Hochzeit von Kana, wo er Wasser in Wein verwandelt.

Auch Gallien (Athanasius in Trier!) und Spanien kennen diesen Brauch im 4. Jh. In Rom und Afrika ist das Epiphanienfest unbekannt.

Sonnenkult und eine ganze Reihe heidnischer Freudenfeste in der zweiten Hälfte des Monats Dezember (Saturnalien).

6. Konstantin diskutiert gern und viel mit christlichen Gelehrten; Ammianus Marcellinus wirft ihm vor, er sei mehr von Bischöfen als von Politikern umgeben. Er übernimmt den Ehrenvorsitz beim ersten ökumenischen Konzil zu **Nicäa** und setzt mit seinem Gewicht das orthodoxe Bekenntnis durch, die Tragweite der verschiedenen Formulierungen wohl kaum auslotend.
7. Konstantin engagiert sich als Politiker für die Einheit der Kirche. Seine Geduld mit den **Donatisten** zeigt zugleich seine innere Anteilnahme am Wohl der Kirche.
8. Als Alleinherrscher (324) erneuert Konstantin das **Toleranzversprechen** - doch nun **den Heiden** gegenüber. Die Heiden "sollen die Tempel ihres Trugs nach ihrem Willen behalten; wir aber haben das lichte Haus deiner Wahrheit"[270]. Bereits ein Jahr früher droht jedem die Auspeitschung oder eine schwere Geldstrafe, der versucht, einen Christen zu einem heidnischen Opfer zu zwingen.
9. Konstantin läßt sich sterbend, wahrscheinlich durch Eusebius von Nikomedien, auf seinem bescheidenen Landsitz Achyron bei Nikomedien **taufen**. Gern hätte er sich noch zum Jordan bringen lassen, um im gleichen Wasser wie Jesus getauft zu werden.

Das Christentum ist gesetzlich noch nicht offizielle, sondern nur erlaubte Religion. Aufs Ganze gesehen aber wird die rechtliche Benachteiligung der Kirche gegenüber dem Heiden-

Gegen 400 übernehmen die meisten Kirchen des Ostens das Weihnachtsfest; der 6. Januar wird zum Tag der drei Könige. Die Gregorianische Kalenderreform 1582 (Wegfall von 10 Tagen) führt wieder zur Diskrepanz von östlichem und westlichem Weihnachtsdatum. Vgl. Ingeborg Weber, Das Weihnachtsfest (1978).

[270] Euseb, Leben Konstantins, 2,56.

tum durch das persönliche Eintreten des Kaisers mehr als wettgemacht.

Es ist der Wunsch des Politikers Konstantin, das Reich ohne Wirren und Durcheinander einer neuen inneren Ordnung entgegenzuführen. Das Christentum ist - vor allem im Westen -noch weit davon entfernt, die Mehrheit der Reichsbevölkerung zu vereinigen.

Konstantin und die Donatisten[271]

Lucilla und die Unzufriedenen

Die afrikanischen Theologen waren schon immer aus hartem Holz geschnitzt. Der Montanismus, zu dem Tertullian seinerzeit übertrat, war in der zweiten Hälfte des 3. Jahrhunderts keineswegs verschwunden. Auch landschaftliche bzw. völkische Gegensätze spielen eine Rolle, namentlich zwischen Numidien (Algerien) und der eigentlichen Provinz Afrika (Tunesien). In Karthago ist das Haus einer reichen Dame namens **Lucilla** der Treffpunkt der Unzufriedenen. Lucilla ist nicht nur sehr fromm, sie stellt ihre Frömmigkeit auch gekonnt zur Schau. Vor dem Genuß des Abendmahls pflegt sie demütig die mitgenommene Knochenreliquie eines Märtyrers zu küssen. Dem Archidiakon Cäcilian wird dieses Gebaren allmählich zu

[271] H. v. Soden, Urkunden zur Entstehungsgeschichte des Donatismus (2.A.1950). Für die Überreste der donatistischen Literatur: Duchesne, Le dossier de Donatisme (1890). P. Monceau, Histoire littéraire de l'Afrique chrétienne V (Paris 1920). Bischof Optatus von Mileve in Numidien schrieb um 368 sieben Bücher "De schismate Donatistarum adversus Parmenianum" = CSEL 26, ed. C. Ziwsa (1893).
W.H.C. Frend, The Donatist Church (London 2.A.1971); E. Tengström, Donatisten und Katholiken (Stockholm 1964); B. Kriegbaum, Kirche der Traditoren oder Kirche der Märtyrer? (1986).

bunt, zumal der betreffende Märtyrer von seiner Kirche gar nicht anerkannt ist. Er kritisiert Lucilla, was ihm die demütige Dame nie mehr vergißt.

Nun muß im Jahr 312 für den verstorbenen Bischof **Mensurius** in Karthago ein neuer Bischof gewählt werden. Mensurius war während der diokletianischen Verfolgung ein gemäßigter Mann, der sich deutlich gegen eine bisweilen hervortretende Martyriumssucht seiner Gemeindeglieder aussprach. Sein erster Diakon, **Cäcilian**, unterstützte ihn in dieser Haltung. Erwartungsgemäß wird Cäcilian als neuer Bischof erkoren und von vier Nachbarbischöfen in sein Amt ordiniert.

Vermag ein Todsünder zu taufen?

Mit der Wahl Cäcilians bricht der Donatistenstreit auf. Unter den einsegnenden Bischöfen befand sich auch Felix von Aptunga. Dieser wird von den Gegnern Cäcilians beschuldigt, während der Verfolgung Heilige Schriften an die Häscher ausgeliefert zu haben. Felix ist somit nach damaligem Verständnis ein Todsünder. Umgehend melden sich nun Lucilla und ihre Freunde samt der numidischen Partei. Unter dem numidischen Bischof **Donatus** tritt ein Konzil von etwa 70 Bischöfen zusammen. Es beanstandet die Wahl Cäcilians. Dieser ist bereit, sich von numidischen Bischöfen nochmals weihen zu lassen, was indessen mit Hohn quittiert wird. Stattdessen wählen die Bischöfe Lucillas Hauskaplan, **Maiorinus,** als Gegenbischof. Eine namhafte Geldspende dieser Dame von 400 Folles, das wären heute fast hunderttausend Euro, gehört am Rande mit zum Ritual. Der aufgebrochene Gegensatz in der Stadt verpflanzt sich nun auch ins Hinterland. So spalten sich die afrikanischen Christen samt ihren Bischöfen in zwei Lager: Hier die Freunde des Cäcilian, dort die Anhänger von Maiorinus. Doch bald darauf stirbt Maiorinus. Im Sommer 313 wird Donatus, der eigentliche Kopf der Opposition, sein Nachfolger.

Konstantin zeigt Geduld

Diese Lage findet Konstantin vor. Welcher Partei soll er nun - gemäß Mailänder Edikt - das konfiszierte Kirchengut zurückgeben? Der Kaiser beruft ein Schiedsgericht von Bischöfen nach Rom. Cäcilian soll mit 10 befreundeten und mit 10 gegnerischen Bischöfen erscheinen, außerdem werden noch 15 italienische Bischöfe eingeladen. Ende September 313 tagt die Synode im **Lateranpalast**, der einst der Familie Laterani gehörte und jetzt der Kaiserin Fausta zur Verfügung steht. Es gelingt den Donatisten nicht, ihre Behauptung gegen Felix und Cäcilius zu belegen. Hingegen wird Donatus seinerseits der Ordination gefallener Bischöfe sowie der Wiedertaufe angeklagt und exkommuniziert. Die Synode schlägt vor, in Afrika sei in allen Gemeinden, wo Streit herrsche, derjenige Bischof anzuerkennen, der zuerst gewählt worden sei. Doch die Wurzeln des Streites liegen tiefer. Der alte Bischof Mensurius vermochte die Spannungen in der nordafrikanischen Kirche eben noch zu bewältigen. Was jetzt aufbricht, gleicht einem Vulkan.

Konstantin ist immer noch zuversichtlich, das Problem auf dem Verhandlungsweg zu lösen. Auf den 1. August **314** lädt er Vertreter beider Parteien zu einem Konzil nach **Arles**. Die Geladenen dürfen mit kaiserlicher Post samt amtlicher Verpflegung über Spanien nach Südfrankreich reisen. Es erscheinen 8 afrikanische Bischöfe sowie 35 Vertreter aus Gallien, Italien, Dalmatien, Spanien, Sizilien, Sardinien und Britannien. Das Konzil hält fest, daß es seine Beschlüsse "in der Gegenwart des Heiligen Geistes und seiner Engel"[272] gefaßt habe. Es verurteilt die Donatisten und erklärt Bischofsweihen grundsätzlich auch dann für gültig, wenn ein Traditor mitgewirkt habe. Es lehnt zudem die Wiedertaufe von Ketzern ab und wünscht dringend einen einheitlichen Ostertermin für die

[272] praesente spiritu sancto et angelis eius (Mirbt, Nr. 99).

ganze Kirche. Einen Bericht seiner Beschlüsse sendet es dem römischen Bischof Silvester mit der Bitte, dieselben überall bekannt zu machen, da er ja "die größten Gebiete unter sich habe". Er wird fast wie der Ehrenvorsitzende des Abendlandes behandelt.

Was hat der Kaiser mit der Kirche zu schaffen?

Die Donatisten lehnen das Urteil ab und appellieren erneut an den Kaiser. Konstantin fordert Cäcilian auf, nochmals nach Rom zu kommen. Doch Cäcilian erscheint nicht. Vielleicht fürchtet er, Konstantin stehe nun plötzlich auf der Seite der Donatisten. Jetzt wird der Kaiser zornig und sagt, dann komme er eben selber nach Nordafrika. Nun bekommt es Cäcilian erst recht mit der Angst zu tun und erscheint in Mailand. Der Kaiser erklärt ihn jetzt in aller Form für unschuldig. Seit dem ergebnislosen Verlauf der Arler Synode ist er entschlossen, die donatistische Spaltung mit Gewalt zu lösen. Zunächst beabsichtigt er, selbst nach Afrika zu reisen - der Donatismus bleibt ein afrikanisches Problem. Aufflammende Unruhen veranlassen ihn aber in den Jahren 317-321 zum Einsatz von Truppen. Donatistische Kirchen werden beschlagnahmt, Bischöfe verbannt. Aber Konstantin muß bald erfahren, daß er damit die Lage nur noch verschlimmert. "Was hat der Kaiser mit der Kirche zu schaffen?", fragen die Donatisten. Teile der Donatisten, die sog. **Circumcellionen** (=Wanderpriester), organisieren sich unter einem Bischof zu bewaffnetem Widerstand. Sie nennen sich "milites Christi" und suchen fanatisch das Martyrium im blutigen Kampf mit den Feinden des Glaubens, Heiden und Katholiken. Einzelne bieten sich selbst den Heiden als blutige Opfer für ihre kultischen Feste an oder stürzen sich über Felswände usw. Diese Randerscheinungen sind Ausdruck für die krankhafte Gesamtsituation. Mit den Glaubensfragen verbinden sich sozialrevolutionäre Zustände eines unter römischen Grundherren verelendeten Volkes. Auch aus politischen Gründen will man nicht zur Katholika gehören, die mit dem Kaiser im Bunde steht.

Der Donatismus im Aufwind

Aufs Ganze gesehen darf sich Donatus als Primas von Afrika fühlen. Gegen Ende der Regierungszeit Konstantins versammelt er in Karthago eine Konferenz von 270 Bischöfen, die katholische Seite kommt nur knapp auf diese Zahl. Unter seinem Nachfolger **Parmenian** - er stammt vermutlich aus Spanien oder Gallien - erlebt die Donatistenkirche eine Blütezeit. Der allgemeinen Kirche dagegen fehlt es an Persönlichkeiten.

Das Grundanliegen der Donatisten

Geistlich gesehen sind die Donatisten Nachfolger Hippolyts und der Novatianer. Schon sie fordern im 3. Jahrhundert eine von Todsündern reine Kirche. Bei den Donatisten wird diese Forderung nun allerdings auf den Klerus reduziert. Ist die Wirkung eines Sakraments (z.B. Taufe, Priesterweihe) abhängig vom geistlichen Zustand des Spenders? Cyprian hat diese Frage - im Unterschied zu Stefan von Rom - noch bejaht. Nur Priester der Katholischen Kirche können nach ihm wirklich taufen. Darum kann er eine Häretikertaufe nicht anerkennen. Augustin kommt im Ringen mit dem Donatismus zu einem andern Ergebnis (siehe dort). Die Donatisten halten sich für die wahre Kirche, da es in ihrem Klerus keine Todsünder gebe. Ihre Bischöfe und Priester hätten den Heiligen Geist und könnten deshalb die Sakramente wirkkräftig verwalten. Die allgemeine Kirche hingegen betrachten sie als abgefallen. Darum sind Übertretende erneut zu taufen. Die Katholische Kirche betrachtet im 4. Jahrhundert die Donatisten nicht als Häretiker, sondern als Schismatiker, d.h. die Donatisten haben sich zwar körperlich (organisatorisch-verfassungsmäßig), aber nicht in der Seele (dogmatisch) von der allgemeinen Kirche getrennt[273].

Der Einbruch der arianischen Vandalen im Jahr 429 hat die Kluft zwischen Katholiken und Donatisten verringert. Der jahrhundertelange Streit hat aber der nordafrikanischen Kirche wertvolle Kräfte entzogen. Er hat nach dem Überfall der Mohammedaner den Niedergang der einst so blühenden Kirche sicher begünstigt.

Das zornige Häretikergesetz von 326[274]

Konstantin hat längst erkannt, daß niemand mit Gewalt zu einer bestimmten Form des Glaubens gezwungen werden kann. Die Methoden eines Decius, Diokletian oder Galerius haben versagt. Mit seinem Vater verehrt er den einen höchsten Gott, den Sol invictus. Dieser höchste Gott gibt sich ihm 312 am Himmel als Jesus Christus zu erkennen und schenkt ihm den

---

[273] **Optatus** III,9: "Nobis et vobis ecclesiastica una est conversatio: et si hominum litigant mentes, non litigant sacramenta. Denique possumus et nos dicere: Pares credimus et uno sigillo signati sumus; nec aliter baptizati quam vos. Nec aliter ordinati quam vos. Testamentum divinum pariter legimus: unum deum pariter rogamus... Pars vestra quasi ecclesia est, sed catholica non est (III,10). Optatus geht den Donatisten damit weiter entgegen als es seinerzeit Cyprian gegenüber Novatus tat. Aber auch für ihn sind die Schismatiker eben doch nur eine "quasi ecclesia". Donatus erwidert solches Entgegenkommen freilich nicht, und in Augustin wächst schließlich die Überzeugung, daß diese widerborstigen Schismatiker im Grunde Ketzer seien, die der Staat als krankhafte Spaltpilze zu bestrafen und mit Gewalt in die Kirche zurückzuführen habe (Lk 14,23: cogite intrare!).

[274] H. Doerries, Konstantinische Wende und Glaubensfreiheit, in: Wort und Stunde I (1966) 1-117. F. Winkelmann, Konstantins Religionspolitik und ihre Motive im Urteil der literarischen Quellen des 4. und 5. Jahrhunderts = Acta antiqua 9 (1961) 239 ff.

Sieg[275]. Jetzt weiß Konstantin: die Zukunft muß mit dem Gott der Christen gewonnen werden. Darum wird die Zukunft auch der Kirche gehören. Eindrücklich ist seine lange Geduld mit den Donatisten. Seine Haltung gegenüber den Heiden ist geprägt von ziemlicher Toleranz. Unvergleichlich härter behandelt er durch ein spezielles Gesetz die "gottlosen Häretiker". Es ist "das zornigste von allen echten Schreiben Konstantins" (Kraft). Konstantins Häretikergesetz des Jahres 326 ist der erste Fanfarenstoß der christlichen Ketzergesetzgebung. Es heißt darin:

> Erkennt nun durch dieses Gesetz, ihr Novatianer[276], Valentinianer, Marcioniten, Paulianer[277], ihr, die ihr nach den Phrygiern zubenannt seid, kurz, alle, die durch ihre besonderen Versammlungen die Sekten bilden, in welche Lügen eure Torheit sich verstrickt hat und mit welch tödlichem Gift eurer Lehre die Gesunden zur Krankheit, die Lebenden zum ewigen Tode gebracht werden... Was sollen wir länger solche Frevel dulden? Unsere lange Nachsicht bewirkt ja nur, daß auch die Gesunden wie von einer pestartigen Krankheit befallen werden... Um aber dieser Heilung den notwendigen Nachdruck zu verleihen, haben wir Befehl gegeben, alle Versammlungsstätten dieses Aberglaubens... zu beschlagnahmen und ohne Einspruchsmöglichkeit und Zeitverzug der katholischen Kirche zu übergeben; die übrigen Örtlichkeiten aber dem Fiskus zuzuführen und euch in Zukunft keinerlei Möglichkeit zu belassen, euch zu versammeln[278].

---

[275] Vgl. das ähnliche Erlebnis des Frankenkönigs Chlodowech in der Alemannenschlacht 497.

[276] Die Novatianer werden milder behandelt, denn sie anerkennen immerhin das Nicänum, und Konstantin hofft auf eine Versöhnung.

[277] Paul von Samosata, ca. 260 Bischof von Antiochien, vertritt eine adoptianische (dynamistische) Christologie; er wird samt seinen Anhängern 268 auf einer antiochenischen Synode exkommuniziert.

[278] Euseb, Vita Konst. III,64.

Von der Märtyrerkirche zur Staatskirche

Das 4. Jh. bringt weitere Zeiten des Niedergangs hinsichtlich des Lebensstandards. Das Land verarmt[279]. Die Zahl der Bevölkerung nimmt ab. Die Kursrichtung heißt Zerfall. Das Volk seufzt unter der hohen Steuerlast für den riesigen Staatsapparat. Hinzu kommen die ständigen Einfälle der Germanen, die plündernd und mordend verschiedene Provinzen durchziehen und Gefangene wegführen. Inmitten dieses Niedergangs wird die Kirche des 4. Jh.s zu einer Zufluchtsstätte der Bedrängten. Freimütig halten Prediger wie Chrysostomus oder Ambrosius auch den Gewaltigen ihre Sünden vor. Auf der andern Seite lohnt es sich jetzt, zur Kirche zu gehören. So zieht im 4. Jh. ein breiter Strom von Weltförmigkeit und materiellem Reichtum in die Kirche ein. Die Alte Kirche - faktisch immer noch eine Freikirche - gelangt zunehmend in die Fänge des Staates und der weltlichen Macht. Bereits unter Konstantins Söhnen kommt es zu Verfolgungen von Heiden, ohne den Widerspruch der Kirche[280]. Die Taufe wird zur Vorbedingung der Bürgerrechte, was völlig veräußerlichte Massenbekehrungen auslöst. Unter Theodosius schließlich, im Jahr 380, wird das römische Christentum zur obligatorischen Staatsreligion.

Die Kirche wird nun zu einer mit dem Staate verbundenen Rechtsanstalt. Lehrabweichungen - vor allem im Osten - gelten als Verbrechen gegen den Staat. Die Bischöfe werden jetzt erst so recht zu absoluten Herren ihrer Gemeinde. Jedenfalls steigt ihr Ansehen gewaltig. Die Kluft zwischen Klerus und Gemeinde verstärkt sich weiter. Bischöfe fahren in Staatskarossen und

---

[279] W. Krenkel, Währungen, Preise und Löhne in Rom = Das Altertum 7 (1961).

[280] Konstantius und Konstans, christlich erzogen, verfügen 346 die Schließung der Tempel und ein Verbot der Opfer bei Todesstrafe und Gütereinziehung. Tempel außerhalb der Mauern dürfen weiter bestehen.

prunkvoll bekleidet durchs Land. Der Andrang zum Klerikerstand - meist aus reichen Familien - schwillt an, nicht nur zum Segen für die Kirche. Dieser äußeren Prachtentfaltung entspricht auch die Veräußerlichung des Gottesdienstes und des geistlichen Lebens. Reliquienverehrung, Wallfahrten, Meßopfer, deren Wurzeln bereits im 2. oder 3. Jahrhundert liegen, erleben nun vollends Hochkonjunktur. Reiche Bürger leben in Luxus und Verschwendung, aber auch die ärmeren Schichten drängen sich in Arena und Theater. Diese ganze Verweltlichung und Kraftlosigkeit der Kirche begünstigt im 4. Jahrhundert die Heraufkunft einer starken Protestbewegung: des Mönchtums.

Staatskirche oder Märtyrerkirche - extremere Gegensätze lassen sich nicht vorstellen! Unsere heutigen Alternativen Volkskirche oder Freikirche, etablierte oder charismatische Kirche, traditionelle oder progressive Kirche - dies alles sind im Grunde falsche Alternativen. Jesus sagt: "Wer sein Leben erhalten will, der wird's verlieren; und wer sein Leben verliert um meinetwillen und um des Evangeliums willen, der wird's erhalten" (Mk 8,35). Die Alte Kirche ist dogmatisch längst nicht mehr "lupenrein", aber ihre Glieder bringen das Opfer ihres Lebens - für Jesus. Und damit überwinden sie die Macht des römischen Reiches.

Christuskreuz und Kulturrevolution

Der Hauptgrund für den Sieg des Christentums ist nicht etwa Konstantin allein. Die Christen der ersten Jahrhunderte sind viel stärker, als ihre Zahlen dies vermuten lassen. Das spürt bereits Kaiser Decius, der schon 250 lieber einen Gegenkaiser als einen römischen Bischof neben sich dulden will. Das sittliche und charakterliche Niveau der meisten Christen liegt spürbar über dem Durchschnitt der Bevölkerung. Die Christen äußern keinen Haß gegenüber ihren Verfolgern. Sie üben schon gar keine Vergeltung. Sie tun auch ihren Feinden Gutes. Kaiser Julian spricht es in den 60er Jahren des 4. Jh.s aus, daß die Philanthropie (Menschenfreundlichkeit) die entscheidende Wachstumskraft der Kirche gewesen sei[281]. Liebe und Barmherzigkeit sind es, was der christliche Glaube den Religionen voraus hat. Augustin wendet sich schließlich vom edlen Platonismus ab, weil ihm dort der Satz fehlt: "Das Wort ward Fleisch und wohnte unter uns" (Joh 1,14a). Daß Gott selber menschlich und demütig wird, ist der tiefste Grund für den Sieg des Glaubens. Es ist Jesus Christus selbst, seine Botschaft, die einzigartig, unvergleichlich ist. Der Herr wird Knecht - das entlarvt die ganze Göttergalerie. Diese Botschaft entvölkert den Götterhimmel. Sie führt die Menschen in die Freiheit des Glaubens. Das ist einzigartig und wird es auch bleiben. Die Gemeinschaft seiner Liebe hebt alle sozialen und rassischen Schranken auf. Gerade der heidnische Widerstand gegen einen gekreuzigten Gott offenbart, wie total neu diese Botschaft empfunden wird.

Konstantin stellt die Weichen neu und unterstützt die Kirche als Faktor in der Öffentlichkeit. Die neuen Gleise führen in kirchen- und kulturpolitisches Neuland. Die nunmehr geduldete, ja geförderte Kirche kann sich nun ihrerseits öffnen zur direkten Mitgestaltung des geistigen, sozialen und kulturellen Lebens. Das Resultat dieser Wende ist im 4. Jahrhundert eine eigentliche Kulturrevolution im Sinne christlicher Wertordnun-

---

[281] Chrysostomus, Salvian und andere halten den Reichen ihrer Zeit ihr Vermögen vor. Aus dem zunehmenden Kirchengut werden in Antiochia 10.000 Arme ernährt; in Konstantinopel sind es 7.700 bei einer Bevölkerung von 100.000.

Seit 350 entstehen im Osten - später auch im Westen - **Kranken- und Waisenhäuser** (hospitium bei Paulin von Nola). Die Kirchen sorgen für Findelkinder, Prostituierte, Gefangene und sittlich Gefährdete. Bereits der Staat des 4. Jahrhunderts anerkennt - teilweise - das kirchliche **Asylrecht**. Gefangenenbesuche durch Bischöfe werden ab ca. 400 fester Brauch.

gen. Diese geistige Neuorientierung vermag zwar den Sturz des alten Römerreiches nicht mehr aufzuhalten, sie legt aber die Fundamente für das noch 1000 Jahre bestehende Oströmische Reich. Auch Grundpfeiler des späteren Abendlandes reichen zum Teil am Kaiserreich Karls d. Großen vorbei bis hinein in die Konstantinische Ära.

Die Kehrseite der Medaille

Diese schöne Medaille der gegenseitigen Öffnung von Staat und Kirche hat natürlich auch ihre Kehrseite, und es übersteigt vermutlich unsere kurzsichtigen Bilanzierungsmöglichkeiten, welcher Weg oder welches Modell des Miteinanders von Kirche und Staat dem Himmelreich am zuträglichsten gewesen wäre bzw. ist. Schon Ambrosius und Augustin haben die Entwicklung anders beurteilt als zum Beispiel die Donatisten. Negativ für die Kirche ist vor allem zweierlei:

1. Seit es irdische Vorteile bringt, zur Kirche zu gehören, und vor allem, seit jeder Einwohner per Gesetz zur Kirche gehören muß, erleidet diese einen schweren Schub der **Verweltlichung**, also der geistlichen Schwächung. Die Notwendigkeit einer persönlichen Hinwendung zu Christus kann zwar noch gepredigt werden, doch wird sie schwerer gehört. Das gemeine Volk delegiert sein Seelenheil lieber an die Organisation der Kirche und ihre "Spezialisten", deren Bedeutung weiter steigt. Die markant steigende Beliebtheit des Reliquienwesens gerade im 4. Jahrhundert ist ein augenfälliges Symptom der geistlichen Verflachung. Schließlich wird die Schwelle an der Kirchentür, die schon im 3. Jahrhundert gegen den Widerstand von Hippolyt und Novatian gesenkt wurde, jetzt völlig beseitigt. Das aufstrebende Mönchtum des 4. Jahrhunderts ist ein sichtbarer Protest gegen die neue, laut gewordene Kirche.

2. Die Konstantinische Wende stellt die Gleise in die Richtung des sogenannten **Cäsaropapismus**, jene entwürdigende Abhängigkeit der Kirche vom Staat, vor allem in Konstantinopel. Es ist eine Entwicklung, die im Mittelalter erneut aufblüht und teilweise bis heute nachwirkt. Die Kirche des 4. Jahrhunderts - eben noch Märtyrerkirche, aber schon ab 260 nicht selten auch geehrte freie Bischofskirche! - begibt sich zunehmend in die goldenen Fesseln ihres Befreiers, des Staates. Konstantin läßt die Bischöfe in staatlichen Karossen nach Nicäa reisen. Er übernimmt aber auf dem von ihm bezahlten Konzil selbstredend den Vorsitz und drückt gegen den inneren Willen der origenistischen Mehrheit das orthodoxe Bekenntnis durch! Zum Glück, müssen wir heute (nebenbei) sagen.

Den Verlockungen erlegen?

Hat das kirchliche "Establishment" den Verlockungen zur Macht zu wenig widerstanden? Ein glattes Ja zu dieser Frage wäre sicher zu einfach. Der Zustand der Mailänder Duldung (313) konnte nicht das letzte Wort sein. Die antike Welt kennt nur ein grundsätzliches Zueinander von Staat und Glaube. Ein religionsloser Staat oder ein den Religionen gegenüber neutraler Staat ist ein Produkt der Neuzeit. Für das 4. Jahrhundert ist diese Vorstellung völlig anachronistisch. Sie wäre eine unerhörte Revolution. Konstantin ist kein heidnischer Schlaumeier, der die Christen politisch zu mißbrauchen beabsichtigt. Dafür sind die Christen in seinem Westreich dann doch wieder zu schwach. Und daß er träumt, einmal Augustus über das gesamte Reich zu werden, davon kann im Jahr 312 noch keine Rede sein. Die Christen erwarten aber völlig richtig politische Freiheit für ihren Glauben. Vor allem die Christen der östlichen Reichshälfte haben lange Jahre seelischer und geistlicher Belastungen hinter sich. Wenn also Eusebius berichtet, die Christenheit sei in Jubel ausgebrochen, als die Gefängnisse sich leerten usw., wer hätte dafür nicht volles Verständnis! Konstantin - ein neuer David! Ein Garant für die Freiheit des Evangeliums!

Die neu gewonnene Freiheit holt die Kirche aus ihrem gesellschaftlichen Ghetto heraus. Es treten neue Herausforderungen und Verantwortlichkeiten an sie heran. Sie wird zu einem Faktor der Öffentlichkeit. Es melden sich Chance und Gefahr!

13. Der Weg zur Staatskirche (311-380)

Als geduldete Religion (religio licita) steht das Christentum hinter dem Heidentum als der nach wie vor offiziellen Staatsreligion zurück. Durch die der Kirche gewährten zahllosen Vergünstigungen und das persönliche Engagement des Kaisers wird dieser Unterschied indessen mehr als ausgeglichen. Im Jahr 337 stirbt Konstantin. Seine Söhne, christlich erzogen, empfinden dem Heidentum gegenüber nicht mehr die gleiche Unbefangenheit wie ihr Vater. Im Grunde genommen wünschen sie alle das Christentum als Staatsreligion, doch sie haben nicht den Mut zu einer entsprechenden Erklärung. Sie bleiben pro forma heidnische Oberpriester, versuchen aber, das Heidentum durch allerlei Gesetze zu schädigen.

341 erläßt Konstantius ein Opferverbot bei Todesstrafe. **346** lassen Konstantius und Konstans alle Tempel schließen. Die Kirche scheint das an ihr begangene Unrecht bereits vergessen zu haben, sie protestiert jedenfalls nicht gegen die Maßnahmen.

Doch auch in kirchliche Angelegenheiten schaltet sich Konstantius aktiver ein. Er begünstigt die Gegner des Nicänums und zwingt 355 auf der Synode von Mailand die Abendländer, Athanasius zu verurteilen. "Hoper ego boulomai, touto kanon"[282], soll er gesagt haben. Wer sich nicht fügt, wandert in die Verbannung, selbst der römische Bischof Liberius. In Alexandria läßt er die Kathedrale von Athanasius besetzen, um ihn zu fangen. Doch der Bischof entkommt in die Wüste.

Konstantin II. (337-340)	Gallien, Britannien, Spanien. Er fällt im Krieg gegen Konstans.
Konstans (337-350)	Italien, Illyrien, Afrika. Seit 340 das ganze Abendland.
Konstantius (337-361)	Ostrom. Seit 350 Alleinherrscher über das ganze Reich.

282 So wie ich es will, so sei die Richtschnur des Glaubens!

Julian der Abtrünnige (361-363)

Die Entwicklung zum Staatskirchentum wird freilich durch den unerwarteten Tod des Konstantius unterbrochen. Am 11. Dezember **361** marschiert der dreißigjährige **Julian**[283] als neuer Kaiser in Konstantinopel ein.

Julian hat seine Mutter Basilia schon als kleines Kind verloren, während sein Vater im Todesjahr Konstantins einem dynastischen Mord zum Opfer fällt. In Nikomedien unter der Aufsicht seines verwandten Bischofs Eusebius im Christentum erzogen, aber innerlich vom Christentum seiner Verwandtschaft angewidert, liest er verbotenerweise Nachschriften des in Nikomedien lehrenden Libanius, der ihn für das Griechentum begeistert. Als 20jähriger reist er nach Pergamon und läßt sich dort heimlich in den **Neuplatonismus** und in einer unterirdischen Grotte mit Geisterstimmen und Feuerzauber in die **Mysterien** einweihen. Fortan fühlt er die Berufung, mit Hilfe des Sonnengottes den alten Götterkult wiederherzustellen[284]. Nach außen heuchelt er freilich weiter ein Christentum vor. Erst als seine Stunde schlägt, wirft er die Maske weg. Die Christen werden vom Hof und aus dem Staatsdienst entfernt, die geschlossenen Tempel wieder geöffnet und zerstörte neu gebaut.

Am 17. Juni **362** erscheint das **Schulgesetz**. Lehrer darf fortan nur noch sein, wer eine staatliche "Charakterprüfung" bestanden hat, was immer das heißen mag. Faktisch geht es um den Ausschluß der Christen von der literarischen Bildung, denn sie können sich innerlich ja nicht mit dem Bildungsstoff identifizieren. Apollinaris von Laodicea und sein Vater produzieren deshalb literarische Bildungsstoffe mit christlichem

---

[283] Er ist der Sohn eines jüngeren Stiefbruders Konstantins d. Gr. – Lit.: H. Leppin, Von Konstantin d. Gr. zu Theodosius II. (1996).

[284] Gregor von Nazianz, Reden 4,55.

Inhalt[285]. Eine unruhige Hast liegt über Julians Politik, als spüre er, daß er gegen den Strom schwimmt und nur wenig Zeit hat. Das gilt auch für den mißlungenen Wiederaufbau eines neuen jüdischen Tempels in Jerusalem als Maßnahme gegen die Weissagung Jesu.

Am 5. März **363** verläßt er Antiochia mit 30.000 Mann Elitetruppen zum Krieg gegen die **Perser**. Der heidnische Schriftsteller Ammianus Marcellinus[286] beschreibt den Feldzug. Eine angeblich geplante Verfolgung gegen die Christen im alten Stil bleibt ihm versagt. Die Geschichte schreitet über ihn hinweg. Sein angeblich letztes Wort "Du hast doch gesiegt, Galiläer!" trifft die Sache im Kern. Julian wird in Tarsus bestattet, sein General Jovian zum Kaiser ausgerufen.

Der Schritt zur orthodoxen Staatskirche (380)

Für die Entwicklung der Christenheit bedeutet das Julianische Intermezzo eine willkommene Befreiung aus den kaiserlichen Fesseln. Es entfaltet sich die sogenannte Neu-Orthodoxie auf ihrem Weg zum Bekenntnis von 381.

Valentinian, vom Heer zum Kaiser erhoben, ernennt auch seinen Bruder Valens und seinen Sohn Gratian zu Mitkaisern. Valens und Valentinian sind beide geborene Christen. **Gratian**

---

[285] Socrates 3,16. Sozomenos 5,18. Bleibt kurzes Intermezzo. Stoffe fast alle wieder verloren. Zum Ganzen vgl. R. Klein, Kaiser Julians Rhetoren- und Unterrichtsgesetz (1981) 73-94. H.Th. Johann, Erziehung und Bildung in der heidnischen und christlichen Antika (Darmstadt 1976). K. Gaik, Die christliche Pädagogik der Kirchenväter und ihre erziehungsphilosophischen Grundlagen (Diss. Köln 1978).

[286] **Ammianus Marcellinus**, römischer Geschichtsschreiber aus Antiochia, schreibt gegen Ende des 4. Jh.s eine Geschichte des Röm. Reiches von 96 bis 378 in 31 Büchern, von denen die ersten 13 (bis 352) verloren sind. W. Seyfarth, Ammianus Marcellinus, Römische Geschichte (lat.-dt.) Schrift.u.Quell. d.alt.Welt. II (1968).

verzichtet als erster auf Würde und Gewand des heidnischen Oberpriesters. Er erhebt nach dem Untergang des Valens den spanischen General **Theodosius** zum Mitregenten des Ostens. Unter dem Einfluß von Ambrosius in Mailand fördert er die orthodoxe Religionspolitik. Er entfernt 382 den Victoria-Altar aus dem römischen Senat.

Theodosius arrangiert sich mit den Goten (Ansiedelung auf Thrakien). 394 vereinigt er nochmals das Römische Reich. Er erklärt **380** den christlichen Glauben zur Staatsreligion[287]. **381** beruft er das 2. ökumenische Konzil nach Konstantinopel. **383** scheitert ein Religionsgespräch mit den nichtkatholischen Glaubensgemeinschaften. Die Folge ist das Häretikergesetz.[288] **391**

---

[287] Das **Christentum als Staatsreligion:** "Alle Völker, über die wir ein mildes und maßvolles Regiment führen (Cunctos populos, quos clementiae nostrae regit temperamentum), sollen, so ist es unser Wille, in der Religion verharren, die der göttliche Apostel Petrus, wie es der von ihm kundgemachte Glaube (religio) bis zum heutigen Tage dartut, den Römern überliefert hat und zu dem sich der Pontifex Damasus wie auch Bischof Petrus von Alexandrien (= Nachfolger von Athanasius), ein Mann von apostolischer Heiligkeit, offensichtlich bekennen; d.h., daß wir gemäß apostolischer Weisung (disciplina) und evangelischer Lehre *eine* Gottheit des Vaters, Sohnes und Hl. Geistes in gleicher Majestät und heiliger Dreifaltigkeit glauben. Nur diejenigen, die diesem Gesetz folgen, sollen, so gebieten wir, katholische Christen heißen dürfen; die übrigen aber, die wir für toll und wahnsinnig halten, haben den Schimpf ketzerischer Lehre zu tragen. Auch dürfen ihre Versammlungsstätten nicht als Kirchen bezeichnet werden. Endlich soll sie vorab die göttliche Vergeltung, dann aber auch unsere Strafgerechtigkeit ereilen, die uns durch himmlisches Urteil übertragen worden ist." Edikt vom 28.2.380 (Lat. Text bei Mirbt, Nr. 134).

[288] **Häretikergesetz von Theodosius 383:** Allen denen, die der Irrtum der verschiedenen Häresien plagt, d.h. Eunomianern, Arianern, Makedonianern, Pneumatomachen, Manichäern, Enkratiten, Apotaktiten, Sakkophoren und Hydroparastaten (letztere alle Manichäische Varianten), ist es generell untersagt, sich in welchen Kreisen auch immer zu versammeln... und öffentlich oder privat, in einer Weise zu betätigen, die der katholischen Frömmigkeit schaden könnte. Wenn es aber jemanden

verbietet er alle heidnischen Kulte mit Ausnahme des jüdischen.

Als Nachfolger bestimmt er seine Söhne **Arkadios** für den Osten und **Honorius** für den Westen. Arkadius stabilisiert das Ostreich, indem er die Goten unter Alarich westwärts entläßt. Der gleichermaßen unfähige wie unglückliche Honorius haust als weströmischer Kaiser im sicheren **Ravenna** (395-423), während ihm sein tüchtiger Heermeister **Stilicho** die militärischen Geschäfte besorgt. Trotzdem läßt er diesen 408 aus reinem Mißtrauen meuchlings ermorden. Usurpationen und Germaneneinfälle sind die Folge. **410** plündert der Westgote **Alarich** die Ewige Stadt, Honorius aber läßt er im sumpfigen Ravenna links liegen.

Westen	**Osten**
364-375 Valentinian	364-378 Valens
375-383 Gratian	
375-392 Valentinian II.	379-395 Theodosius der Große
392-394 Usurpator Eugenius	(ursprünglich spanischer General)
394-395 Theodosius der Große	

geben sollte, der sich über so augenscheinliche Verbote hinwegsetzt, dann ist es allen, die an der Pflege der Schönheit und des rechten Gottesdienstes Freude finden, gestattet, (einen solchen Übertreter) aufgrund (entsprechender) Übereinkunft aller Gut(gesinnt)en zu vertreiben (zit. A. Ritter, a.a.O.). Quelle: Th. Mommsen – P. M. Meyer, Theodosiani liber XVI (Berlin 2.A.1954).

Gesellschaftliche Veränderungen (325-450)

1. Ehe und Familie[289]

Die christliche Kirche anerkennt weitgehend die Ordnungen des staatlichen Eherechtes: Eheschließung, Stellung des Familienoberhauptes, Erbrecht. Doch ist die Ehe für die Kirche nicht ein auflösbarer Gesellschaftsvertrag, sondern eine unauflösbare Verbindung von Gott her, für die Augustin das Wort **sacramentum** verwendet.

Und doch gibt es gerade in diesem zentralen Bereich typische Akzentverschiebungen im Sinne der christlichen Liebe:

1. Ehebruch soll neu auch für den Mann strafbar sein. Nach römischem Recht konnte der Mann nur belangt werden, wenn er die Tat mit einer verheirateten Frau beging. Im weiteren soll sich der Mann von seiner ehebrecherischen Frau nicht mehr scheiden müssen, sondern den Versuch unternehmen, durch **Versöhnung** die Ehe zu retten.
2. Ehen zwischen Sklaven sollen voll gültig sein (Anfänge schon bei Callistus um 220!). Bei Güterteilungen des Herrn dürfen **Sklavenfamilien** nicht mehr auseinandergerissen werden[290].
3. Beim Eheschluß der Kinder soll nicht mehr nur der Vater allein bestimmen. Auch die **Mutter** soll mitbestimmen, und das **Kind** soll das Recht haben, einen nicht genehmen Gatten abzulehnen (vgl. schon 1. Mose 24,58).

---

289 G. Delling, Ehebruch, Eheleben, Ehescheidung = Reallexikon f. Antike u. Christentum IV,666 ff.

290 F. Laub, Die Begegnung des frühen Christentums mit der antiken Sklaverei (1982).

4. Die Familie bleibt hierarchisch geordnet, aber durch die Liebe wird sie zur **relativen Hierarchie**. Ja, der Ehebruch eines Mannes wiegt schwerer, weil dieser für die Familie die erste Verantwortung trägt!
5. Wer **Kinder** aus Gewinnsucht **verkauft** oder sie zur Prostitution verleitet oder wer Kinder aussetzt, wird durch die Kirche exkommuniziert. Die staatliche Gesetzgebung folgt erst später.
6. Adoption eines Kindes ist nicht nur denkbar als Ersatz für verlorene oder mangelnde eigene Kinder. **Adoption** ist eine Tat der Barmherzigkeit an diesem Kind, ja an Jesus selber. Auch Mütter erhalten ein Adoptionsrecht.
7. **Abtreibung** der Leibesfrucht - ausgenommen bei Gefährdung des Lebens der Mutter - ist untersagt.
8. Auch das **uneheliche** Kind ist Gottes Geschöpf. Seine Lage verbessert sich (Hieronymus).
9. Der **Hausvater** soll seine Familie samt seinem Hausgesinde im Glauben aktiv unterweisen und ihnen als Vorbild vorangehen.
10. Leichtfertigen **Vergnügen** in Badehäusern, Theatern usw. sagt die Kirche den Kampf an.

In diesen zentralen und empfindlichen Bereichen der Kultur macht die Kirche den Einfluß des Evangeliums geltend. Hier - und später erneut im Zeitalter Karls des Großen - werden die **Grundlagen des christlichen Abendlandes**, Europas, gelegt. Es bedarf heute keiner besonderen Spürnase zur Feststellung, daß die Kulturrevolution seit 1968 - unterstützt durch wirksame Medien - diese christlichen Grundwerte angenagt und teilweise schon beseitigt hat. Was sich freilich hinter den mittlerweile alternden Tapeten unserer "befreiten Gesellschaft" faktisch zeigt, sind die alten Zustände des römischen Heidentums mit ausufernden Problemen und Kosten für ein geordnetes Staatswesen.

2. Positive Ansätze im Sozialbereich

Das absolute Kaisertum seit Diokletian mit zentraler Verwaltung fordert immer mehr finanzielle Mittel für die Zufriedenstellung des ganzen Beamtenheeres und den Lebensstil des Hofes. Die Hauptlast der Steuern trifft selbstredend den Mittelstand, d.h. Handwerksbetriebe und Bauern. Schon Konstantin muß 332 die Bauern per Gesetz an die Scholle binden. Die Arbeiter in den staatlichen Fabriken - Webereien, Waffenfabriken, Großbäckereien usw. - werden wie Sklaven in Kosthäusern festgehalten. Sie haben alle zu wenig zum Leben und zuviel zum Sterben. Jegliche Flucht ist verboten. Nur eine kleine Schicht von Vermögenden steht über einem Heer von Abhängigen.

Die Kirche wertet diese Zustände als **Folgen der Sünde**, die zu tragen sind. Es werden die Sklaverei des Lebens wie die Sklaverei der Leidenschaften bis zur Wiederkunft Christi fortbestehen. Die Kirche nimmt sogar Sklaven in ihren eigenen Dienst und Besitz. Ein modernes Sozialprogramm entwickelt sie noch nicht. Und doch: In der Kirche selber sind getaufte Sklaven Brüder und Schwestern (vgl. Philemonbrief!). Sklaven können - im Einverständnis ihrer Herren - auch in kirchliche Ämter gewählt werden. Die römischen Bischöfe Callistus (um 220) und wahrscheinlich auch Pius (um 150) entstammen dem Sklavenstande. Die Kirche hat auch selber **Sklaven losgekauft.** Chrysostomus empfiehlt allerdings den Sklaven, vor ihrer Freilassung ein Handwerk zu lernen. Schließlich gibt es auch Sklaven, die lieber in ihrem Stande bleiben. Seit 331 hat die Kirche das Recht der "**manumissio in ecclesia**", d.h. Herren können offiziell in der Kirche vor dem Bischof die Urkunde oder Tafel über den einstigen Sklavenerwerb zerbrechen und so ihrem Sklaven die Freiheit schenken. Auch ins Kloster gehen dürfen Sklaven — freilich nur mit dem Einverständnis ihres Herrn.

Auch im sozialen Bereich leistet die Kirche Pionierarbeit: **Armenpflege, Spitäler, Heime** usw. Sie engagiert sich freilich nicht sozialpolitisch-ideologisch im modernen Sinne. Sie hilft vor Ort und packt an. In Konstantinopel, das um 400 etwa 100.000 Einwohner zählt, unterstützt die Kirche unter Chrysostomus über 7000 Arme, in Antiochia ist die Zahl noch höher.

3. Bildung und Kultur

Der profanen Literatur begegnen die Christen der ersten drei Jahrhunderte mit kritischer Distanz. Für mythologische und unmoralische Inhalte haben sie nichts übrig. Trotzdem fordert die Kirche des 4. Jahrhunderts keine eigenen Schulen. Christliche Kinder gehen in heidnische Schulen und Hochschulen, wo noch lange die Mehrheit der Lehrer heidnischen Glaubens ist. Sie fürchten nicht um ihre Kinder, denn sie vertrauen stark auf die eigene **Familie** und **häusliche Kultur**. Sie vertrauen auch darauf, daß sich die Lage von Jahrzehnt zu Jahrzehnt zu ihren Gunsten verbessern wird. Hieronymus oder Augustin sind Literaten, denen die Zukunft gehört! Ein kurzer Aufschrei geht 362 durch die Christenheit, als Julian sein reaktionäres Unterrichtsgesetz erläßt. Männer wie Ambrosius oder Gregor von Nazianz wissen gut, wem sie ihre ausgezeichnete rhetorische Bildung verdanken!

Unversöhnlich bleibt die Haltung gegenüber dem Theater, den Zirkusspielen mit Tierhetzen und Gladiatorenkämpfen sowie den verbreiteten Vergnügungsfesten. Nicht nur aus asketischen Überlegungen! Chrysostomus und Augustin beklagen diese Anlässe als handfeste Konkurrenz für die Kirche. Im Osten werden die Gladiatorenspiele 325 verboten. Im Westen sind sie so beliebt, daß sie bis 400 bleiben. Der Zirkus wieder behält vor allem im Osten seine Faszination: in Konstantinopel, Antiochia, Thessalonich usw.[291]

---

[291] Theodosius verbietet 394 auch die **Olympischen Spiele** (seit 776 v. Chr.!), die er in ihrer damaligen Form als heidnische Götterfeste empfindet. Die modernen Spiele (Ausgrabungen in Olympia, Wunsch nach

So hat die Kirche des 4. Jahrhunderts in zentralen gesellschaftlichen und kulturellen Bereichen mit und ohne den Staat neue Verhältnisse oder zumindest positive Ansätze geschaffen. Prediger wie Chrysostomus oder Ambrosius - aber auch ein ganzes Heer von Vergessenen - haben in überfüllten Kirchen durch ihre von der Bibel geprägte Sprache und durch entsprechende Bilder ihre Generation umgeprägt. Etwa in der Zeit von 325 - 450 entstanden in der Gesellschaft neue, christlich geprägte Wertmaßstäbe und Lebensordnungen.

---

internationalen sportlichen Wettkämpfen) werden 1896 in Athen wieder aufgenommen.

14. Das Mönchtum[292]

Jungfrauen und Asketen

Schon im 1. und 2. Jahrhundert gibt es Christen, die freiwillig in geschlechtlicher Enthaltsamkeit und Armut leben, zum Beispiel die vier geachteten Jungfrauen des Evangelisten Philippus in Kleinasien. Jesus spricht Matthäus 19,12 von solchen, die sich um des Himmelreichs willen verschnitten haben. Das sind aber noch keine Mönche oder Nonnen, sondern Asketen[293] oder Enthaltsame, die noch in der Verbindung mit der Gemeinde leben. Freiwillige Enthaltsamkeit geht ins Urchristentum zurück. Das NT spricht von Weltverleugnung und Weltüberwindung, aber nicht von Weltflucht[294].

Vorwärts in die Einsamkeit!

Im 3. Jahrhundert steigt im Osten der Einfluß der neuplatonischen Philosophie auf das christliche Bewußtsein. Wegbe-

---

[292] Quellen: Athanasius, Vita, s. Antonii = PG 26, 835-976, übersetzt in BKV, Athanasius II (1917); Theodoret, Mönchsgeschichte = BKV (1926); ders., Kirchengeschichte in 5 Büchern von 323-428 = BKV (1926). – Lit.: H. Dörries, Die Vita Antonii als Geschichtsquelle = Wort und Stunde I (1966) 145-224; A. Harnack, Das Mönchtum, seine Ideale und seine Geschichte = Reden und Aufsätze I (1904), guter Überblick; K. Heussi, Der Ursprung des frühen Mönchtums, (1936, ND 1980); K. S. Frank, Grundzüge der Geschichte des christl. Mönchtums (2.A.1993).

[293] Griech. askesis = Übung. Besonders die **Jungfrauen** (Parthenoi, Virgines), die zu zweit oder dritt, gekleidet in eine (absichtlich verwahrloste) Tracht, in eigener Wohnung leben, bilden in der Kirche einen eigenen Stand (Tagma), was oft genug zu Eifersüchteleien mit dem Klerus führt.

[294] 1. Kor 7 und 2. Kor 4, Joh 15,18-20, 1. Joh 2,15-17, 1. Petr 4,3 ff.

reitend wirken Clemens und Origenes. Im Zuge dieses Einflusses fliehen viele Christen die Welt, aber nicht die Brüder. Sie wohnen zwar irgendwo außerhalb der menschlichen Gemeinschaft, aber doch noch so in der Nähe, daß sie jederzeit mit der Gemeinde Kontakt aufnehmen können. Sie pflegen also noch die Gemeinschaft mit den christlichen Brüdern und Schwestern.

Das Wort Mönch aber kommt von griech. Monachos, das heißt "der Einsame". Das Mönchtum entsteht erst, als die Asketen auch das christliche Gemeindeleben fliehen. Das geschieht am Ende des dritten Jh.s und vor allem im vierten Jahrhundert. Warum gerade im 4. Jahrhundert? Schon in den Jahrzehnten vor der großen Verfolgung (260-300), vor allem aber nach der Konstantinischen Wende, strömen heidnische Massen in die Kirche, ohne einen klaren Bruch mit dem alten Heidentum vollzogen zu haben. Der geistliche und moralische Zustand der Gemeinden sinkt. Die Kirche wird reich und entfaltet mit staatlichen Geldern eine große Pracht. Ein krasses Beispiel kirchlicher Verweltlichung übermittelt uns der heidnische Geschichtsschreiber Ammianus Marcellinus. In seiner Römischen Geschichte (27,3) berichtet er über die Kämpfe anläßlich der Wahl eines neuen römischen Bischofs im Oktober 366:

> Damasus und Ursinus brannten beide über die Maßen darauf, den römischen Bischofsstuhl an sich zu reißen, und bei ihren gegeneinander gerichteten Intrigen kämpften sie mit derartiger Erbitterung, daß es bei den Auseinandersetzungen ihrer Anhänger Tote und Verwundete gab. Als sich Viventius außerstande sah, diese Krawalle zu unterbinden oder zu beschwichtigen, zog er sich unter dem Druck der Gewalt auf ein Gut vor den Toren der Stadt zurück. In diesem Streit blieb Damasus dank der massiven Unterstützung seiner Parteigänger Sieger. Es ist eine wohlbekannte Tatsache, daß in der Basilika des Sicinius, einer Versammlungsstätte des christlichen Ritus, an einem Tage 137 Leichen von Erschlagenen gefunden wurden und sich die schon seit langem aufgehetzte Menge nachher nur mit Mühe wieder beruhigen ließ.

> Bedenke ich freilich den Prunk, wie er in Rom herrscht, so kann ich nicht leugnen, daß diejenigen, die eine solche Würde (wie die des römischen Bischofs) erstreben, unter Aufbietung all ihrer Kräfte darum bemüht sein müssen, ihr Ziel zu erreichen. Denn wer es glücklich erreicht hat, der hat für alle Zukunft ausgesorgt: er gedeiht durch die Schenkungen der Matronen, fährt nur noch in Kutschen einher, ist prunkvoll gekleidet und läßt sich so reichliche Schmäuse herrichten, daß seine Tafel selbst ein Königsmahl in den Schatten stellt.

Diese Zeilen stammen gewiß aus der Feder eines dem Christentum nicht eben geneigten Heiden, aber sie berühren ein Symptom, das bereits in den guten Zeiten des dritten Jahrhunderts beginnt. Zeitgenossen von Bischof Damasus sind Ambrosius, Hieronymus und etwas später Augustin. Doch diese beiden erstgenannten herausragenden Männer gehören bezeichnenderweise zur Strömung des Mönchtums. Die Verinnerlichung des Glaubens im Mönchtum ist auch eine Reaktion auf die Veräußerlichung der Kirche zur Macht- und Prachtskirche.

Als Vater des Mönchtums gilt der Ägypter Antonius (250-356). Athanasius schreibt ein Jahr nach dessen Tode eine Lebensbeschreibung, die Euagrios[295] ins Lateinische übersetzt.

---

[295] 370 zum Bischof von Konstantinopel gewählt, aber von Valens (= Arianer) samt seinem Konsekrator ins Exil geschickt.

Das Leben des heiligen Antonius

Willst du vollkommen sein...

Antonius wird 251 als Sohn einer reichen koptischen Familie in Mittelägypten geboren. Als Zwanzigjähriger vernimmt er beim Betreten einer Kirche das Evangelium vom reichen Jüngling, Mt 19,21: "Willst du vollkommen sein, so gehe hin, verkaufe, was du hast, und gib's den Armen, und du wirst einen Schatz in den Himmeln haben; und komm und folge mir nach!" Dieses Jesuswort hat in der ganzen Kirchengeschichte vielleicht niemanden so getroffen wie Antonius, und es hat bei niemandem eine so reiche und andauernde Frucht ausgelöst wie bei ihm. Antonius weiß: Jesus sagt mir dies persönlich, und ich soll mich entscheiden, jetzt steht für mich alles auf dem Spiel.

Wenige Monate zuvor sind seine Eltern gestorben. Nun verkauft er alles, was er hat; er gibt seiner Schwester ihren Teil, alles andere verschenkt er den Armen und zieht zu einem Asketen außerhalb des Dorfes Coma. Er wird ein Anachoret oder ein Eremit[296]. Er bleibt zunächst einsamer Asket und verdient sein kärgliches Brot durch Korbflechten etc. Ab und zu sucht er seinen Meister, dann wieder die Gemeinde auf.

Die Geburtsstunde des christlichen Mönchtums

Im Jahr 285 verläßt er seinen geistlichen Vater, um ganz allein zu sein und im Gebet dem Herrn zu leben. Damit ist das Mönchtum geboren. Jetzt ist er ein Monachos. Er lebt zunächst in einem Felsenloch, das sonst als Grabkammer diente. Etwas später findet er ein altes Kastell am Rande der Wüste

---

[296] Anachoresis = Zufluchtsort, Eremos = einsam.

am Nil. Im Inneren des Gemäuers fließt eine Quelle. Hier lebt er 20 Jahre.

Doch mit der Zeit siedeln sich um das Kastell herum immer mehr Einsiedler an, die sich Antonius als Vorbild nehmen. Wenn aber viele Einsiedler an einem Ort beisammen sind, dann sind sie keine Einsiedler mehr. So flieht Antonius nach 20 Jahren tiefer in die Wüste. Irgendwo zwischen Nil und Sinai findet er eine Oase, wo er den Rest seines Lebens verbringt. Antonius stirbt 356 im sehr hohen Alter von 105 Jahren.

Psychokämpfe - Halluzinationen oder Realität?

Am Anfang seines Alleinseins wird er von schweren Kämpfen heimgesucht. Athanasius berichtet darüber: Zunächst setzt der Teufel alles daran, ihn von der Askese abspenstig zu machen. Er ruft ihm Erinnerungen an seinen Besitz wach sowie die Sorge für seine Schwester. Ehrgeiz, Gaumenlust und andere Lebensfreuden kommen in einer Macht über ihn, wie er es sonst noch nie erlebt hat. Auch eine Frau erscheint ihm, um ihn zu verführen. Doch dies alles verwurzelt ihn in einer Tiefe mit Christus, die er bisher nicht gekannt hat. Christus gibt ihm Kraft. In einer andern Nacht schlagen und bedrohen ihn Dämonen in einem Maße, daß er von seinen Schülern am Morgen wie ein Toter geborgen wird. Sie tragen ihn in die Kirche, um ihn zu bestatten. Später begegnen ihm Löwen, Bären, Stiere, Skorpione, Schlangen usw. Er durchwacht Nächte mit stundenlangem markdurchdringendem Lärm. Schließlich aber spricht Christus selber zu ihm und tröstet ihn mit der Mitteilung, daß die Kämpfe jetzt vorbei seien.

Wie ist das zu deuten? Die heutige Psychiatrie würde sagen: Es sind Visionen eines Menschen, der durch die Einsamkeit vorübergehend nervenkrank geworden ist. Diese Deutung ist grundsätzlich möglich und in vielen Fällen auch zutreffend. Im Fall von Antonius aber wird die Hilflosigkeit des allzu gesunden Menschenverstandes unserer Zeit mit seiner entzauberten Welt doch spürbar. Der Wüsten-Eremit wächst durch seine Kämpfe mit den Mächten hinter unseren sichtbaren Vernunftrealitäten zu einem der größten Glaubenstherapeuten aller Zeiten heran. Antonius, wie ihn Athanasius zeichnet, empfängt in dieser außergewöhnlichen "Schmiede des Geistes" die Gabe, Vorgänge in der geistigen Welt zu erkennen, Fernwirkungen zu erzielen; er vermag Kranke zu heilen, Zukünftiges vorauszusagen usw. Einmal verläßt er seine Wüsten-Einsamkeit, um Athanasius in Alexandria in seinem Kampf beizustehen. Doch er zieht sich bald wieder zurück, weil "die Fische sterben, wenn man sie ans Land zieht, und die Mönche kraftlos werden in den Städten"[297].

Antonius wirkt auf andere seiner Zeit wie ein Magnet. Innerhalb einer Generation steigt die Zahl der ägyptischen Mönche in die Tausende an. Manche bitten ihn um geistlichen Rat, andere werden seine asketischen Schüler. Ein dritter schweigt, als er vor ihm steht. Als ihn Antonius fragt, warum er schweige, gibt er zur Antwort: "Es ist mir genug, mein Vater, dich zu sehen." Der bloße Anblick schafft die neue Atmosphäre, in der sich Schwierigkeiten zu lösen beginnen. Noch Hieronymus bezeichnet Antonius als den größten Mann, den Ägypten nach den Aposteln hervorgebracht habe. Schließ-

[297] Vita, Kap. 85. Ähnliche Vollmacht empfangen auch Martin von Tours, Benedikt von Nursia oder Bernhard von Clairvaux, um drei unverdächtige Vertreter zu nennen. Die moderne **historische Kritik** macht es sich mit der Absolutsetzung ihres Weltbildes zu einfach, wenn sie schlichtweg alles Überrationale dem zeitgenössischen Stil und Jargon der Heiligenlegenden (Hagiographie) zuschreibt. Hier sollte unser "besseres Wissen" gelegentlich einen Schritt zurücktreten. Auch Jesus selber geht, ehe er sein Werk beginnt, 40 Tage in die Wüste, um vom Teufel versucht zu werden (Mt 4). Wir brauchen den Mut und die Freiheit zuzugeben, daß wir gewisse Dinge heute schlecht verstehen können und daß es wohl auch Zeiten und Menschen gab, die in Teilbereichen des Lebens mehr Kompetenz und Einsicht besaßen als unser moderner Weltverstand.

lich zeigt uns auch das Lebensende etwas von der Echtheit dieses schlichten, aber starken Gottesmannes. Den beiden Schülern, die ihn im Sterben begleiten, nimmt er das Versprechen ab, niemandem zu sagen, wo sein Grab sei, damit sein Leichnam oder Grab nicht verehrt würden.

Einsiedlervereine - Zeichen der Zeit

Natürlich fördern auch die wirtschaftlichen Verhältnisse Ägyptens diese Entwicklung. Das 3. und 4. Jahrhundert bringen dem Römerreich eine spürbare Verschlechterung der Lebensbedingungen. Der Alkoholkonsum, zumal in Ägypten, ist enorm. Die staatliche Steuerschraube wird merklich angezogen. So wird die Einsiedelei geradezu modern. Manche entfliehen so auf zeitgemäße Weise den Anforderungen und Verantwortungen des täglichen Lebens. Aussteiger! Ungezählte dieser Nicht-Berufenen verenden im Wahnsinn.

Mit den Einsiedlervereinen oder **Eremitenkolonien** ist die zweite Stufe des Mönchtums erreicht. Es sind hauptsächlich vier große Wüsten mit ihren Oasen, in denen sich die Eremiten versammeln: Thebäische Wüste, Nitrische Wüste (SW Alexandria), Sketische Wüste (NW Memphis), Libysche Wüste.

Noch gibt es aber nicht das Kloster. Jeder lebt für sich. Nur notgedrungen leben die Einsiedler beieinander. Die Kolonien organisieren sich nicht, sie haben lediglich einen gemeinsamen Mönch, dem sie sich unterordnen als einem Vater in Christus. Antonius sieht den Beginn dieser Entwicklung, er begrüßt sie nicht. Darum zieht er sich schließlich ganz zurück.

Antonius findet mit seinem Eremitentum einen Weg, den sein absinkendes Zeitalter als eine Lösung erkennt. Es kommt zu regelrechten Auswanderungen aus den Städten in die Wüste, aus dem kulturellen Lärm in die Stille der unberührten Natur. Es ist eine Strömung, die jung und alt erfaßt und die über 100 Jahre anhält. Eine gewisse Parallele zur Alternativkultur unserer Zeit fällt auf, allerdings mit dem Unterschied, daß unsere modernen Aussteiger in aller Regel nicht auf Annehmlichkeiten und Luxus der verschmähten Zivilisation zu verzichten bereit sind. Die ägyptischen Einsiedler essen zum Beispiel nur einmal in der Woche etwas in Wasser eingeweichte Linsen oder Bohnen, die sie sich mit Korbflechten verdienen. Ihr Hauptziel bleibt die Abgeschiedenheit und das Gebet. Einige beschweren sogar zeitlebens ihren Körper mit über 100 kg schweren Ketten oder Halseisen, die Grenze zur geistlichen Abenteuerei überschreitend.

Wer sich indessen an diesen Absonderlichkeiten lediglich amüsiert, vermag diese Erscheinungen freilich nicht als Symptome für Veränderungen im Inneren der Gesellschaft zu verstehen. Der Büßer Makarius sagt: "Nachdem ich alle frommen Übungen versucht hatte, regte sich der Wunsch in meiner Seele, fünf Tage lang nichts anderes zu tun, als meinen Sinn unverwandt auf Gott zu richten"[298]. Manche Eremiten sind mit der Tränengabe versehen[299]. Das ist nicht irgendeine diffuse oder griesgrämige Gefühlsduselei. Es ist Ausdruck einer uns heute verborgenen "manière de vivre" mit ihren besonderen Möglichkeiten und Grenzen. Rufinus schreibt von den Wüstenvätern: "Sie lebten dauernd in ungewöhnlicher Heiterkeit und Begeisterung, der man sonst bei keinem Menschen auf Erden begegnet." Also nichts Verkrampftes oder Verbissenes! Diese Einsiedler und Büßer stehen beim Volk in hohem Ansehen. Hier, bei den Armen der Wüste, nicht bei der reich gewordenen Kirche, wird vom Volk das echte Leben gesucht.

Das östliche Mönchtum breitet sich rasch nach Syrien und Palästina aus. Auch hier werden in Volkswallfahrten berühmte Einsiedler und Prediger aufgesucht. In Syrien lebt zum Beispiel Symeon, der Säulenheilige. Er verbringt im 5. Jahrhun-

---

298 Palladius, Panarion 18.

299 Auch der größte Gelehrte des Mittelalters, Thomas von Aquin, beginnt jedes seiner Werke mit einer Flut von Tränen.

dert 30 volle Jahre seines Lebens auf einer 15m hohen Säule. Aus dieser Höhe predigt er den Wallfahrern zweimal täglich Buße und Umkehr[300]. Natürlich wird auch in diesem supergeistlichen Gesamtleben unbewußt oder heimlich-fein das liebe Fleisch gepflegt. Diese reformatorische Einsicht gehört als gesundes Pendant zur verständnisvollen Würdigung dieser so eindrücklichen Kultur.

Pachomius gründet das erste Kloster[301]

Durch die Liebe gewonnen

Der Gründer des ersten Klosters[302] heißt Pachomius. Auch über ihn hat Athanasius eine Lebensbeschreibung verfaßt. Pachomius lebt von ca. 280-346. Auch er ist Ägypter, Sohn heidnischer Eltern. Er wird als Rekrut bei einer christlichen Familie einquartiert. Die Liebe, die er hier erfährt, gewinnt ihn für Jesus. Pachomius wird Eremit. Auch er zieht zu Antonius. Etwa zehn Jahre später verläßt er seine Zelle und gelangt in die Gegend des Dorfes Tabennîsi am Nil, etwa 600 km südlich von Kairo. Dort vernimmt er im Gebet eine Stim-

---

[300] Quellen: Theodoret, Kirchengeschichte (von 325-428) = BKV. Ders., Mönchsgeschichte = BKV. Palladius, Leben der heiligen Väter = BKV.

[301] Die legendarische Vita Pachomii s. in: BKV 31. Die Pachomius-Regel (urspr. kopt.) ist in lat. Übs. via Hieronymus auf uns gekommen (Lat./dt. bei Bacht, 82ff). H. Bacht, Das Vermächtnis des Ursprungs, II: Pachomius – Der Mann und sein Werk (1983); F. Ruppert, Das pachomianische Mönchtum und die Anfänge des klösterlichen Gehorsams (2.A. 1983).

[302] Kloster, von lat. claustrum = verschlossener Ort.

me, die zu ihm sagt: "Pachomius, bleibe hier und gründe ein Kloster, denn es werden viele zu dir kommen, die das Heil begehren."

So gründet er im Jahr 323 das erste Kloster zu Tabennîsi[303]. Doch mit 1300 Mönchen ist das erste Kloster bald überfüllt. Es organisieren sich ganze Kolonien und verwandeln sich in Klöster. Als Pachomius 346 stirbt, leben bereits 7000 Mönche und 400 Nonnen in neun Männer- und zwei Frauenklöstern. Der damalige griechische Name heißt Koinobion (gemeinsames Leben) oder Monasterion (Münster).

Das Neue am Kloster: Regel und Abt

Was ist das Neue am Klosterleben? Pachomius gibt den Mönchen eine **Regel**. Diese ordnet nicht nur das äußere, sondern auch das innere Leben. Schließlich muß jemand über das Ganze wachen und die fehlbaren Mönche bestrafen. Das ist der **Abt**[304]. Die beiden Kennzeichen des Klosters sind also Regel und Abt. Pachomius ist koptischer Laie und ohne besondere Bildung. Er verfügt aber über eine breite und tiefe Kenntnis der Bibel. Pachomius ist Visionär; bei seiner Taufe widerfährt ihm eine erste Vision. Es ist auch eine himmlische Stimme, die ihn beauftragt, das Urkloster zu bauen. Es ist also weniger ein gewiegter Organisator, sondern ein charismatisch begabter Seelsorger, der das erste Kloster baut.

Die Regel des Pachomius

Die Mönche treffen sich am Mittag und am Abend zum gemeinsamen Essen im Speisesaal. In der Mitte des Saales

[303] Bei den Palmen der Isis.

[304] Abt, von aramäisch abba = Vater.

befindet sich ein steinerner Tisch mit drei Sofas, auf denen je neun Mönche das Mahl zu sich nehmen. Sie essen Brot, Gemüse und Obst (Feigen, Datteln, Oliven), leben also **vegetarisch**. Der Fleischgenuß ist in der Antike ohnehin eher schwach entwickelt.

Die Regel sieht vor, daß die Mönche - außer bei Krankheit - keinen Wein trinken. Bei den Ägyptern ist die Trunksucht damals ein Nationallaster. Mittwoch und Freitag sind Fastentage, das Mittagsmahl fällt weg. Am Abend genießen die Mönche Wasser und Brot. Diese Art des Fastens nennt man Halbfasten oder Semiienunium.

Wer ins Kloster eintritt, bringt sein ganzes Vermögen mit. Seine Habe wird - nach dem Vorbild der Urgemeinde - Gemeingut aller. Der einzelne ist besitzlos, doch die Güter gehören allen zusammen. Überschüssiges Gut muß an die Armen verteilt werden.

Kloster und Klosterleben

Die ganze Klostersiedlung ist mit einer weißen Mauer, als Schutz gegen Neugierde, umgeben. In jedem Haus der Klostersiedlung (z.B. eines für Weber, eins für Gärtner, Fischer, Bäcker, Hirten usw.) gibt es eine Anzahl Zellen für die Mönche. Das Kloster soll wirtschaftlich autark sein. Die Askese ist nicht sehr streng. Eingeschränkt wird der Schlaf, denn er ist ein Zugeständnis an das Fleisch. Es wird daher nur sitzend geschlafen; Schwächeren ist es gestattet, sich an eine Wand anzulehnen.

Als Bekleidung trägt der Mönch eine Tunika. Die Tunika entspricht unserem Nachthemd. Es fehlt die Hose, denn diese ist eine Erfindung der Germanen.

Oberste Tugend des Mönchs ist der **Gehorsam** gegenüber dem Abte. Auf keinen Fall dürfen sich die Brüder gegenseitig in den Zellen besuchen, damit "keine Sinnlichkeit entsteht"[305]. Die Mönche treffen sich zweimal täglich zum Gebet. Das Hauptziel des Klosters ist die heilige **Gemeinschaft**, die sich an der Urgemeinde orientieren soll. In seiner reichlich bemessenen Tageszeit hat der Mönch Gelegenheit, ganze Abschnitte der Bibel zu meditieren.

In rascher Folge entstehen weitere Klöster, die sich alle in die Abhängigkeit des Mutterklosters Tabennîsi begeben. Die Klöster bilden unter sich eine Kongregation. Nach dem Tod von Pachomius steigt die Zahl der Mönche auf 50.000.

Pachomius' Schwester Maria stiftet das erste **Nonnenkloster**[306] am anderen Ufer des Nils. Keine Männer dürfen zu den Nonnen. Einzig beim Tod einer Nonne holen zwei Brüder die Leiche am anderen Ufer ab zum Begräbnis.

Nach 340 erlebt das Mönchtum einen gewaltigen Aufschwung. Alle führenden Männer der Kirche werden vom Geist des Mönchtums erfaßt.

Bedeutende Förderer des frühen Mönchtums

1. **Athanasius** (295-373), Bischof von Alexandria seit 328. Er ist der große Kämpfer gegen den Arianismus. Er muß deswegen fünfmal ins Exil, u.a. auch nach Trier (335).
2. **Gregor von Nazianz** (330-390), Patriarch von Konstantinopel, asketischer Einsiedler.
3. **Hieronymus** (345-420), lateinischer Kirchenvater aus Dalmatien; bekehrt sich auf einer Reise nach Gallien, in Rom getauft, Freund von Bischof Damasus. Er betreibt in Rom - nicht ohne Widerstände - Reklame für die Askese,

---

305 Im Altertum ist die **Homosexualität** bis in die obersten Kreise hinein geduldet. Nur die Juden und die Christen wenden sich klar dagegen. Justinian verbietet sie um 550.

306 Koptisch nonna = keusch, rein.

v.a. unter vornehmen Damen. Seit 386 Vorsteher eines Klosters in Bethlehem. Übersetzung der Vulgata anstelle der alten Itala.

4. **Johannes Chrysostomus** (345-407), hervorragender Prediger in Antiochia, Patriarch von Konstantinopel. Schließlich verbannt wegen seiner mutigen Worte gegen die Sünden des Hofes.
5. **Basilius der Große** (330-379), Metropolit seiner Heimatstadt Cäsarea/Kappadozien. Basilius ruft eine Mönchsregel ins Leben, die dann in der Ostkirche die einzige wird und bleibt bis heute.

Im Osten gibt es nur **Basiliusklöster**. Wo liegt der Unterschied zur Pachomiusregel? Basilius fordert vermehrt auch geistige Arbeit. Die Mönche sollen studieren. Sie sollen sich wissenschaftlicher und krankenpflegerischer Arbeit widmen. Daher gehören die basilianischen Klöster in die Nähe von Städten.

Neben diesen Klöstern gibt es noch lange Kolonien, die sich nicht in ein Kloster verwandeln wollen. Der Rat eines Einsiedlers wird oft hoch geschätzt, z.B. Klaus von Flühe.

Schließlich gibt es auch viele Entgleisungen in ungesunde und schwärmerische Bahnen. Manche fallen in geistige Umnachtung, werden zeitlebens von Halluzinationen gequält und müssen elendiglich verenden. Wieder andere entwickeln sich zu diktatorischen Fanatikern, die - etwa bei Lehrstreitigkeiten - ganze Landstriche verunsichern. Solches Mönchsgesindel versteht sich in der gewaltsamen Einschüchterung von Konzilsvätern, in der Zerstörung einer Synagoge und sogar in der fanatischen Verbrennung einer heidnischen Philosophin[307].

---

[307] 415 wird in Alexandria die Philosophin Hypathia verbrannt. Sokrates, Kirchengeschichte 7,15.

Die Anfänge des Mönchtums im Westen

Das Mönchtum ist eine Frucht der Ostkirche. Wer bringt die neue Idee ins Abendland? Der erste ist der aus Alexandrien vertriebene Bischof Athanasius, Hauptgegner der Arianer. Als die römischen Kaiser, wenige Jahre nach dem Nicänum, arianisch werden, muß Athanasius in die Verbannung nach Trier (335). Er hält sich aber auch in Rom auf. Der mönchische Funke zündet, wenn auch nicht so explosiv wie im Osten. Ambrosius und Hieronymus werden von diesem Geist erfaßt. In Rom kommt es in Kreisen vornehmer Frauen zu einem wahren asketischen Fieber.[308] Die stärkste Breitenwirkung übt die von Euagrius[309] ins Lateinische übertragene Biographie des Antonius aus, die auch Augustin tief beeindruckt.

---

[308] Marcella, Fabriola, Paula und Eustochium u.a. (Einfluß von Rufinus und Hieronymus). Zur Krise kommt es, nachdem Basiläa vermutlich durch übertriebenes Fasten stirbt. Auch die Kleriker sind nicht begeistert von den Enthaltsamen und Asketen/innen, die sich ihnen gegenüber als Heilige fühlen. Bischof **Damasus** fordert vom Klerus den obligatorischen Zölibat gegen Widerstand aus Gallien und Spanien. **Vigilantius**, Presbyter in Barcelona, verwirft das Mönchtum als unsozial und geißelt die Auswüchse des Märtyrerkultes; **Helvidius**, Schüler des arianischen Auxentius von Mailand, bekämpft in den 380er Jahren in Rom die Lehre von der "perpetua virginitas Mariae" (gegen Hieronymus), und **Jovinian**, zunächst selber auch Asket, bestreitet (um 385/90 in Rom), daß die Askese als Verdienst die Taufgnade mehre. Er legt sein schwarzes Hemd und seine zottige Tunika ab, entscheidet sich für bessere Kleidung, ißt wieder Fleisch, besucht Bäder und spricht mit Frauen und Jünglingen. Er bleibt aber im Zölibat. Viele tun es ihm gleich, da sie das Mönchtum als Import aus dem Osten verstehen. Er wird im Jahr 390 als Häretiker exkommuniziert (Hieronymus, adversus Jovinianum).

[309] Euagrius wird um 385 Bischof der orthodoxen Gemeinde in Antiochia.

An den Ufern der Loire baut **Martin von Tours**[310] im 4. Jahrhundert ein Kloster. Auch auf den kleinen Inseln an der Westküste Italiens entstehen verschiedene Eremitenvereine. Um 400 erhebt sich auf der zweitgrößten Felseninsel vor Cannes das Kloster **Lerinum**[311]. Der Geist von Lérins strahlt über Lyon bis in die Juraklöster[312]. Im Jahr 416 gründet Johannes **Cassian**[313], ein Schüler des Chrysostomus, in Marseille ein Männer- und ein Frauenkloster. In die Reihe gallischer Klostergründer im Geiste Lérins gehören auch die Bischöfe Hilarius von Arles (gest. 542), Germanus von Auxerre (gest. 448) und Eucherius von Lyon (gest. ca. 450)[314].

---

[310] Sulpicius Severus, Das Leben des heiligen Martinus = BKV (1914), ebenso in: K. Suso Frank, Frühes Mönchtum im Abendland (Zürich 1975).

[311] Inselgruppe von Lérins. Die zweitgrößte Insel heißt heute Ile de St. Honorate. Honoratus stirbt 429 als Bischof von Arles. Vgl. Das Leben des heiligen Vinzenz von Lerinum = BKV (1914).

[312] Abt Romanus um 430/40. Vgl. dazu: Das Leben des hl. Abtes Romanus in: K.S.Frank, Frühes Mönchtum im Abendland II (1975) 105ff. Das Buch enthält auch die Biographie Martins von Tours (Sulpicius Severus).

[313] Johannes **Cassian**, geb. ca. 360, mit seinem Jugendfreund Germanus in einem Kloster zu Bethlehem, dann über 10 Jahre Einsiedler in Ägypten. Er gründet ca. 415 ein Männer- und ein Frauenkloster in Marseille. Sein Werk "Von den Einrichtungen der Klöster und Heilmitteln gegen die acht Hauptlaster" schildert die Ordnungen der morgenländischen Klöster; in seinen "Vierundzwanzig Unterredungen mit den Vätern" beschreibt er das ideale geistliche Innenleben der Mönche. Vgl. CSEL 13 (1886), deutsch BKV (1.A.1879).

[314] Bischofsamt und Mönchsideal sind jetzt besser vereinbar als zu Martins Zeiten. Mehrere gallische Bischöfe des 5. Jhs. sind durch Lerinum gegangen. Zu nennen ist auch der Priester und Mönch **Salvian** in Massilia (gest. ca. 480). In 8 Büchern **"De gubernatione Dei"** beschreibt er den Niedergang des Römischen Reiches als gerechtes Gottesgericht.

Sulpicius Severus aus Aquitanien berichtet uns in seiner Martins-Biographie über den Eifer der gallischen Mönche. Sie sind bestrebt, ihre ägyptischen Vorbilder an Heiligkeit noch zu übertreffen. Von Gallien verbreitet sich der mönchische Gedanke zu den Kelten in Britannien und Irland. In Nordafrika wird Augustin zum Vater des Mönchtums.

Benedikt von Nursia und die Benediktiner[315]

Dem Abendland fehlt die einheitliche Klosterpraxis des Ostens. Erst Benedikt von Nursia (Provinz Perugia) bringt dem Westen eine einheitliche Regel und Ordnung. Wir haben Kenntnis von Benedikts Leben aus der Erzählung **Gregors d.Gr.** (Papst von 590-604). Gregor schreibt seine "Gespräche über das Leben und die Wunder der italienischen Väter"[316]. Das zweite der vier Bücher behandelt das Leben Benedikts. Gregor stützt sich auf Berichte von vier Schülern des Abtes, die er als Gewährsmänner aufführt.

Die Völkerwanderungsstämme, zwar Barbaren und Arianer, leben weniger sünd- und lasterhaft als die Bevölkerung des spätrömischen Reiches (Deutung des Völkerwanderungs-Gerichtes). Das Werk ist übersetzt in: BKV, Salvian, Von der Weltregierung Gottes (1935).

Zu den frühen abendländischen Mönchsgrößen gehört auch **Paulin von Nola** (Prov. Neapel). Aus bestem Hause zu Bordeaux, kaum 25jährig Statthalter, wird er Asket, 409-431 Bischof von Nola, CSEL Bde 29/30 (1894).

[315] Gregor d. Gr., Der hl. Benedikt, lat./dt. (1995); K.S. Frank Benedikt von Nursia = GKG 3 (1983) 35ff; ders., Benediktiner = TRE 5 (1980) 549ff; Ch. Schütz/Ph. Rath, Der Benediktinerorden (1994).

[316] Dialogi de vita et miraculis patrum Italicorum (vgl. obige Anm.).

Benedikts Jugend

Benedikt heißt "der Gesegnete". Er wird um 480 zu Nursia (heute Norica) in Mittelitalien geboren. Möglicherweise übt schon das nahegelegene Kloster bei Nursia unter dem Abt Spes einen ersten Einfluß auf den Jüngling aus. Zum Studium der Wissenschaften geht er nach Rom. Angeekelt vom unsittlichen Treiben seiner Kameraden und der römischen Jugend, flieht er diese Stadt sowie sein eigenes Elternhaus. Auf seiner heimlichen Flucht ins Sabinergebirge folgt ihm seine Amme. Er kommt an den Ort Enfide (heute Affile), 50 km östlich von Rom. Hier lebt er in einem kleinen Haus mit seiner Haushälterin. Eines Tages verläßt er auch diese und begibt sich an einen noch einsameren Ort im Aniotal, genannt Sublacus (Subiaco). Hier wird er Einsiedler. Ein Mönch namens Romanus überreicht ihm ein Mönchsgewand aus Ziegenfellen. Er zeigt ihm auch einen geeigneten Aufenthaltsort und verspricht ihm, die allernotwendigsten Lebensmittel zu besorgen; er wird die ihm zubemessenen Nahrungsmittel mit Benedikt teilen. Romanus zeigt ihm eine schwer zugängliche, niedere Höhle in einer engen Schlucht am Fuße eines Berges, auf dem das Kloster von Romanus steht.

In dieser Abgeschiedenheit verbringt Benedict drei einsame Jahre. Mit einer langen Schnur und einem Glöcklein reicht ihm Romanus von Zeit zu Zeit das nötige Brot über den Felsen hinab. Auch Benedikt - berichtet Gregor - hat mit dem Teufel zu kämpfen. Der Satan zerschlägt mit einem Stein das Glöcklein; er erinnert ihn an ein hübsches Mädchen, das er einst gesehen hat.

Nach drei Jahren entdecken ihn Hirten. Doch sie erschrecken, denn sie meinen, sie begegnen einem Tier. Benedikt ist etwa 20jährig. Als die Hirten in ihm einen Einsiedler entdecken, lassen sie sich ehrfurchtsvoll belehren. Allmählich erfüllt sein Ruf die ganze Umgebung. Von allen Seiten holen Anachoreten seinen Rat.

Abt eines Höhlenklosters

Im Jahr 510 wählen ihn die Mönche eines nahegelegenen Höhlenklosters zu ihrem Abt. Doch der Gehorsam, den Benedikt verlangt, ist den meisten zu streng. Durch einen vergifteten Kelch suchen sie sich seiner zu entledigen. Doch - so Gregor - als Benedikt nach seiner Gewohnheit über dem Kelch das Kreuz schlägt, zerbricht das Gefäß. Benedikt verläßt das Kloster und begibt sich wieder in seine Höhle.

Macht über Menschen und Dämonen

Bereits nach kurzer Zeit umgibt ihn wieder eine ganze Traube von Asketen. Angesehene römische Familien bringen ihre Kinder zu ihm hinaus, damit er sie zu einem gottgefälligen Leben anleite. Selbst Goten suchen ihn auf. Allmählich vereinigt er seine Schützlinge zu kleinen Zwölfergemeinschaften, denen er je einen Abt vorsetzt. Er selbst steht ihnen allen vor als Oberabt. Eine Regel dieser Gemeinschaft ist nicht bekannt. Benedikts Ruhm verbreitet sich rasch, als er durch einen Rutenschlag einen Mönch von einem Dämon befreit und auf der Höhe eines Berges durch sein Gebet eine Quelle sprudeln läßt. Durch alle diese Vorkommnisse erregt er allmählich auch den Neid des dortigen Priesters. Darum verläßt Benedikt im Jahr 528 Subiaco. Er wandert südostwärts nach Campanien zwischen Neapel und Rom.

Kloster statt Apollotempel

Hier findet er die Burg Casinum bei Neapel und auf dem Gipfel des Berges Casinus einen verfallenen Apollotempel inmitten heiliger Haine. Die Bevölkerung der Gegend ist noch heidnisch. Auf der Stelle des alten Tempels baut er eine Kapelle und weiht sie Martin von Tours. Er bekehrt die noch vorhandenen Götzendiener und zerstört die Haine. Im Jahr 529 baut er mit seinen Mönchen ein Kloster und verfaßt seine Mönchsregel. Diese Regel gilt zunächst nur für Monte Cassino und seine Ableger. Papst Gregor der Große verschafft ihr ab 600 allgemeine Geltung für das Abendland.

Aufbau kontra Niedergang

Das Zeitalter Benedikts ist ein Jahrhundert des Zerfalls ohnegleichen. Die ganze christlich-abendländische Kultur bis nach Nordafrika droht von den Völkerwanderungs-Lawinen verschüttet zu werden. Krankheiten und Hungersnöte dezimieren die geplagte Bevölkerung zusätzlich. Mitten in diesem allgemeinen Niedergang zündet Benedikt auf seinem Berg ein Licht an. Die benediktinischen Klöster werden durch Bücherabschreiben den Schatz des Evangeliums sowie Teile der antiken Wissenschaft in die spätere Zeit nach der Völkerwanderung hinüberretten. Benedikt hat freilich nur sein Kloster vor Augen. Sein prophetischer Geist sieht aber die schrecklichen Zeiten des Landes voraus, dem auch sein geliebtes Kloster zum Opfer fallen wird[317]. Tage vorher sagt er seinen Brüdern auch sein Todesdatum voraus und bittet sie, ihm sein Grab zu bereiten. Am 21. März 547 gibt er seine Seele dem Schöpfer zurück.

[317] Monte Cassino wird 581 durch die Langobarden zerstört und erst 717 neu gegründet.

Die Regel Benedikts[318]

Die Regel Benedikts hat alle übrigen Regeln verdrängt und ist vom 8.-12. Jahrhundert alleinherrschend geworden. Das liegt an ihrem Inhalt und an ihrer Form. Sie ist knapp gehalten. Benedikt nimmt nur auf, was erprobt ist und was sich bewährt hat. Er ist ein glänzender Organisator. Als solcher zieht er die Schlußsumme aus allen Erfahrungen.

Wie steht Benedikt zum Eremitentum? Er lehnt es nicht ausdrücklich ab, aber er schließt es für alle aus, die Benediktiner werden wollen. Die Mönchsgemeinschaft soll eine Familie sein. Der Abt soll führen wie ein liebender Vater, der den Kindern nur das vorschreibt, was nützlich und möglich ist. Benedikt ist väterlicher Seelsorger. Das Mönchsleben soll nicht ein Büßerleben sein, sondern ein Familienleben, in dem jeder das leistet, was er kann.

Familie, Schule, Militia

Ein Kloster ist nach Benedikt dreierlei: Familie, Schule, Militia. Der oberste Kriegsherr ist Christus selber. Unter Militia versteht Benedikt den vollen Gehorsam und die Ertötung des eigenen Willens. Wie kommt es, daß ein Mönch den Ordensberuf beschreitet? Es ist - sagt Benedikt - nicht sein eigenes Verdienst. Gott erwählt und beruft einen Menschen in den Mönchsstand. Die Antwort des Mönchs besteht im Gehorsam. Dieser ist nicht Verdienst, sondern Gegengabe des Menschen, die Gott selber wirkt.

Benedikts Regel ist **christozentrisch**. Das Leben des Mönchs soll ein Dienst für Jesus Christus sein. Der Abt ist der Stellvertreter Christi innerhalb der Klostergemeinschaft. In den

---

[318] B. Steidle, Regula Benedicti, lat./dt. (3.A.1978); A. Tinsley, Im Hause Benedikts. Der Heilige und seine Regel (1999); H. U. v. Balthasar, Die großen Ordensregeln (7.A.1994).

Gästen und Armen, die an die Klosterpforte klopfen, wird Jesus selber aufgenommen.

Zum Amt des Abtes gehören auch Zucht und Strafrecht. Der Abt ist nicht nur Vater, sondern auch Richter. Die Regel nennt vier Berufssünden der Mönche: Halsstarrigkeit - Stolz - Ungehorsam - Murren (Maulen). Benedikt unterscheidet

Vier Stufen der Bestrafung:

1. Ermahnung durch den Abt unter vier Augen.
2. Öffentliche Zurechtweisung vor der Mönchsgemeinde.
3. Körperliche Züchtigung mit der Rute.
4. Verbot des Mitsingens.

Bei ganz schweren Vergehen:

1. Ausschluß von der Tischgemeinschaft.
2. Ausschluß vom Chorgebet.
3. Verlust des brüderlichen Verkehrs.
4. Tut der Schuldige immer noch nicht Buße, so gibt es nur noch ein Mittel: das Gebet aller Brüder für den Irrenden.

Die Besserung wird Gott überlassen. Hier sehen wir den tiefsten Grund von Benedikts Frömmigkeit. Es ist das **Gebet.** Erst zuletzt ist der Ausschluß aus dem Kloster vorgesehen.

Die Profeß-Formel

Ein Mönch hat drei Gelübde abzulegen:

1. **Stabilitas loci.** Ortsbeständigkeit, kein Herumschweifen. Im Jahr 529 gibt es Mönche, an die Benedikt mit Abscheu denkt. Es sind solche, die sich faulenzend von Kloster zu Kloster stehlen.
2. **Conversio morum.** Er verpflichtet sich zu Armut, Keuschheit, Besitzlosigkeit, Schweigsamkeit.

3. **Oboedientia.** Der Mönch ist bereit, dem Abt und der Regel unbedingt zu gehorchen.

Die Tageseinteilung

Benedikt	**Heute**
02 Uhr = Vigil	06.30 = Vigil & Matutin
05 Uhr = Matutin	07.30 = Laudes & Messe
06 Uhr = Prim	12.00 = Mittagsgebet
09 Uhr = Terz	16.00 = Vesper
12 Uhr = Sext	20.00 = Complet (Schlußgebet)
15 Uhr = Non	
16.30 Uhr = Vesper	
19 Uhr = Completorium (Schlußgebet)	
20 Uhr = Bettruhe	

Der ganze Tag soll für den Benediktiner ein Gottesdienst sein. Der Tageslauf besteht aus den Elementen **Gebet und Arbeit.** Dadurch, daß er für den Mönch mit dem Gebet auch die Arbeit verbindet, schafft er die Grundlagen zu einem christlichen Arbeitsethos. Die Arbeit aber empfängt durch das Gebet ihren Sinn und Adel.

Pachomius kennt erst zwei Gebetszeiten; Cassian von Marseille hat um 430 deren sieben, gemäß Psalm 119,164: "Siebenmal des Tages lobe ich dich". Benedikt führt acht Gebetszeiten ein. Die **Gebetszeiten** bilden noch heute das Gerippe des Tages.

Die Gebetszeiten umfassen bei Benedikt täglich 3,5 Stunden, heute noch 2,5 Stunden. Das Gebet wird stehend verrichtet. Kirchenbänke mit aufklappbaren Sitzen tauchen erstmals um 1000 in Hirsau auf. Wie sieht ein solches **Stundengebet** aus? Eine Vigil zum Beispiel besteht aus 15 Unterteilen:

1. Dreimaliges Gebet von Psalm 51,17: "Herr, tue meine Lippen auf, daß mein Mund deinen Ruhm verkündige!"

2. Psalm 4
3. Gloria, eine kleine Doxologie
4. Psalm 95
5. Ein Hymnus (Kirchenlied)
6. Sechs Psalmen
7. Gebet eines Psalms
8. Bibellesung
9. Drei Lesungen aus der Heiligen Schrift
10. Dazwischen Wechselgesänge Vorsänger/Chor
11. Gloria
12. Sechs Halleluja-Psalmen
13. Apostellesung
14. Ein beliebiger Psalmvers
15. Kyrie eleison: Herr, erbarme dich!

Man muß sich alles als gesungen vorstellen. Auch die Schriftlesung wird gesungen, und zwar alles im selben Ton, nur der letzte Ton ist tiefer. In einer Woche werden so alle 150 Psalmen durchgebetet. Das ist immer noch wenig im Vergleich zu ägyptischen Einsiedlern, die täglich alle 150 Psalmen durchgebetet haben sollen.

Später - seit Gregor VII. - betet man aus einem Brevier[319]. Es enthält Bibelabschnitte, Stücke aus den Kirchenvätern, Heiligengeschichten, Hymnen und Gebete.

Was wird im Kloster gegessen?

Schon im Altertum ißt man zweimal am Tage, um 12 Uhr und um 15.30 Uhr. Die Mahlzeiten heißen Brandium und Cena. Die Cena ist die Hauptmahlzeit. Für die Mönche, die schon früh aufstehen, liegt die Hauptmahlzeit zu Mittag. Der Fleischgenuß aller vierfüßigen Tiere ist untersagt. Fleisch von Fisch und Vögeln ist erlaubt, weil diese Tiere weniger erdbehaftet sind und für spiritueller gehalten werden als die Vierfü-

[319] Brevarium = Auszug.

ßer. Die Ordnung kommt praktisch einem Fleischverbot gleich.

Die Mönchskost besteht aus Brot, gekochten Mehlspeisen, Gemüse und Obst. Der **Fleischverzicht** der Benediktiner wird für das Gebiet nördlich der Alpen von Bedeutung. Als die Benediktiner nach Norden kommen, sind bei uns nur die Apfelbäume bekannt. Die meisten Gemüse und das Edelobst bringen die Mönche aus dem Süden. Daher kommt es, daß die meisten Früchte bei uns lateinische Namen tragen:

Pflaume ← Pflume ← lat.pruna/um ← griech. proumnon.
Kirsche ← ahd. chirsa ← lat ceresia ← gr. kerasos.
Ähnliches gilt für Birne, Pfirsich oder Quitte[320].

Jeder Mönch trinkt pro Tag 1/3 Liter Wein, vermischt mit Wasser. Nördlich der Alpen müssen die Mönche Weinberge anlegen.

Die Mönche schlafen in den Kleidern (Unterkleid und Kutte) im gemeinsamen Schlafsaal. Die Einzelzellen werden erst im 14. Jh. eingeführt, als die Geistesarbeit stärker betont wird.

Pioniere und Brückenbauer

Der Benediktinerorden hat eine unvorstellbare **Kulturarbeit** geleistet. Ora et labora! Die Benediktiner werden zu Pionieren des Christentums und der Kultur im Abendland: Sie roden Wälder, legen Äcker und Weinberge an, sie führen Gewerbe und Handwerk ein usw. Nicht geringer ist ihre Bedeutung für den geistigen Bereich. Seit dem 6. Jahrhundert wer-

[320] Urformen der Birne gibt es zwar nördlich der Alpen schon seit der Steinzeit, doch die edleren Sorten bringen die Mönche. Auch dic Quitte - wie die Kirsche und die Pflaume - stammten vermutlich urspr. aus Kleinasien.

den in den Benediktinerklöstern Bibliotheken angelegt. Wichtige Bücher und Werke werden abgeschrieben, allen voran die Heilige Schrift, aber auch Werke der Kirchenväter und Klassiker. So werden die Klöster zu Trägern der Wissenschaft und Bildung. Als unter den Fluten der Völkerwanderung die antike Welt versinkt, bilden die Klöster die Brücken, auf denen die Schätze des antiken Geistesgutes den Weg in die neue Zeit des Mittelalters finden. Als die Franken im 8. Jahrhundert sich anschicken, Alemannien zu organisieren, verfügt nur noch die Kirche über Leute, die in der Lage sind zu lesen oder Urkunden zu schreiben. Solche Urkunden ruhen heute noch im Stiftsarchiv St. Gallen.

Die Kultur des ganzen frühen Mittelalters ist Klosterkultur. Angehende Kleriker sowie die Kinder des Adels werden in Klosterschulen gebildet und erzogen. Berühmt ist um 800 St. Gallen. Manches Kloster gleicht der Stadt auf dem Berge, von der Licht und Werke der Liebe ausgehen. Vgl. die Arbeit des Bonifatius und seiner Mitkämpferin Lioba! Benedikts "Ora et labora" ist Europa zum Segen geworden. Europa ist nicht nur durch die Schwerter Karls d. Gr. geworden. Dahinter steht ein heute fast namenloses Heer von Missionarinnen und Missionaren, die ihr ganzes Leben hingaben in den Dienst der Liebe. Nur so wurden gerade die Sachsen auch innerlich für Christus gewonnen.

15. Die Zeit der Kirchenväter[321]

Wer ist ein Kirchenvater?

Der Titel eines Kirchenvaters hängt nach katholischer Lehre ab von vier Bedingungen:

1. Potior doctrina = vorzügliche Gelehrsamkeit
2. Sanctitas vitae = heiliges, mäßiges Leben
3. Competens antiquitas = der Alten Kirche zugehörend
4. Approbatio ecclesiae = Anerkennung der Kirche

Der springende Punkt ist der letzte. Tertullian und Origenes werden deswegen nicht in den Kranz der Väter aufgenommen. Sie erhalten von der Katholischen Kirche einen Ersatztitel. Man nennt sie Scriptores ecclesiae. Im Mittelalter nennt man die Schriftsteller Doctores ecclesiae.

Die Zeit der Patristik beginnt mit Tertullian und Origenes im 3. Jahrhundert und endet im 7. Jahrhundert. Der letzte Kirchenvater ist Isidor von Sevilla, gest. 636[322]. Ihren Höhepunkt erreicht die Patristik im 4. Jahrhundert. Der Sieg des Christentums macht den Weg frei für theologische Arbeit.

Die Wissenschaft betreffend die Kirchenväter nennt man Patrologie. Patristiker von Format waren Harnack und Lietzmann. Der beste Patristiker des 20. Jahrhunderts ist der katholische Theologe B. Altaner, dessen Patrologie seit 1938 in vielen Auflagen erschienen ist.

---

[321] CSEL (1866ff); deutsch: BKV (2.A.1911ff); Schriften der Kirchenväter, hg. N. Brox, I-X (1983/84); H. v. Campenhausen, Griech. Kirchenväter (8.A.1993); ders., Lateinische Kirchenväter (7.A.1995); B. Altaner/A. Stuiber, Patrologie (9.A.1980); H. R. Drobner, Lehrbuch der Patrologie (1994); H. Leppin, Die Kirchenväter und ihre Zeit (2000).

[322] **Isidor von Sevilla** faßt in 20 Büchern, genannt "Etymologiae", das Wissen seiner Zeit in 20 Büchern enzyklopädisch zusammen und überliefert es dem Mittelalter (→ Alcuin).

Von der Eigenart der Patristik

Die patristische Periode ist die Gründungszeit der Theologie. Die Kirchenväter sind nicht mehr unmittelbare Zeugen der Offenbarung wie die Männer der apostolischen oder der nachapostolischen Generation. Sie verfassen keine Evangelien mehr, auch keine Sendschreiben. Sie schreiben Auslegungen, Interpretationen des Schriftwortes, apologetische Traktate usw.

Man kann zwei Merkmale unterscheiden:

1. Ihre Theologie ist **schöpferisch-original**. Es wird der Inhalt des Glaubens zum erstenmal bewußt durchdacht. Sie versuchen, den Glaubensinhalt in Begriffe zu fassen. Sie legen Rechenschaft über ihren Glauben ab gegenüber den Herausforderern ihrer Zeit. Dabei handelt es sich meist nicht um abgerundete Systeme. Erst das Mittelalter systematisiert. Thomas von Aquin ist der Abgerundete. Augustins Gedanken sind noch nicht in die Fesseln eines Systems gepreßt. Seine Theologie ist gekennzeichnet durch eine Fülle von Ansätzen und Anregungen, sie ist offen nach allen Seiten hin. Erst die Scholastik prägt schulmäßige Formeln.

2. Die Patristik ist rein **kirchlich** und rein **theologisch**. Es besteht noch eine Grenze zwischen profanem und theologischem Stoff. Die Kirchenväter leben in der hochkultivierten spätantiken Welt mit einer reich entwickelten Profanliteratur.

Aus der großen Zahl von Kirchenvätern, griechischen und lateinischen, greifen wir in der Folge - neben Irenäus, Tertullian, Origenes und Athanasius - die sieben bedeutendsten heraus.

Die drei Kappadozischen Väter

1. Basilius der Große[323]

Basilius[324] wird um 330 in Cäsarea/Kappadozien geboren, also etwa zur Zeit des nicänischen Bekenntnisses. In Cäsarea[325] (Palästina) lebt zu dieser Zeit noch der alternde Bischof und Kirchengeschichtsschreiber Eusebius, in Ägypten ist Athanasius Bischof geworden.

In der Provinz Kappadozien ist der christliche Glaube im 4. Jahrhundert besonders durch den Origenesschüler Georg den Wundertäter verbreitet worden. Basilius stammt aus einer christlichen Familie. Schon seine Großeltern waren Christen. Seine Familie hat die Verfolgung durchlitten. Sein Vater war christlicher Rhetor. Er bejahte die griechische Bildung. Auch Basilius sollte Rhetor werden. Er studiert seit 351 in Athen, dem Ort der Musen, und schließt mit Gregor von Nazianz eine lebenslange Freundschaft.

Geist der Askese

Nach seiner Rückkehr in die Heimat wird er Rhetor. Doch diese Arbeit dünkt ihn leer. Es kommt ihm vor, als habe er bis jetzt seine Zeit nur verschwendet. Ganz im Sinne der Zeitströmung beweint er sein verpfuschtes Leben und zieht sich von der Welt zurück. Der Geist der Weltflucht kommt auch über

---

[323] Werke in MSG 29–32; teilw. Übs. BKV 46-47; Über den Hl. Geist = Font. Chr. 1.F. Bd. 12; H. Dörries, De Spiritu Sancto. Der Beitrag des Basilius z. Ausbildung des trinitar. Denkens (2.A.1997).

[324] Basileios, ausgesprochen Wasilios.

[325] Es gibt in der Alten Welt **drei Cäsarea**: 1. Cäsarea-Palästina, am Meer. Hier wirken eine Zeitlang Cornelius, Paulus, Origenes, Eusebius.
2. Cäsarea-Philippi (Mt 16,13). 3. Cäsarea in Kappadozien.

ihn. Das ist fast selbstverständlich, wenn man die Lage der damaligen Kirche bedenkt. Gefördert durch Konstantin und dessen Söhne, ist sie in kurzer Zeit zu einem gewichtigen Faktor des öffentlichen Lebens geworden. Bischöfe sitzen in glänzenden Stellungen; sie genießen Ansehen, Reichtum und breite Wirkungsmöglichkeiten. Die Gefahr einer Entwicklung zu liberalem Kulturchristentum ist gegeben. Basilius ist von dieser Entwicklung angewidert. So wird er Asket[326], aber er denkt doch biblisch und theologisch. Innerlich steht er auf der Seite des Nicänums, welches in Kleinasien die meisten Bischöfe aus Liebedienerei dem Kaiser und der allgemeinen Stimmung gegenüber preisgegeben haben. So wird er zum Kampfgenossen des streitbaren Athanasius, obschon er selber eine zartere und seelischere Natur ist als der eiserne Bischof von Alexandria. Über Athanasius hinaus unterstreicht er die drei "Hypostasen" der Dreifaltigkeit. Auch der Heilige Geist gehört für ihn - wie schon für Origenes - auf die Seite des Vaters und des Sohnes. Als Gott will er aber den Heiligen Geist nicht ausdrücklich bezeichnen. Er erkennt die Not der Spekulationen über die Bibel hinaus. Natürlich hofft er, durch seine Zurückhaltung auch die Pneumatomachen[327] zu gewinnen. Entscheidend ist, daß Athanasius ganz zu ihm steht.

Der Klostergründer

Von seinen Eltern hat Basilius riesige Ländereien geerbt. Dort leben schon seit längerer Zeit seine Mutter und seine

---

[326] Auch seine Schwester Makrina weiht sich dem asketischen Leben. Zwei seiner Brüder und sein Onkel werden ebenfalls als Bischöfe geweiht.

[327] Wer sich gegen die Wesensgleichheit des Heiligen Geistes mit dem Vater und dem Sohne stellt, bezeichnen die Orthodoxen nach der Synode von Alexandria 362 als **Pneumatomachen.** Athanasius ist es gelungen, den rechten Flügel der Origenisten (Homöusianer) auf seine Seite zu ziehen: Homoiousios = wesensähnlich. Homoousios = wesensgleich statt wesenseins.

Schwester in frommer Einsamkeit. Auch Basilius begibt sich in ein hohes Tal mit Fernblick, ganz in der Nähe eines Staubaches. Dort sammelt er seine Gesinnungsgenossen und gründet verschiedene Klöster, denen er eine **Regel** gibt. Auffallend ist, wie er den Inhalt des Mönchlebens verändert. Die äußere Abtötung des Fleisches allein ist ihm nicht genug. Zum wahrhaft frommen Leben gehört auch die Vertiefung in die heiligen Schriften. Er denkt dabei nicht nur an die Bibel, sondern auch an theologische Literatur, etwa die von Origenes. Diese theologische Beschäftigung der Mönche ist neu. Die Basilius-Regel wird und bleibt für die Ostkirche die einzige bis auf den heutigen Tag. Im Abendland dagegen hat die Katholische Kirche über 200 Orden mit ebenso vielen Regeln geschaffen[328].

Bischof von Cäsarea (Kappadozien)

Basilius verlangt ein ewiges Gelübde; eine Rückkehr in die Welt ist ausgeschlossen. Doch Basilius selbst ist ein Mensch des Handelns. Im Jahr 364 kommt es zu einer Wende. Bischof Eusebius zu Cäsarea (Kappadozien) ernennt den Mönch Basilius zum Priester und zieht ihn an seinen Hof. Anfänglich sträubt sich Basilius gegen diese Berufung. In Cäsarea lebt er ebenso asketisch wie im Kloster, doch kann sich nun sein Aktivismus entfalten. Er wird Prediger und Seelsorger. Basilius gilt als Begründer der griechischen **Kunstpredigt**. Bewußt setzt er die Rhetorik ein, bringt praktische Beispiele und Mahnungen usw. Während der großen Hungersnot des Jahres 368 predigt er gegen die Wucherer und geizigen Reichen, er organisiert Volksspeisungen für Christen und Heiden.

Caritas und Kampf für das Nicänum

Groß ist die Bedeutung von Basilius auf dem Gebiet der christlichen Liebestätigkeit. Er gründet eine Krankenstadt, die

---

[328] Orden sind nicht zu verwechseln mit Kongregationen. Ein Orden verlangt die feierlichen Gelübde, die Kongregation begnügt sich mit den vota simplicita, die nicht lebenslänglich sein müssen.

er Basilias nennt. Es entstehen Herbergen, Armenhäuser, Spitäler, Seuchenhäuser, Altersheime. Die ganze Liebestätigkeit ist wirtschaftlich autark[329]. Im Jahr 370 wird Basilius Bischof von Cäsarea. Er ist entschlossen, die Stadt zu einer festen Hochburg des Nicänums zu machen. Das ist schwer, denn Kaiser Valens ist ein überzeugter Arianer, der im ganzen Reiche Reisen unternimmt, um seine Sache zu schützen und zu fördern. Als Modestus, des Kaisers Präfekt, Basilius mit Güterentziehung, Verbannung, Marter und Tod droht, läßt sich der Bischof nicht einschüchtern. Unerschrocken antwortet er: "Sonst nichts? Von all diesem trifft mich nicht eines. Wer nichts besitzt, dessen Güter können nicht eingezogen werden... Verbannung kenne ich nicht, denn ich bin überall auf Gottes weiter Erde zu Hause. Marter kann mir nichts antun, da mein Leib ohnehin hinfällig ist. Der Tod aber ist mir willkommen, denn er bringt mich schneller zu Gott."[330] Solch unerschrockenes Auftreten gegenüber Vertretern der weltlichen Gewalt ist unter Kirchenfürsten selten. Sichtlich beeindruckt erwidert des Kaisers Vertreter: "Noch niemand hat es gewagt, mit mir in solchem Freimut zu sprechen." Basilius schließt den für ihn lebensgefährlichen Disput mit den Worten: "Dann hast du wohl noch nie einen Bischof gesehen!" So bleibt Kappadozien unter dem Einfluß von Basilius dem Glauben von Nicäa treu. 379 - zwei Jahre vor dem Konzil von Konstantinopel - stirbt Basilius kaum 50jährig an einem Leberleiden. Seine Zeitgenossen stehen wirklich unter dem Eindruck einer einmaligen Persönlichkeit und geben ihm den Namen "Basilius der Große", eine Bezeichnung, die kirchlichen Gestalten nur ganz selten zuteil wird.

---

[329] Vgl. die Krankenstadt Bethel bei Bielefeld.

[330] Gregor von Nazianz, Trauerrede auf Basilius, Kap. 49.

Die **Bedeutung** des Basilius liegt auf drei Gebieten:

1. auf dem asketischen Gebiet (Basilius-Klöster, Basilius-Regel),
2. auf dem Gebiet der christlichen Caritas (Spitäler usw.),
3. auf dogmatischem Gebiet. Erfolgreich widersteht er dem Arianismus und fördert den nicänischen Glauben, nicht zuletzt durch gesunde Diplomatie.

2. Gregor von Nyssa[331]

Gregor, der jüngere Bruder des Basilius, wird um 335 geboren. Auch er wirkt zuerst als Rhetor. Dann aber packt ihn - trotz seiner Ehe mit seiner geliebten und geistig hochstehenden Theosebia - das mönchische Lebensideal. Mehrere Jahre verbringt er in der Einsamkeit, ganz der Askese und der Theologie lebend. Gregor liest als Gelehrter Werke von Platon, Plotin und vor allem von Origenes. Er schreibt ein Erstlingswerk **"Über die Jungfräulichkeit"**. Das Werk ist die erste ausführliche dogmatisch begründete Höherwertigkeit des ehelosen Lebens. Er betrachtet das leibliche Leben pessimistisch. Wir müssen uns im Geiste über alles irdische Wesen erheben, denn alles Leibliche wird bedroht und schließlich vernichtet durch den Tod. Die Ehe ist oft der Tiefpunkt des Lebens und der Inbegriff aller Übel. Das gilt auch von der glücklichen Ehe, denn sie erregt den Neid der anderen. Auch für eine glückliche Ehe ist der Gedanke an den Tod etwas Schreckliches. Dazu kommen der Fluch der Geburtswehen und das Leid des Witwenstandes. Die ehelose Seele dagegen ist mit dem himmlischen Bräutigam verbunden. Seine 15 Predigten über das **Hohelied** preisen die mystische Hochzeit Gottes mit

---

[331] Krit. Ausg. der Werke: W. Jaeger (1921ff); dt. BKV, Gregor v. Nyssa (1927): Große Unterweisung, Reden über das Gebet des Herrn usw.; Homilien zum Hohelied = Font. Chr. 1.F. Bd. 16,1–3; D. L. Balas, Gregor von Nyssa = TRE 14 (1985) 173ff.

der Seele[332]. Das ist Mönchsgeist im Vollmaß. Gregor muß sich fragen lassen, wieweit hinter seinen Gedanken nicht auch religiös verbrämte Ichsucht steht.

Im Jahr 371 beruft ihn sein großer Bruder in Cäsarea auf den Bischofsstuhl der kleinen Stadt Nyssa, westlich von Cäsarea. Er folgt dem Ruf nur widerwillig. Vor dem kaiserlichen Druck muß er als Nicäner vorübergehend aus Nyssa weichen. Er erlebt 381 als einer der führenden Männer das Konzil zu Konstantinopel. Kaiser Theodosius erklärt ihn zu einem der orthodoxen Normalbischöfe. Seinem Einfluß ist es wesentlich zu verdanken, daß das Konzil den Heiligen Geist als dritte Hypostase der göttlichen Dreifaltigkeit anerkennt.

Gregor verfaßt auch eine eigene Dogmatik unter dem Titel **"Die Große Unterweisung"**[333]. Die Kirche steht - wie bei Origenes - im Dienste der allumfassenden Aufwärtsbewegung der Geister. Die Seele muß wie Christus der Welt sterben, denn nur durchs Sterben gelangt sie ins Leben. Der Heilige Geist trägt die Seele Gott entgegen. Schließlich wird Gott über alles siegen. Auch er vertritt die Lehre von der Allversöhnung, jedoch verhaltener und hypothetischer als Origenes.

Gregor verfaßt auch einen Brief über das **Wallfahren**. Er hat selber das Heilige Land besucht und ist enttäuscht nach Kappadozien zurückgekehrt. Das Wallfahren nach Jerusalem beginnt im 4. Jahrhundert Mode zu werden. Gregor ist überzeugt, daß Gottes Gegenwart im Heiligen Lande nicht inniger ist als anderswo. Im Gegenteil, das Zusammenleben der Geschlechter auf den Wallfahrtsreisen läuft den asketischen Idealen zuwider. Unordnung, Unsittlichkeit und Verwahrlosung gedeihen nirgends besser als hier. Er selber ist durch den Besuch der Stätten des Heilandes im Glauben nicht fester gewor-

---

[332] Gregor von Nyssa: Der versiegelte Quell. Auslegung des Hohenliedes, übertr. von H. U. v. Balthasar = Sammlung christlicher Meister 23 (1984). Auch Font. Chr. 1.F. Bd. 16,1–3.

[333] Siehe Anm. 331.

den. Die Pilgerfahrten fördern weder den Glauben noch das Glaubensleben. Im ganzen Mittelalter hat man nie mehr eine solche Stimme gegen den Sinn des Wallfahrens vernommen. Gregor stirbt nach 394.

3. Gregor von Nazianz[334]

Neben Basilius und Gregor von Nyssa ist Gregor von Nazianz der dritte Kappadozische Vater. Von allen dreien ist Basilius die überragende Gestalt. Auch Gregor von Nazianz steht in seinem Bann.

Gregor wird um 330 in Nazianz, südwestlich von Cäsarea, als Sohn des dortigen Bischofs, eines bekehrten Edelmannes aus Kappadozien, geboren. Damals dürfen die Bischöfe in der Ostkirche noch heiraten. Erst 550 führt Kaiser Justinian den Zölibat ein. Gregor erhält eine sehr gute Rhetorikausbildung. Er besucht die Rhetorenschule im heimatlichen Cäsarea, dann die christlichen Hochschulen in Cäsarea sowie in Alexandria; schließlich wechselt er an die heidnische Hochschule in Athen. Hier vertieft er die Freundschaft mit Basilius. Etwa 27jährig bricht er seine Studien ab und wird Mönch im Kloster Anesi. Vier Jahre später, im Jahr 361, als er einmal ausnahmsweise in Nazianz den Gottesdienst besucht, weiht ihn sein Vater überraschend zum Priester. Gregor erschrickt und flieht in die Einsamkeit. Schließlich kehrt er aber zurück und tritt sein Amt an.

In einer umfangreichen Rede[335] verteidigt er seine Flucht. Er schildert die Herrlichkeit des Mönchlebens und die schwere Verantwortung des Priesteramtes. Der Arzt bemüht sich um den menschlichen Körper, das heißt um vergängli-

---

[334] Font. Chr. 2.F. Bd. 22: Theologische Reden; H. G. Beck, Rede als Kunstwerk und Bekenntnis – Gregor von Nazianz (1994).

[335] MSG 35; deutsch in: BKV (1.u.2.Aufl.).

chen, irdischen Stoff, der ohnehin dem Untergang geweiht ist. Die Seele dagegen ist göttlich und ewig. Der Priester muß - das ist neu bei ihm - Seelenkenner und Seelenheiler sein. Gregor ist selber ein empfindsamer Mensch mit schwankendem Seelenleben.

Ostern 372 weiht ihn sein Freund Basilius zum Bischof des weltvergessenen Städtchens Sasima südlich von Nazianz. Gregor jedoch tritt das Amt gar nicht erst an. Sein Ehrgeiz ist verletzt, weil ihm sein Freund nur so ein kleines Städtchen gibt. Später folgt er einem Ruf als Presbyter an die nicänische Minoritätsgemeinde nach Konstantinopel. Als 378 der arianische Kaiser Valens im Kampf gegen die Goten stirbt und der rechtgläubige Spanier Theodosius Kaiser wird, entfaltet Gregor in Konstantinopel eine glänzende Tätigkeit als Redner und Prediger. Es gelingt ihm, das nicänische Anliegen warm und überzeugend zu vertreten und so in kurzer Zeit den Arianismus vollständig zurückzudrängen. Am Weihnachtsfest 380 erscheint Theodosius in Konstantinopel und verbannt den arianischen Bischof.

381 wird Gregor Bischof der Kaiserstadt. Doch auf der Höhe seiner Stellung - im Jahr des Konzils - wird er durch verschiedene Querelen in seiner Empfindlichkeit gekränkt und verzichtet auf das hohe Amt. Er zieht sich als Einsiedler auf ein Landgut zurück und stirbt um 390.

Gregors Charakter ist sehr uneinheitlich. Kennzeichnend für ihn ist die radikale Absage an die Welt, aber auch ein Hunger nach Ruhm. Reden ist ihm Leben. Er ist auch ein Lyriker. In Gedichten beschreibt er sein Leben von der Geburt bis zum schweren Abschied aus Konstantinopel. Er ist ein empfindsamer Mensch, nicht geschaffen, um auf die Bühne zu treten, aber auch nicht ruhig genug, um in der Einsamkeit zu verharren.

Johannes Chrysostomus[336]

Gründliche Ausbildung

Johannes Chrysostomus wird um das Jahr 347 in Antiochia, der zweiten Residenzstadt der östlichen Reichshälfte, geboren. Früh verliert er seinen Vater Secundus, Offizier des syrischen Armeecorps. So liegt seine Erziehung in den Händen der jungen Mutter Anthusa. Chrysostomus stammt also aus einer andern Welt als die drei vorgenannten Väter aus dem kappadozischen Landadel. Er unterzieht sich einer gründlichen Ausbildung in Philosophie und Theologie. Zu seinen Lehrern gehört der heidnische Rhetor Libanius. Theologie studiert er vor allem bei Diodor von Tharsus, dem Begründer der jüngeren antiochenischen Schule[337]. Wichtig wird ihm vor den dogmatischen Fragen die Bibelauslegung. Die Exegese soll der Predigt dienen. Sie soll darum belehrend, erbauend und erweckend sein, aber nicht vorschnell auf allegorische Nebengleise und Spekulationen abdriften. Chrysostomus wird nicht Dogmatiker an vorderster Front[338], er ist Exeget und Predi-

---

[336] MSG 47–64; Deutsch in die BKV aufgenommen: Matthäuskommentar, Über das Priestertum, Kommentare zum Römer-, Philipper-, Kolosser-, Galater- und Epheserbrief; Fontes Christiani, 1.F. Bd. 6/1-2 = Taufkatechesen (gr./dt.). – Lit.: J. M. Leroux, Johannes Chrysostomus = TRE (1988) 118ff; R. Brändle, Johannes Chrysostomus. Bischof – Reformer – Märtyrer (1999).

[337] Die **Antiochenische Schule**, begründet von **Lucian** (gest.311) und neu belebt durch **Diodor**, den späteren Bischof von Tharsus (gest. ca. 392), lehrt im Unterschied zu Alexandria eine historisch-grammatische Auslegungsmethode.

[338] Vater und Sohn sind sich "gleich" (isos); den Ausdruck homoousios braucht er nur selten. Christologisch betont er die ganze Gottheit Christi (gegen die Arianer) und die volle Menschheit (gegen die Apollinaristen). Maria ist ihm die immerwährende Jungfrau, aber die Aus-

ger. Er wirkt als praktischer Erzieher der Gemeinde, als Fürsorger der Kranken und Armen. Er gilt als der größte Prediger der griechischen Kirche. Seine Predigten, 90 **Homilien** über das Matthäusevangelium und 33 über den Römerbrief, können auch heute noch unmittelbar gelesen werden[339].

Askese und Seelsorge

372 läßt sich Chrysostomus taufen. Auch er beschließt, der Welt zu entsagen. Nur die eindringlichen Bitten seiner Mutter halten ihn von dem Plan ab, sich in die völlige Einsamkeit zu flüchten. Dafür kasteit er seinen Körper in jugendlichem Eifer so sehr, daß er bis an sein Lebensende ein geschwächter Mann bleibt.

Die kirchlichen Verhältnisse in Antiochien sind zu seiner Zeit unerquicklich und zerfahren. In der Stadt residieren drei Bischöfe: ein Arianer, ein strenger Nicäner und der milde Bischof Meletius als Leiter der Hauptgemeinde. Vermutlich gehören Chrysostomus und seine Mutter zu dieser Gruppe. 381 wird Chrysostomus zum Lektor ernannt, aber noch nicht zum Priester. Es erfüllt ihn eine tiefe Ehrfurcht vor dem heiligen Dienst. Er flieht in eine Höhle und verfaßt ein Werk **"Über das Priestertum"**[340], quasi eine erste Pastoraltheologie.

Er hat einen gewaltigen Eindruck vom Priesteramt und von der Unfähigkeit des Menschen. Der Priester ist Hirte. Er muß über jedes Schäflein wachen und dafür sorgen, daß keines verlorengeht. Daher, meint er, kann kaum ein Priester selig werden. Er selber flieht vor dieser Aufgabe in eine Höhle.

---

drücke Theotokos oder Christotokos verwendet er nicht. Chrysostomus ist nicht Dogmatiker wie Nestorius.

[339] BKV (2.Aufl.) 4 Bde.

[340] Peri hierosynes (ca. 386), deutsch in: BKV 27, Chrysostomus Bd. IV.

Erst nach Jahren wagt er es, diesen heiligen Dienst auf sich zu nehmen.

Der Prediger in Antiochia

386 wird Chrysostomus zum Priester der Kirche von Antiochia geweiht. Er darf jetzt an der Hauptkirche predigen. Hier entstehen die Predigten, die ihm später den Beinamen "Goldmund" eintragen. Äußerlich ist Johannes eine unscheinbare Gestalt, es fehlt ihm eine kräftige Predigerstimme. Aber "das Predigen macht mich gesund; sobald ich nur den Mund aufmache, ist alle Müdigkeit überwunden"[341]. Wenn er predigt, ist die Kirche meistens zum Bersten gefüllt, und seine Predigten werden mitstenographiert. Auch bei ihm spielt die Redekunst eine wichtige Rolle, doch wird der Inhalt von der Form nicht erdrückt. Rasch findet er den Weg von der Bibel zum Zuhörer. Chrysostomus ist ein praktischer und mutiger Prediger. Mehrfach kommt es vor, daß ihn die Gemeinde durch lautes Beifallklatschen unterbricht, worauf der Prediger seine Zuhörer ermahnt, ihre Zustimmung lieber durch die Tat als durch äußeren Beifall zu würdigen. Die Botschaft des Chrysostomus hat einen praktisch-sozialen Zug. Vor den Kirchentüren und in den Armenhäusern und Spitälern der Kirche drängen sich Bettler, Krüppel und Kranke mit Geschwüren. Sie sind wie Lazarus vor der Tür der Reichen und Frommen. Er ermuntert die Gläubigen, selber hinzugehen und mit eigener Hand die Not zu lindern. Zwischendurch muß aber auch er wieder vor leeren Bänken predigen, wenn in der Stadt Pferderennen oder andere Volksbelustigungen stattfinden.

Im Jahr 387 kommt es wegen massiver Steuererhöhungen in der Stadt zum Aufruhr. Der Pöbel stürmt das Prätorium, steckt das Haus eines Senators in Brand und stürzt die Bildsäulen des Theodosius und seiner Frau vom Sockel. Furchtbare Rache liegt in der Luft. Nun sieht sich Chrysostomus ver-

---

[341] hom. post terrae motum, Migne 50,713 f.; zit. bei Campenhausen, a.a.O. 142.

pflichtet, das Volk zu mahnen und Theodosius zu besänftigen. Er hält seine berühmten 21 Bildsäulen-Predigten. Der Kaiser gewährt den reuigen Antiochenern Verzeihung.

Bischof von Konstantinopel

395 folgt Theodosius sein Sohn Arkadius auf den Thron, ein genußsüchtiger Jüngling und Schwächling. Zwei Jahre später stirbt in der Hauptstadt Konstantinopel Bischof Nektarios, der Nachfolger Gregors von Nazianz. Während kirchliche Würdenträger sich um den Nachfolger für diesen hohen Posten streiten, fährt in aller Stille eine kaiserliche Karosse auf ein Landgut außerhalb der Stadt Antiochia. Der ahnungslose "Goldmund" wird zu einer angeblichen Besprechung eingeladen. Kaum hat er jedoch im Wagen Platz genommen, geht die Fahrt los - nach Konstantinopel! Der berühmte Prediger von Antiochia wird in aller Heimlichkeit in die Kaiserstadt entführt und dort als Bischof eingesetzt. Chrysostomus ergibt sich in sein Geschick.

Der ins Amt gezwungene Bischof schlägt nun neue Töne an. Ein großer Posten Marmor, bestellt zur Ausschmückung des bischöflichen Palastes, wird auf sein Geheiß verkauft. Der Erlös erlaubt den Bau neuer Spitäler und dazu die Anstellung von Ärzten und Seelsorgern. Ehebrecherische oder sonst unwürdige Kleriker werden kurzerhand abgesetzt. Chrysostomus verbietet Mönchen und Klerikern, Gott geweihte Jungfrauen als Haushälterinnen zu haben; vagabundierende Mönche werden in ihre Zellen oder Klöster gewiesen. Chrysostomus sorgt auch für die Missionierung und Betreuung der gotischen Ausländer der Stadt. Er predigt gegen den zur Schau gestellten Luxus des Hofes sowie den übertriebenen Putz der vornehmen Damenwelt. Die Kaiserin Eudoxia - dem neuen Bischof anfänglich noch gewogen - schenkt seiner Kirche silberne Kreuze.

Als Lohn die Verbannung

Nach kurzer Zeit sammeln sich in der Stadt jedoch allerlei Neider, Feinde und Rivalen. Zu ihnen gesellen sich auch reiche Hofdamen, ja selbst die Kaiserin. Sie alle fühlen sich durch die mutigen Predigten des neuen Bischofs verletzt. 403 muß Chrysostomus in die Verbannung, doch der Gottesmann ist auf seinem Weg in die Verbannung noch keine Tagesreise weit gekommen, als die Kaiserin in ihrem Schlafgemach eine Fehlgeburt erlebt. Ihr schlechtes Gewissen erkennt darin eine Strafe für die ungerechte Verjagung des unerschrockenen Gottesknechts. Chrysostomus wird zurückgerufen. Doch kaum zwei Monate später, als sich die Kaiserin etwas beruhigt hat, muß der Bischof die Hauptstadt erneut verlassen. Diesmal wird seine nächtliche Wegfahrt über den Bosporus durch ein Flammenmeer beleuchtet, denn die ganze Bischofskirche samt den kostbaren Wandteppichen steht in hellen Flammen. Chrysostomus reist nach Armenien. Er leidet unter Hunger und Kälte, wird aber von Freunden immer wieder aufgesucht und unterhält auch Kontakt mit dem Papst. Deshalb schickt ihn die Kaiserin an die Ostküste des Schwarzen Meeres. Zwei Soldaten treiben den Erschöpften pausenlos zu einer dreimonatigen Wanderung durch Sonnenglut und Kälte bis zum Ort Komana im Pontus. Am 13. September 407 zieht Chrysostomus ein weißes Sterbegewand an und stirbt am folgenden Tag total erschöpft mit den Worten: "Gepriesen sei Gott für alles!"

Ambrosius von Mailand[342]

Ambrosius wird um 339/40 in Trier als Sproß eines vornehmen römischen Geschlechts geboren. Sein Vater residiert hier als Statthalter von Gallien. Nach dem frühen Tod ihres Mannes zieht die Mutter mit den drei Kindern wieder nach Rom[343]. Ambrosius studiert hier Rhetorik und beherrscht auch die griechische Sprache aufs beste. Seine politische Laufbahn verläuft sehr steil. Schon mit 30 Jahren wird er zum Statthalter von Oberitalien mit Sitz in Mailand ernannt. Bald wird er die Würde des Statthalters mit der des Bischofs tauschen. Ein Zeichen der Zeit!

Beförderung vom Statthalter zum Bischof

374 stirbt der arianisch gesinnte Bischof Auxentius in der mehrheitlich katholischen Metropole. Die Bischofswahl der kirchlich gespaltenen Stadt verläuft so stürmisch, daß der neue Statthalter herbeieilt, um die erregten Gemüter zu beschwichtigen. Plötzlich ertönt aus dem Volk eine Kinderstimme: "Ambrosius episcopus!" (Ambrosius als Bischof!). In der Antike herrscht die Meinung, daß in verworrenen Situationen eine Kinderstimme als Gottesstimme zu betrachten sei. Spontan erschallt von allen Seiten der Ruf: Ambrosius episcopus! Damit ist Ambrosius rite durch Akklamation gewählt. Und

---

[342] Lat. Ausg. CSEL; Auswahl in deutscher Übersetzung in BKV, Ambrosius I (1914): Hexaemeron, 9 Vorträge (vgl. Basilius); Ambrosius II (1915): Lukas-Kommentar; Ambrosius III (1917): Pflichten der Kirchendiener, Taufe und Eucharistie, Jungfrauen, Trauerrede auf Theodosius u. a.). Biogr. Paulinus = MSL 14. F. Homes Dudden, The life and Times of St. Ambrose I-II (1935); H. v. Campenhausen, Lateinische Kirchenväter (7.A.1995); G. Haendler, Der Kirchenvater Ambrosius in: KG in Einzeldarstellungen I,3 (4.A.1992).

[343] Seine Schwester Marcellina empfängt am Weihnachtstag 353 aus der Hand des Bischofs Liberius den Schleier der gottgeweihten Jungfrauen. Sein Bruder Satyrus stirbt früh.

Ambrosius? Er sträubt sich gegen die Wahl! Nicht daß er den Wechsel als Abstieg empfunden hätte, im Gegenteil! Die Verantwortung ist ihm zu groß. Er ist kein Theologe, ja er ist noch nicht einmal getauft, sondern erst Katechumen. Innerhalb von acht Tagen empfängt er die Taufe und sämtliche Weihen.

Je mehr das Römische Reich zusammensinkt, desto mehr wenden sich Söhne von regierungsgewandten Familien der Kirche zu. Auch Ambrosius wird ganz ein Mann der Kirche, für die er fühlt und kämpft. Er verkauft seine ganze Habe samt allen Ländereien und verschenkt alles der Kirche für die Armen. Mit dieser freigewählten Armut verbindet er eine asketische Lebensart. Er erhebt für sich das Halbfasten beinahe zur Regel.

Kampf dem Arianismus!

Ambrosius holt auch seine theologischen Studien nach. Weil er fließend auch griechisch spricht, werden Clemens, Origenes, Basilius der Große und Philo seine bevorzugten Lehrer. Ambrosius ist somit ein Schüler der griechischen Kirchenväter. Das alte Mißtrauen der Abendländer gegen die "wissenschaftliche" Theologie der Griechen ist damit bei Ambrosius überwunden. Den Arianern, die Verständnis für ihre Anliegen erwarten, bereitet er herbe Enttäuschungen. Mit Wort und Tat arbeitet er gegen den Arianismus. Er bringt es so weit, daß der Arianismus im Abendland zusammenbricht.

Ambrosius, der Prediger

Die Hauptaufgabe eines Bischofs besteht für Ambrosius in der Unterweisung und der Predigt. Er gilt rasch als hervorragender Redner. Neu ist den Abendländern seine allegorische Auslegung, die er von den Alexandrinern übernimmt. Eine viel beachtete Predigtreihe befaßt sich mit dem "**Sechstage-**

werk" der Schöpfung[344]. Den geistesmächtigen Prediger zeigen auch die Trauerreden auf seinen Bruder Satyrus sowie auf Theodosius I. Schon in den ersten Jahren äußert er sich in einer Schrift über die Jungfräulichkeit. Die Jungfräulichkeit stammt vom Himmel. Ihr Ursprung ist der Gottes- und Jungfrauensohn. Das Heidentum weist (zum Beispiel in den Vestalinnen) nur Zerrbilder auf. Jungfräulichkeit ist kein Obligatorium, sondern ein guter Rat. Auch die Ehe ist ein guter Stand. Echte Jungfrauen sind aber ein Sühnopfer für die Eltern. Seine eigene Schwester gehört zu diesem Stand[345]. Daß Ambrosius als 30jähriger noch unverheiratet ist, hängt wohl mit dieser Sicht zusammen, doch ist er kein übertriebener Eiferer für dieses Thema.

Ambrosius, der Kirchenfürst

Ambrosius ist aber nicht nur Prediger - als Bischof hat er auch das Format eines Kirchenfürsten. Im Jahr 380 wird das Christentum zur Staatsreligion erklärt. Damit ist die heidnische Gefahr für die Kirche äußerlich vorbei. Ambrosius wagt es - ähnlich wie sein Zeitgenosse Chrysostomus -, der staatlichen Willkür entgegenzutreten. Im Jahr 390 zum Beispiel ist ganz Thessalonich in Aufruhr. Der Ortskommandant Botherich, ein Freund des Kaisers, hat einen beliebten Rennfahrer wegen sittlicher Verfehlungen einsperren lassen. Darauf bricht in der Stadt der Volkszorn los. Der General wird gelyncht. Theodosius lockt das Volk in den Zirkus der Stadt und läßt innerhalb von drei Stunden angeblich 7000 Anwesende zur Strafe mit dem Schwert umbringen. Theodosius hat damals seinen Sitz in

[344] Deutsch gedruckt in BKV (2.A.) Bd. 17. Ambrosius verbreitet hier Gedanken seines Lehrers Basilius. Auch ein Lukaskommentar ist in BKV enthalten.

[345] Über die Jungfrauen = BKV (2.A.) Ambrosius, Bd. III,307-386.

Mailand[346]. Ambrosius empfindet sich als zuständiger Seelsorger des Kaisers. Er schreibt ihm einen Brief und fordert ihn auf zu Tränen der Reue und der Buße. Auch König David habe nach seiner schweren Sünde kein anderer Ausweg offengestanden. Gott gehört die höchste Ehre. Darum erwartet der Bischof vom Kaiser einen öffentlichen Bußakt in der Kirche. Tatsächlich erscheint der Kaiser ohne alle Abzeichen als Büßer in der Kirche. Fünf Jahre später, in seiner Leichenrede auf den Kaiser, vermerkt Ambrosius: "Öffentlich in der Kirche beweinte er seine Sünde. Unter Seufzen und Tränen bat er um Vergebung. Wovor gewöhnliche Menschen sich schämen, davor schämte sich der Kaiser nicht, nämlich öffentlich Buße zu tun"[347].

Vom Mißbrauch kirchlicher Macht

Problematischer ist die folgende Geschichte: Im Städtchen Kallinikum (Mesopotamien) wird durch Christen eine Synagoge angezündet. Die Schuldigen werden zu Schadenersatz verurteilt, ein Urteil, das Theodosius bestätigt. Doch Ambrosius widerspricht dem kaiserlichen Gericht. Er beschönigt zwar nicht die Untat der Christen, aber die Kirche darf nicht öffentlich ins Unrecht gesetzt werden. Die Interessen der Religion stehen über den Interessen der weltlichen Gewalt. Ambrosius droht dem Kaiser, er könne ihm das Meßopfer nicht mehr darreichen, wenn er das Urteil nicht zurücknehme! Der Kaiser weicht zurück. Gert Händler urteilt zu Recht: "Der erste Bischof, der die Macht hatte, klerikale Ansprüche gegenüber dem Staat durchzusetzen, war nicht davor gesichert, diese Macht zu mißbrauchen"[348]. Die Drohung, einen Kai-

---

[346] Von 388-391 residiert Theodosius fast nur in Mailand.

[347] Trauerrede auf Theodosius, Kap. 34 = BKV 32 (2. A.).

[348] G. Haendler, Wulfila und Ambrosius (1961)21.

ser vom Abendmahl auszuschließen, begegnet uns hier zum ersten Mal.

Der Vater des abendländischen Kirchenliedes

Unter Ambrosius kommt auch eine neue Weise des Kirchengesangs auf. Im Jahr 386 soll Ambrosius in Mailand eine von zehn Kirchen den Arianern überlassen. Ambrosius weigert sich. Von der Kaiserin[349] erhält er den Befehl, die Stadt zu verlassen. Doch er versammelt sich mit seiner Gemeinde in der Hauptkirche. Soldaten umstellen die Kirche. Sie lassen nur noch Leute hinein, aber keinen mehr heraus. Mehrere Tage bleibt der Bischof mit seiner Gemeinde eingeschlossen. Ambrosius bleibt fest. Seit 376 sind alle Kirchen Mailands im Besitz der Katholiken. Die Paläste gehören dem Kaiser, die Kirchen aber dem Priester[350]! Hat Naboth seinen Weinberg nicht herausgegeben, so wird Ambrosius das Erbe Christi erst recht nicht weggeben. Der Kaiser steht nicht über der Kirche! Der Kaiser hat die klirrenden Waffen, Ambrosius und die Gemeinde haben die Tränen (passiver Widerstand). Augustin berichtet: "Die fromme Gemeinde verharrte in dieser heiligen Gefangenschaft des Nachts wachend in der Kirche, bereit, mit ihrem Bischof zu sterben. Da wurde der Hymnen- und Psalmengesang eingeführt nach morgenländischem Brauch, damit das Volk nicht vor Verdruß und Gram vergehe"[351].

Ambrosius, um das Volk bei gutem Mut zu halten, führt in Mailand die morgenländische Weise des Singens ein. Es ist

---

[349] Justina, die Mutter Valentinians.

[350] Cyprianisches Denken, das Ambrosius nun der weltlichen Macht entgegenhält!

[351] Augustin, Confessiones IX,7. Auch Augustins Mutter Monika befindet sich betend unter den Eingeschlossenen. Er selber bekennt von sich: "Auch wir, obgleich noch kalt, nicht von deinem Geist befeuert, waren doch aufgewühlt von all dem Schrecken und Tumult in der Stadt". Augustin wird am Ostertag des folgenden Jahres von Ambrosius getauft.

ein Wechselgesang zweifacher Art: a) ein Wechselgesang zwischen zwei Chören (sog. Antiphonen); b) ein Wechselgesang zwischen Vorsänger und Gemeinde (sog. Responsorien). Ambrosius bringt der Gemeinde auch mehrstimmige griechische Gesänge bei[352]. Es entsteht eine so starke Singbewegung, ein musikalisches Zeugnis, daß schließlich auch die christlichen Soldaten außerhalb der Kirche mitsingen. Die Kaiserin kapituliert.

Der Zusammenstoß des Jahres 386 samt der Kraftprobe zwischen dem passiven Widerstand der Mailänder Bischofsgemeinde und den Schwertern der Soldaten ist der letzte Anlauf des Arianismus von kaiserlicher Seite. Das spannungsgeladene Ereignis hat aber noch eine tiefere Bedeutung. Im Ambrosianischen Widerstand siegt die kirchliche Autonomie über die Staatsgewalt. Der byzantinische Cäsaropapismus, also die Auffassung, der Kaiser habe die Oberhoheit auch über den kirchlich-religiösen Bereich, erlebt im Westen eine Niederlage.

---

[352] In Anlehnung an die Synagoge werden in der Alten Kirche der ersten drei Jahrhunderte Psalmen gesungen. In der griechischen Kirche, besonders in Syrien, bei den Gnostikern, aber auch bei Arius, werden Hymnen - in Anlehnung an die Bibel - gesungen. Ambrosius ist selber Hymnendichter. Er darf als der eigentliche Begründer des abendländischen **Kirchenlieds** angesprochen werden. Von ihm stammen die Hymnen Deus creator omnium, Jam surgit hora tertia und etwa zehn weitere. (Ansätze dazu finden sich schon eine Generation früher bei Hilarius von Poitiers.) Im Mittelalter werden Ambrosius mehr Lieder untergeschoben, als er in Wirklichkeit verfaßt hat. Nicht auf Ambrosius zurück geht der sogenannte Ambrosianische Lobgesang "Te Deum laudamus". Komponist dieses Liedes ist wahrscheinlich sein Zeitgenosse, Bischof Niketas von Remesiana, Missionar der Balkanvölker (Serben). Remesiana lag an der Heeresstraße zwischen Belgrad und Konstantinopel. Hingegen hat das adventliche "Nun komm, der Heiden Heiland" seine Wurzeln bei Ambrosius.

Der mehrstimmige Gesang wird durch Papst Gregor den Großen (gest. 604) abgelöst durch den einstimmigen (gregorianischen) Gesang. Vgl. B. Boroffio, in: Geschichte der katholischen Kirchenmusik I, hg. von K.G. Fellerer (1972).

Die Geschichte des 5. Jahrhunderts wird die Selbständigkeit der römischen Kirche gegenüber dem byzantinischen Kaiser weiter begünstigen.

Ambrosius stirbt mit ausgebreiteten Armen in der Frühe des Karsamstags 397, am 4. April.

Hieronymus[353]

Eusebius Hieronymus wird um 342 in Stridon in Dalmatien als Sohn katholischer Eltern geboren[354]. Den ersten Unterricht erhält er im väterlichen Hause gemeinsam mit seinem Jugendfreund Bonosus. Zusammen studieren die beiden in Rom, wo Hieronymus Rufinus[355] und andere als Freunde kennenlernt. Auch er entschließt sich für den asketischen Weg und läßt sich am Ende seines Studiums in Rom taufen. Der Entschluß zur Askese verfestigt sich in einer Reise nach Gallien an die "barbarischen Ufer des Rheins". Vermutlich in Trier faßt er den Entschluß, sein Leben Christus zu weihen.

---

[353] MSL 22-30; CSEL 54ff; Deutsch: BKV, 3Bde.: Mönchbiographien, Nekrologe, homiletische und dogmatische Schriften; deutsche Biographie von G. Grützmacher, Hieronymus I-III (1901-1908, ND 1986); überholt durch Ferd. Cavallera, Saint Jérome I-II (1922); H. v. Campenhausen, a.a.O. 109-150.

[354] Heute vermutlich Grochovo polje in Ex-Jugoslawien.

[355] **Rufinus** von Aquileia (ca. 345-410). 373 Einsiedler in Ägypten, 379 Mönch in Jerusalem. Hier zerbricht die Freundschaft mit Hieronymus an der Frage nach Origenes. Ab 398 wieder in Italien. Rufinus übersetzt einen großen Teil der exegetischen Schriften von Origenes sowie das Werk "Peri archon" ins Lateinische (de principiis), wobei er dogmatisch anstößige Stellen mildert. Auch Homilien des Basilius und Gregors von Nazianz macht er dem Westen zugänglich. Rufinus gründet mit Melaneia, der Witwe des römischen Stadtpräfekts, um 380 am Ölberg ein Doppelkloster, das erste lateinische Kloster im Orient. 397 kehrt Rufinus nach Rom zurück.

Er will Mönch werden. Dieser Entschluß heißt damals, in den Orient zu ziehen, um in der Heimat des Asketentums in einer Wüste ein Eremitenleben zu führen. In Stridon verabschiedet er sich von seinen nicht eben begeisterten Eltern und zieht mit einer Reisegesellschaft von Gleichgesinnten unter der Führung des Presbyters Evagrius von Antiochia via Kleinasien ostwärts.

Asketisches Bekehrungserlebnis mit Visionen und blauen Flecken

Schwer erkrankt, findet er auf dem Landgut des Evagrius gastliche Aufnahme. In den Tagen seiner Rekonvaleszenz erlebt er ein Traumgesicht oder eine Vision. Er wird im Geist entrückt vor den Richterstuhl Gottes. Die himmlische Lichtfülle wirft ihn zu Boden. Er wagt nicht aufzublicken. Da wird er gefragt, wer er sei. Er antwortet, er sei ein Christ. Gott aber fährt ihn an: Du lügst, du bist kein Christ, du bist ein Ciceronianer, denn wo dein Schatz ist, da ist auch dein Herz. Er empfindet schwere Geißelstreiche und fleht um Erbarmen. Er schwört einen Eid, niemals mehr solche weltliche Bücher in die Hand zu nehmen. Als die Vision endlich vorbei ist, erkennt er auf seinen Schultern blaue Flecken[356]. Hieronymus ist nun klar, daß ein Mönchsleben, welches auf die Klassiker nicht verzichten kann, kein wahres Mönchsleben ist.

Als Eremit in der Wüste

375 läßt er sich in der Eremitenwüste Chalcis, östlich von Antiochia, nieder. Auch er erlebt ähnliche Kämpfe wie Antonius. Als Gegenmittel übt er sich in verschiedenen Handarbeiten. Er flicht Körbe, er schreibt Bücher ab und läßt sich durch einen getauften Juden in die hebräische Sprache einführen. Die Kenntnis des Hebräischen ist damals bei den Christen sehr selten. Er ist der einzige Kirchenvater, der wirklich gut He-

[356] Epist. 22 ad Eustochium c.30.

bräisch kann und zu einer Auslegung des Alten Testaments in der Ursprache fähig ist.

Im Jahr 380 läßt er sich durch Bischof Paulinus[357] in Antiochia zum Priester weihen, ohne jedoch einen priesterlichen Dienst anzutreten. In Konstantinopel erlebt er die große Zeit Gregors von Nazianz. Auch mit Gregor von Nyssa macht er Bekanntschaft. Durch Bischof Apollinaris von Laodicea läßt er sich tiefer in die griechische Sprache einführen.

Zwischenspiel in Rom

Bischof Damasus von Rom lädt Hieronymus ein zu einer römischen Synode des Jahres 382. Damasus ist der erste römische Bischof mit fürstlichem Gehabe. Hieronymus lebt hier unmittelbar am Puls großformatiger Geselligkeit. Er wird Berater von Damasus. Die Gunst des Bischofs und Beziehungen zu prominenten Leuten der Stadt machen ihn zum einflußreichen Mann in Rom. Doch als Damasus 384 stirbt, wird sofort klar, wie unbeliebt er bei der Bevölkerung in Tat und Wahrheit ist. Als zum Beispiel ein junges Mädchen unerwartet stirbt, geht das Gerücht um, die Ursache ihres Todes sei das unvernünftige Fasten, das Hieronymus sie gelehrt habe. So spürt Hieronymus, daß seine Zeit in Rom vorbei ist.

Klostergründer in Bethlehem

385 reist er zum zweiten Mal, diesmal endgültig, "von Babylon nach Jerusalem". Aber nicht allein! Es begleitet ihn Paula, eine vornehme Römerin, mit ihrer Tochter Eustochium, die sich nebst vielen anderen Damen von ihm für das asketische Lebensideal begeistern ließen[358]. Um falschen Gerüch-

---

[357] Paulinus gehört zur Gruppe der stramm orthodoxen Nicäner, genannt Altnicäner.

[358] Die jugendliche Eustochium gelobt immerwährende Jungfräulichkeit. Zur Befestigung dieses Gelöbnisses schreibt Hieronymus einen Brief an Eustochium: "Eva war im Paradiese Jungfrau; erst nach dem Anzie-

ten vorzubeugen, reist Hieronymus den beiden etwa einen Monat voraus. Mit dem Geld der reichen Paula baut Hieronymus bei Bethlehem zwei Klöster, ein großes Frauenkloster (mit drei Abteilungen) für Paula und ein Männerkloster für ihn selber samt den zugehörigen Pilgerherbergen und einer Klosterschule. Hieronymus hat nun alles, was er zur Befriedigung seines Engagements braucht: Bücher, Vorleser, Stenographen und Schreiber, Assistenten und wissensdurstige Schüler, aber auch fromme Frauen und geistliche Freundinnen, die ihn verehren und für ihn sorgen.

34 bewegte Jahre

34 Jahre arbeitet Hieronymus als Gelehrter, oft ganze Nächte hindurch beim kargen Licht eines Öllämpchens seine Augen strapazierend. Eine friedliche Arbeit ist ihm nicht vergönnt. Im Streit um Origenes in den 90er Jahren des 4. Jh.s entzweit er sich mit Rufinus und Bischof Johannes von Jerusalem. Der Untergang des Römischen Weltreiches wirft seine Schatten bis ins entlegene Bethlehem. Nach der Eroberung Roms durch Alarich im Jahr 410 drängen unzählige römische Flüchtlinge in das Kloster. Nahrung und Geld werden knapp. Paulas Geld ist aufgebraucht. Er sendet seinen Bruder in die Heimat, um seine geerbten Ländereien für das Kloster zu versilbern. Schwärme von Hunnen und Raubzüge von Arabern jagen die Bewohner seiner Klöster in die Flucht und verbreiten Angst und Schrecken. Im Jahr 416 stecken Pelagianer - fanatische Mönche und landstreicherisches Gesindel - aus Rache sein Kloster in Brand, mißhandeln die Insassen und töten einen Diakon. Schwer trifft ihn der Tod Eustochiums 419. Er selber

---

hen der Röcke aus Fell nahm die Ehe ihren Anfang. Bewahre den Zustand, in dem Du geboren bist... und wisse, daß die Jungfräulichkeit das Natürliche ist, die Ehe aber erst nach dem Sündenfall kam" (Brief an Eustochium = CSEL 54, Brief 22, S.143 ff.; deutsch in BKV). Hieronymus stellt die Ehe als Folge des Sündenfalles dar, was nicht dem biblischen Zeugnis entspricht.

stirbt am 30. September 420, körperlich erschöpft, doch geistig nicht ermüdet.

Hieronymus als Gelehrter

Neben Augustin ist Hieronymus der gelehrteste Kirchenvater. Er verbindet das Wissen des Morgenlandes mit dem des Abendlandes. Er macht das Abendland mit den griechischen Kirchenvätern bekannt.

Hieronymus verfaßt ein literaturgeschichtliches Werk unter dem Titel **De viris illustribus**. Er bietet einen Katalog von christlichen Schriftstellern der ersten vier Jahrhunderte. Darin nimmt er die Apostel sowie die wichtigsten Schriftsteller und Väter auf, zuletzt auch sich selber. Mit dem Werk will er nachweisen, daß nicht nur das Heidentum, sondern auch die Kirche - und gerade sie - erleuchtete Persönlichkeiten aufzuweisen habe.

Hieronymus schreibt **Auslegungen**, Erklärungen oder Homilien über die meisten Bücher der Bibel, allen voran über die Propheten. Auch er ist erfüllt von der allegorischen Auslegung, darin abhängig von Origenes. Er treibt die Allegorie aber nicht zu weit, denn er kennt die hebräische Sprache. Hieronymus schreibt seine Erklärungen meist in großer Eile. Bei der Auslegung der Paulusbriefe bringt er es pro Tag mitunter auf 1000 Zeilen. Die Auslegung des Matthäusevangeliums diktiert der Rekonvaleszent seinem Schnellschreiber in zwei Wochen, um sie einem Freund aus Cremona zur Abreise als Gabe zu überreichen. Eine große Anzahl unechter Schriften zeigt das hohe Ansehen des rechtgläubigen Gelehrten.

Aus seiner spitzen Feder stammen auch **Streitschriften**. Der dalmatinische Sanguiniker (und Choleriker) spart nicht mit verletzenden Attributen. Ambrosius nennt er "eine häßliche Krähe", ist aber doch auch wieder des Lobes voll für ihn. Seinen einstigen Freund Rufinus verfolgt er wegen des Streites um Origenes in häßlicher Weise. Auch sein Verhältnis zu Chrysostomus ist nicht ungetrübt.

Gegen einen gewissen Helvidius in Rom, der die Behauptung gewagt hat, die Geschwister Jesu seien Kinder Josefs und Mariens gewesen, verfaßt er die Schrift **"Über Marias beständige Jungfrauschaft"**[359]. Er verficht durchs Band mönchische Ideale. Maria gilt den Mönchen als das Urbild der Virginität. Die sogenannten Brüder Jesu seien Söhne aus einer früheren Ehe Josephs. Mit Maria habe Joseph nur eine Scheinehe geführt, eben eine Josephsehe. Auch der Römische Stuhl macht sich diese Ansicht um 400 zu eigen.

Die wichtigste Arbeit ist die **Revision der lateinischen Bibel**. Dieses Werk nimmt ihn fast 20 Jahre lang in Anspruch. Die ersten lateinischen Bibelübersetzungen tauchen gegen Ende des 2. Jahrhunderts in Nordafrika auf. Im 3. Jahrhundert gibt es die vetus latina, es ist die Bibel Cyprians und Augustins. Die vetus latina ist uns teilweise in Väterzitaten erhalten geblieben.

382 erhält Hieronymus von Bischof **Damasus** den Auftrag, eine gut lesbare, einheitliche lateinische Bibel zu schaffen. Hieronymus arbeitet daran bis zum Jahr 405. Er sagt dazu: "Ich bin nicht so töricht zu meinen, irgendwelche Worte des Herrn müßten verbessert werden oder seien nicht göttlich inspiriert, aber die lateinischen Handschriften der Heiligen Schriften haben sich aufgrund der Varianten als fehlerhaft erwiesen. Sie wieder an die Form des griechischen Originals heranzuführen, aus dem sie übersetzt worden sind, ist mein Ziel "(Brief Nr. 27). Zur Übersetzung des Alten Testamentes berücksichtigt er nebst der griechischen Septuaginta auch den hebräischen Grundtext. Er reist auch nach Cäsarea und nimmt Einsicht in die Hexapla des Origenes.

Die Übersetzung von Hieronymus setzt sich erst seit dem 8./9. Jahrhundert durch. Der Name Vulgata (vulgare = unter das Volk bringen) ist sogar erst seit dem 13. Jahrhundert gebräuchlich.

---

[359] De Mariae virginitate perpetua.

Hieronymus ist schließlich auch als Übersetzer zu würdigen. Er hat nicht nur verschiedene Homilien und das Hauptwerk des Origenes ins Lateinische übersetzt[360], auch die Chronik von Eusebius und die Regel von Pachomius macht er den Abendländern zugänglich.

Hieronymus ist eine vielseitig gebildete Persönlichkeit mit wenig ausgeglichenem, sanguinisch-cholerischem Charakter. Er ist fleißig, ehrgeizig, aber auch rücksichtslos. Er fängt vieles an und schreibt seine Werke schnell, weil er fürchtet, es könnte ihn sonst der Überdruß ankommen.

---

[360] De principiis von Hieronymus ist verloren, erhalten ist die Übersetzung des Rufin.

Aurelius Augustinus (354-430)[361]

Augustin wird am 13. November 354 in Thagaste, einer kleinen Stadt im heutigen Algerien, nahe der Grenze zu Tunesien, geboren. Sein Vater Patricius ist Stadtrat und spricht lateinisch. Er könnte also ein Sohn von lateinischen Kolonialisten sein (Indogermane)[362]. Sein Vater ist Heide, seine Mutter Monika aber engagierte Christin, die ihren Sohn unter die Katechumenen aufnehmen läßt.

Augustin schildert die ersten 35 Jahre seines Lebens in den berühmten **Konfessionen**[363]. Die Biographie ist eine Art Zwiegespräch mit Gott, ein Dankgebet, vergleichbar mit den Psalmen. Sie zeigen den Weg zum Licht, wie ihn Augustin erlebt hat. Er bekennt seine Schuld und die erfahrene Vergebung. Augustin schreibt seine Bekenntnisse allerdings erst um 400, etwa 14 Jahre nach seiner Bekehrung. Der Maßstab, den er jetzt an seine Jugendzeit anlegt, ist der mönchisch-asketische. Bei den schwärzesten Farben, die er zur Darstellung seiner Jugendsünden gebraucht, ist daher eine gewisse Vorsicht am Platze.

---

[361] MSL 32–47. Dt. Übs. in: BKV (2. A.) 12 Bände: Predigten über das Joh.-Evang., De doctrina, Vom ersten katechetischen Unterricht, Vom Glauben und den Werken, Enchiridion oder über Glaube, Hoffnung und Liebe, Bde. IX u. X enthalten Briefe von 386–430; Bde. XI und XII: Über die Dreieinigkeit. Ferner: Werke in deutscher Sprache, Hg. C. J. Perl, Iff (1955ff). – Lit.: P. Brown, Augustinus von Hippo (1973, dtv 2000); K. Flasch, Augustinus (2000); E. Dassmann, Augustinus – Heiliger und Kirchenlehrer (1993); G. Haendler, Leben und Werk des Kirchenvaters Augustin = KGE I,5 (4. A.1995); H. v. Campenhausen, Lateinische Kirchenväter (7. A.1995); A. Adam, Lehrbuch der Dogmengeschichte I (6. A.1992); W.-D. Hauschild, Lehrbuch der Kirchen- und Dogmengeschichte (Bd. I) (2. A.2000).

[362] In der Provinz leben aber auch Berber (Hamiten) und Phönizier (Semiten).

[363] Konfessionen, oft übersetzt, z.B. BKV (1.und 2.A.) oder: Fischerbücherei, Nr. 103.

Augustins Jugend

Dank der mütterlichen Fürsorge ist Augustin als Katechumene schon früh mit der Kirche verbunden. Er besucht in Thagaste die Elementarschule und dann den Unterricht eines gewissen Grammaticus. Als Knabe ist er sehr lebhaft. Er haßt trockene Lehrfächer wie Grammatik und Mathematik, dagegen freut er sich an den Geschichten der heidnischen Mythologie.

Augustin soll Rhetor werden. Dazu studiert er Redekunst, Philosophie und Jura. Die Stellung eines Rhetors ist damals geschätzt und gut bezahlt. Der Römer glaubt sich vom Barbaren zu unterscheiden durch seine gründliche Kenntnis der Rhetorik und ihrer Gesetze. Augustin hat also Aussichten auf eine gute Laufbahn. In der Nachbarstadt Madaura sowie in Karthago studiert er einige Semester. Er muß aber sein Studium abbrechen, da dem Vater das Geld ausgeht. Ein ganzes Jahr lang verbringt der 16jährige in einem erzwungenen Müßiggang im Elternhaus. In den schwärzesten Farben malt er das Erwachen des Geschlechtstriebes im zweiten Buch der Konfessionen: "Nebeldünste stiegen aus dem sumpfigen Gelüst des Fleisches und dem Strudel sich regender Mannbarkeit, und sie verwölkten und verdunkelten mein Herz... das Dorngestrüpp der Sinnlichkeit wuchs mir über den Kopf... auf den Straßen Babylons trieb ich umher und wälzte mich in seinem Schmutz".

Was Augustin an praktischen Sünden nennt, ist ein Birnendiebstahl und etwas später die Beziehung zu einem Mädchen in Karthago, welche unbeabsichtigt die Geburt des Knaben Adeodatus (ca. 371-387) zur Folge hat. Er bleibt aber seiner Konkubine, die er im Gottesdienst kennengelernt hat und mit der er aus Standesgründen keine rechtmäßige Ehe schließen kann, treu. Im Jahr 400 blickt er nur noch mit Reue und Schmerz auf das Konkubinat zurück: "Dabei sollte ich lernen, welch ein Unterschied sei zwischen dem Besonderen einer ehelichen Bindung, die man der Zeugung wegen eingeht, und einem Abkommen zu geschlechtlichem Liebesrausch..." Über allem preist er immer wieder die Gnade Gottes und die Gebete seiner Mutter.

Stufen seiner Entwicklung (Bekenntnisse)

1. Die erste Stufe seiner geistigen Entwicklung ist die der herkömmlichen **Kirchlichkeit**. Sie dauert bis 373.
2. 373 wird in der Schule eine Schrift von **Cicero** mit dem Titel "Hortensius = der Mahner" gelesen. Die (heute verlorene) Schrift muntert auf zum Studium der Philosophie. Cicero, der größte römische Redner, verurteilt am Ende seines Lebens die Beredsamkeit auf die zweite Stelle und hebt die Freude an der Weisheit, die Philosophie, auf den ersten Platz. Augustin bekehrt sich unter diesem Eindruck "nicht zu dieser oder jener Philosophenschule, sondern zur **Weisheit** selbst". Nur eines fehlt ihm noch bei Cicero: der Name Christi.
3. Augustin liest in der **Heiligen Schrift**[364], doch "mein geschwelltes Pathos sträubte sich wider ihre unscheinbare Weise, und meine Sehkraft reichte nicht in ihr Innerstes hinein... vom Hochmut geschwollen deuchte ich mich groß"(3,5).
4. So wird er 375 **Manichäer** und Lehrer der Rhetorik in Karthago. Der Manichäismus behauptet, ein Christentum in philosophisch geläuterter Form anzubieten. Das zieht Augustin an. Voll überzeugt ist er allerdings nur kurze Zeit. Den manichäischen Bischof Faustus bezeichnet er als "Teufelsstrick", in dem sich viele nur wegen seines angenehmen Vortrags verfangen. Daß er von dieser Sekte wieder freikommt, schreibt er nicht seiner Begabung zu, sondern: "Deine Hand, mein Gott, die Hand Deiner verborgen waltenden Vorsehung, ließ nicht von meiner Seele, und aus dem blutenden Herzen meiner Mutter stieg Tag und Nacht ein Tränenopfer auf für mich. Und Du hast es auf wunderbare Art mit mir gefügt"(5,7). Bis 383 bleibt er Mitglied der Sekte. Im übrigen widmet er sich der Lehrtätigkeit, dem Studium und Gesprächen im Freundeskreis.

---

[364] Es liegt ihm natürlich noch nicht die Übersetzung des Hieronymus vor, sondern die holperige Vetus Latina.

5. 384 in Rom, führt er zunächst ein eher lockeres Leben in einem kurzen Stadium der geistigen **Skepsis** oder Resignation. Er verliert den Gottesglauben zwar nie völlig, aber in die Kirche wagt er sich auch nicht, weil er keine Ahnung hat, was eigentlich Glauben bedeutet. Doch nicht einmal in einer schweren Krankheit, die ihn befällt, "verlangte ich nach Deiner Taufe". Er macht sich lustig über die Heilung durch den Glauben. Doch sein Sterben wäre nun ein doppelter Tod, gewiß würde es auch der Mutter das Herz brechen. "Das Herz einer Witwe, die... zweimal des Tages, morgens und abends, ohne je zu fehlen, in Deine Kirche ging, nicht zu Klatsch und Altweiberschwatz, sondern daß sie in deinem Predigtwort Dich höre und Du sie hörtest in ihrem Gebet." Ihre Tränen "erflehten ja nicht Silber und Gold, sondern das Heil der Seele ihres Sohnes... Herr, und Du warst da und gabst Gehör!"(5,9).
6. Die Heilung von der Krankheit und die echte geistliche Sorge der Mutter wecken in ihm **Erkenntnis der Sünde** und **Vertrauen in die Bibel**. "Ich war gewohnt, mich freizusprechen und etwas unbekanntes Anderes schuldig zu sprechen, das in mir stecke und gar nicht ich sei[365]. In Wirklichkeit war es nur meine Gottesferne, die mich gegen mich aufgespalten hatte, und das war Sünde...".
7. 384 wird er als Professor der Rhetorik nach Mailand berufen, ein Jahr später folgen Monika, seine Frau und sein Sohn. Zu Ambrosius bleibt er zunächst in eigenartiger Distanz. "Ich hielt mein Herz nur aufgetan, um zu hören, wie beredt er sprach." Als Professor steigt sein Ansehen, er gewinnt neue Freunde. Doch wenn er aufsteigen will, muß er auch eine standesgemäße Frau vorweisen. Monika gelingt es, eine Verlobung mit einem zehnjährigen Mädchen herbeizuführen. Seine rechte Frau,

[365] Entsprechend der manichäisch-dualistischen Anschauung.

"die mir ans Herz gewachsen war", reist sofort nach Afrika zurück, ihm gelobend, keinen zweiten Mann zu nehmen. 15 Jahre ist sie seine Konkubine (und Gattin) gewesen. Augustin hat bei der Entlassung kein schlechtes Gewissen, es geschieht nach römischem Recht. Aber der Schmerz des Abschieds überwältigt ihn. Noch zwei Jahre muß er bis zur Heirat mit dem Kinde warten. Im Unterschied zu seiner ersten Frau ist er nicht zur Keuschheit fähig. Er besorgt sich eine Konkubine auf Zeit, denn er ist ja verlobt.

Die Frage nach dem Ursprung des Bösen und nach Gott führt ihn zur Philosophie des **Neuplatonismus**[366]. Anweisungen Plotins befolgend, erlebt er eine Exkursion der Seele aus dem Körper und schaut "mit dem Auge meiner Seele hoch über meinem Geist das unwandelbare Licht... und ich fand mich weit von dir in der Fremde des entstellten Ebenbildes". Schließlich hört er weit aus der Ferne eine Stimme: "'Ich bin es, der ich bin!' Und ich hörte es so, wie man mit dem Herzen hört."

Solche okkulten Praktiken sind grundsätzlich gefährlich. Auch Augustin distanziert sich später von dieser Art Selbsterlösung. Es ist ein Hinaufsteigen zur "Gottesschau" aus eigener Kraft.

Dennoch verdankt Augustin seiner neuplatonischen Phase zweierlei: Er gewinnt Klarheit darüber, daß Gott Geist und nur Geist ist. Auch die Frage nach dem Ursprung des Bösen wird ihm beantwortet. Diese Fragen bereiten ihm noch Schwierigkeiten, als er bereits unter dem Einfluß von Ambrosius steht. Wie ist die Tatsache des Bösen mit Gott, dem Schöpfer, zu vereinbaren? Ist Gott nicht auch der Urheber des Bösen? Mani lehrte: Es gibt Lichtmächte und Finsternismächte. Gott deckt sich

---

366 **Plotin**, Mitschüler und Student von Origenes (205-270), stammt aus Ägypten und leitet dann in Rom eine neuplatonische Schule. Einer seiner Schüler ist Porphyrius.

mit den Lichtmächten, er ist ein feines Fluidum. Von diesem materiellen Gottesbegriff wird Augustin durch Plotin wieder befreit. Gott ist nicht materiell, er ist reiner Geist. Dies alles und noch mehr hätte Augustin natürlich in der Bibel noch klarer nachlesen können. Die Bibel sagt: Gott ist Geist und wohnt in einem Lichte, zu dem niemand kommen kann (Joh 4,24 u. 1. Tim 6,16).

8. Augustin liest die Briefe des Apostels **Paulus**. Aber er liest Paulus mit neuplatonischen Augen. Das Wort "Fleisch" bei Paulus versteht er nicht als böser Wille, sondern als Sinnlichkeit. Somit wird Augustin klar, daß auch die Ehe nicht der höchste Stand des Christen sei. Das christliche Ideal heißt Askese. Auch das Rhetorenamt, mit dem man irdisches Geld verdient, verträgt sich nicht mit christlicher Vollkommenheit. In härtestem Kampf dringt er vor zur neunten Stufe.
9. Augustin wohnt mit Sohn und Mutter in einem gemieteten Landhaus. Er eilt in den Garten "in bitterster Zerknirschung meines Herzens... ich stieß meinen Jammer laut aus: Warum nicht jetzt das Ende meiner Schande?" Da hört er plötzlich Worte spielender Kinder: "Nimm es, lies es, nimm es, lies es!"[367] Aus der Kinderstimme vernimmt er Gottes Stimme. Aufs Geratewohl schlägt er die Bibel auf und liest im Römerbrief die Stelle: "Laßt uns ehrbar wandeln als am Tage, nicht in Schmausereien und Trinkgelagen" (13,13). Jetzt hat er die Kraft zur **Bekehrung.** Er gibt beides, **Beruf und Ehe**, auf. Am Karsamstag des Jahres 387 läßt er sich mit seinem Sohn und einem Freund von Ambrosius in der Kirche San Ambrogio taufen, "und von Stund an wich auch die Unruhe des vergangenen Lebens von uns"(9,6). Er stärkt sich an den neu eingeführten Mailänder Hymnen und Psalmengesängen und freut sich seiner Tränen.

---

[367] Tolle lege, tolle lege!

Auf der Heimreise nach Nordafrika stirbt **Monika** in Ostia mit den Worten:

> Sohn, was mich betrifft, so hat nichts mehr in diesem Leben einen Reiz für mich. Was ich hier noch tun soll und weshalb ich noch hier bin, weiß ich nicht, denn jede Zeitlichkeit ist verzehrt. Eins war es sonst, wozu ich noch zu leben wünschte, daß ich dich noch als gläubigen Christen sehen möchte, bevor ich stürbe. überreich hat mir Gott nun dieses gewährt, da ich dich jetzt das irdische Gut verachten und als seinen Diener sehe. Was also habe ich hier noch zu schaffen? (9,10).

Im Dienst für die Kirche

In Thagaste verwandelt Augustin sein elterliches Haus zu einer klosterähnlichen Anlage. Mit Freunden zusammenlebend, verzichtet er auf Privateigentum; die Gemeinschaft gibt sich feste Gebetszeiten.

391 reist er in die Hafenstadt Hippo. Die Mehrheit der dortigen Christen gehört zu den Donatisten. Die größte Kirche der Stadt gehört ihnen. Der katholische Bischof Valerius ist alt. Fast mit Gewalt bringen die versammelten Gläubigen Augustin zu Valerius und bedrängen ihn, den Mönch zum Priester zu weihen. Augustin ist 37jährig. Als Priester gründet er in Hippo ein Kloster, vermutlich das erste in Afrika. Wenig später, 395, wird er zum Bischof von Hippo (heute Bône) geweiht. Augustin fehlen noch immer die Kenntnis der Bibel und der volle Glaube. Er denkt, Gott wolle ihm diese praktische Aufgabe geben, damit er mit seinem Bildungsdrang breche. Der Neuplatonismus tritt nun stark zurück. Der ganze Augustin wird biblischer und kirchlicher. Der Theologe Augustin fängt eigentlich erst richtig an mit dem Jahr 391. Durch intensives Studium der Paulusschriften wird er der große Pauliner in der Alten Kirche. Augustin entwickelt sich aber als Bischof noch weiter.

Zwei Kämpfc führen ihn je auf eine neue Stufe: der Kampf gegen den Donatismus und der Kampf gegen den Pelagianismus. Im Ringen mit den Donatisten findet er seinen

Kirchenbegriff, der Streit mit Pelagius vermittelt ihm seine Lehre von der Sünde und der Gnade.

Die Überwindung des Donatismus

Im Hintergrund des donatistischen Anliegens steht die Überzeugung, daß nur von Todsünden freie Priester und Bischöfe geisteswirksame Sakramente spenden können. Das ist bei der allgemeinen Kirche nicht mehr der Fall, denn sie duldet ehebrecherische Kleriker oder solche, welche während der Verfolgung heilige Bücher auslieferten. Das Anliegen der Novatianer, nämlich eine von Todsündern freie Kirche, wird bei den Donatisten auf den Stand der Priester reduziert. Anfänglich werben auch die Donatisten um Konstantins Gunst, doch als sich die Waagschale zu ihren Ungunsten neigt, erschallt der Ruf: "Was hat der Kaiser mit der Kirche zu schaffen?" Je mehr sich die allgemeine Kirche mit dem Staat zusammentut, desto stärker gehen die Donatisten zum Staat auf Distanz. Hinzu kommen bei dieser rein afrikanischen Erscheinung nationale und politische Faktoren. Es kommt auf beiden Seiten zur Anwendung von Gewalt. Augustin selber wird bedroht[368]. Betreffend die Wirksamkeit der **Sakramente** hält Augustin fest: "Ihr seid schon rein um des Wortes willen, das ich zu euch geredet habe" (Joh 15,3). Christus sagt also nicht "rein um der Taufe willen". Auch im Wasser ist es das Wort, das reinigt. "Nimm das Wort weg, und was ist das Wasser anderes als eben Wasser? Es tritt das Wort zum Element hinzu, und es wird zum Sakrament, auch dieses gleichsam ein sichtbares Wort"[369].

In seiner Lehre von der **Kirche** verfolgt Augustin zwei Gedankenreihen:

---

[368] Possidius, Leben Augustins 12.

[369] Detrahe verbum, et quid est aqua nisi aqua? Accedit verbum ad elementum, et fit sacramentum, etiam ipsum tamquam visibile verbum (Traktate über das Johannesevangelium 80,3).

Mit Cyprian ist ihm die Kirche die äußerlich sichtbare Heilsanstalt. Die Liebe ist die größte aller Gaben. Christliche Liebe kann nur in der Einheit bewahrt werden. Ohne die Liebe ist alles ein Nichts! Darum vertritt er schließlich die Meinung, der Staat habe die Pflicht, die widerstrebenden Donatisten in die Katholische Kirche zurückzuführen: Nötiget sie, hereinzukommen![370]

Augustin ist aber auch überzeugt, daß es in der Kirche und selbst bei den Priestern gute und böse Menschen gibt. Die wahre Kirche Gottes deckt sich nicht mit der äußerlich sichtbaren. Die Gemeinschaft der Heiligen (communio sanctorum) ist die Gemeinschaft der Erwählten (numerus electorum). Gott ruft und schenkt den Glauben. Er allein kennt die, welche er zum Heil bestimmt hat. Die Schar der Erwählten ist begrenzt. Auch das Beharren bis ans Ende ist ein Geschenk (donum perseverantiae). Es gibt aber auch die Verwerfung (damnatio). Sie ist Gottes Geheimnis[371].

Pelagius und die Gnade

Pelagius aus Irland oder Britannien zieht um 380 nach Rom, wo er sich nach einem Jurastudium taufen läßt. Er glaubt nicht an die völlige Verderbtheit der menschlichen Natur durch den Sündenfall. Adam hat der Menschheit nur ein schlechtes Beispiel gegeben. Durch die Taufe wird der Urzustand des Menschen wiederhergestellt. Der Mensch empfängt wieder das volle Ebenbild Gottes. Ein getaufter Christ soll und kann ein sündloses Leben anstreben. Er kann kraft seiner Natur die Gebote Gottes erfüllen. Er hat den freien Wil-

[370] Lukas 14,23; Brief 93.

[371] Wider die Briefe Petilians 2,77,172; Über die Taufe 3,16,21; De doctrina christiana 3,32,45.

len[372]. Wozu braucht es dann noch die Gnade? Die Gnade ist gut, wenn man noch mehr will.

Als Alarich mit den Westgoten Rom einnimmt, flieht Pelagius nach Nordafrika, ohne daß es zum Zusammenstoß mit Augustin kommt. Er zieht dann weiter ins Morgenland und findet 415 auf einer Jerusalemer Synode Anerkennung.

Im Kampf gegen Pelagius entwickelt Augustin seine Lehre von der **Erbsünde** und von der **Gnade**. Der Mensch im Paradies ist von Gott mit dem freien Willen ausgestattet[373]. Gott gibt ihm sogar das adjutorium gratiae, d.i. die Beihilfe der Gnade, beim Guten zu bleiben. Durch den Sündenfall ist der Mensch total der Sündenmacht verfallen[374]. Augustin kommt zu dieser Überzeugung aufgrund von Römer 5,12[375]. Die ganze Menschheit - auch die Kinder - ist daher ins Verderben hineingezogen (massa perditionis). Wenn ein Mensch den Ruf zum Heil hört und sich dem Wort der Versöhnung öffnet, so ist dies überhaupt nicht sein Verdienst; es ist einzig die Gnade der Erwählung. Aus eigener Kraft kann auch der getaufte Mensch sich nicht zum Heil emporarbeiten. Er verfällt dem gerechten Verderben. Diese düstere Sündenlehre ist die völlige

---

[372] Liberum arbitrium. Die Sünde ist demnach non naturae delictum, sed voluntatis. Der Mensch hat den freien Willen zum Guten wie zum Bösen.

[373] Die menschliche Natur ist ursprünglich ohne Schuld: primitus inculpata. Das peccatum originale macht den Menschen nicht schlechthin zum Leben unfähig, aber völlig unfähig zum Guten (2. Kor 5,17; Eph 2,3-5; Röm 3,23; 1. Kor 1,17. Vgl. Über Natur und Gnade 3,3-6,6.

[374] Die Sünde wirkt sich aus als consupiscentia und als völlige Unfähigkeit, sich der Sünde zu enthalten. Der Mensch **muß** hinfort sündigen: Auf ihm lastet die misera necessitas non posse non peccandi.

[375] Lat. Text: in quo (= Adam!) omnes peccaverunt (griechisch: epi touto hoti... = aufgrund davon, daß, weil). Die Augustinische Interpretation der lateinischen Übersetzung ist mönchisch-neuplatonisch mitbedingt: Via Geschlechtsakt vererbt sich die Sünde.

Entsprechung zu seiner hellen Gnadenlehre. Gottes Gnade steht für ihn immer am Anfang, vor unserem Laufen und Wollen (Phil 2,13). "Der Glaube ist von Anfang bis Ende Gottes Geschenk[376]!" Augustin lehrt also die Prädestination, aber als Geheimnis, nicht als ausdiskutierbare Lehre[377]. Gott, und nicht der Mensch, ist der Erste und der Letzte.

Der Pelagianismus wird 418 auf einer Synode von Karthago verdammt. Der Papst schließt sich der Verurteilung an. Pelagius stirbt, und **Julian von Eclanum** wirbt gegen Augustin für den Pelagianismus. Er verliert darum sein Bistum und findet Zuflucht bei Nestorius in Konstantinopel, der aber auf dem ökumenischen Konzil von Ephesus 431 selber verurteilt wird.

Im Osten bleiben die Fragen in der Schwebe. In **Gallien** setzen sich vor allem Bischof Faustus von Reji und der Mönchsvater Cassian für einen sogenannten **Semi-Pelagianismus** (Halb-Pelagianismus) ein. Der Mensch könne sich auch aus eigenem Willen Gott öffnen, ohne eine zuvorkommende Gnade. Die **Synode von Orange 529**, angeführt durch **Cäsarius von Arles,** verurteilt den Semipelagianismus und lenkt erneut zu Augustin zurück. Der Papst bestätigt diesen Beschluß, und auch östliche Monophysiten schließen sich dieser Synode an. Durch Augustin wird die Lehre von der Rechtfertigung zum Zentralthema der abendländischen Theologie.

Die Reformation nimmt das Anliegen Augustins wieder auf, während Humanismus, Aufklärung, Idealismus und Moderne sich an dieser Lehre stoßen[378].

---

[376] Fides... et inchoata, et perfecta, donum Dei est. De praedest. sanct. 8,16.

[377] Warum Gott lieber diesen als jenen rettet, das gehört zu seinen unerforschlichen Ratschlüssen und seinen unergründlichen Wegen (Röm 11,33); De praedest. sanct. 8,16.

[378] Vgl. Erasmus, Über den freien Willen; Luther, Über den unfreien Willen. Vgl. Bd. III, 102ff.

Der Gottesstaat[379]

De Civitate Dei schreibt Augustin nach der Plünderung der Ewigen Stadt durch Alarichs Barbaren im Jahr 410. Es erheben sich heidnische Stimmen, die sagen: Rom ist unter den heidnischen Göttern groß geworden, unter dem christlichen Gott ist es schmählich zerfallen.

Augustin antwortet: War Rom - dem Charakter nach - überhaupt je einmal groß? Seine Ausdehnung ist ja nur durch Kriege zustandegekommen. Dies widerspricht der menschlichen Gerechtigkeit, die jedem läßt, was er hat. Wenn es an der Gerechtigkeit fehlt, so sind Königreiche nichts weiter als Räuberbanden. Augustin lehnt den Staat nicht ab. Aber der römische Staat ist für ihn in seiner ganzen Geschichte ein Staat ohne Gerechtigkeit. Er glaubt, der christliche Staat der Zukunft werde den Nachbarn das Ihre belassen.

Wie kommt es nach Augustin zum Staat? Die Keimzelle des Staates sind Ehe und Familie. Staaten sind immer aus Familien entstanden. Die Familie Adams wurde so groß, daß er sie nicht mehr überblicken konnte. So wurde schon Kain ein Staatsmann. Natürlich hält Augustin die Monarchie für die rechte Staatsform. Dem Hausvater als dem Haupt der Familie entspricht der Monarch als das Haupt der Staatsfamilie. Die große Gefahr für den Staatsmann besteht allerdings darin, daß er sich beweihräuchern läßt. Dieser Gefahr des Übermutes sind bis jetzt fast alle Monarchen erlegen. Die christlichen Fürsten, glaubt Augustin, werden sich beherrschen und es besser machen. Augustins Ideal ist der Kleinstaat. Viele friedliche Kleinstaaten verbürgen den Weltfrieden.

---

[379] Zu diesem Ausdruck kommt Augustin aufgrund von verschiedenen Bibelstellen, die von der Stadt Gottes reden, zum Beispiel Ps 46,5; 48,2 ff.; 87,3; Gal 4,26; Hebr 11,10.16; 12,22; 13,14; Offb 3,12; 21,2 f. Civitas bedeutet aber nicht nur Stadt, sondern auch Gemeinde, Gemeinschaft, Bürgerschaft, Gesellschaft, Staat, Reich. Alle diese Deutungen schwingen im Begriff Civitas Dei mit.

Augustinus, De civitate dei, lat./dt., Hg. Ch. Horn (1997).

Der Staat hat aber neben der Ausübung der Gerechtigkeit noch einen höheren Zweck. Er soll mithelfen in der Erziehung der Menschen auf ihr jenseitiges Ziel hin. Dazu bedient er sich dreier Mittel:

1. Er sorgt für den Frieden.
2. Er schützt vor den Feinden des Glaubens (Germanen).
3. Er erläßt Ketzergesetze und führt Ketzer in die Kirche zurück.

Der irdische Staat ist zwar durch den Sündenfall geprägt, aber er ist gottgewollt, denn er sorgt für Frieden und Ordnung. Wenn er der Kirche dient, erlangt er einen höheren Wert. Die irdische Kirche ist die sichtbare Heilsanstalt, nicht frei von Sündern, aber ihr innerer Kern besteht aus den wahren Christen. Der Gottesstaat, das Reich der Gottesliebe und der wahren Christen, ringt in einem langen Prozeß der Weltgeschichte mit allen widergöttlichen Gewalten um den Sieg[380].

Augustin stirbt in der belagerten Stadt

Alarich will ursprünglich nach Nordafrika übersetzen, stirbt aber in Unteritalien. Damit ist für Afrika die Gotengefahr beseitigt. Dafür setzen im Jahr 429 die Vandalen bei Gibraltar auf den afrikanischen Kontinent über. Auch sie sind ein arianisches Volk. Manche glauben, das Weltende sei gekommen. Augustin stirbt in der belagerten Stadt am 28. August 430. Er wird in der Bischofskirche der Stadt beigesetzt. Weil die Vandalen sein Grab zerstören könnten, wird der Sarg nach Sardinien gebracht. Im 8. Jahrhundert, als die Araber Sardinien erobern, bringt man die sterblichen Reste des Kirchenvaters nach Pavia. Dort ruhen sie bis heute in der Basilika San Pietro in Ciel d'Oro in einem Sarkophag aus dem Jahr 1362, gemeißelt vom Bildhauer Giovanni di Balduccio.

---

[380] Zur Civitas Dei gehören nicht nur die wahren Gläubigen auf Erden, sondern auch die Geister der Erlösten im Himmel und die Engel. Sie umspannt also Himmel und Erde zugleich.

16. Die christologischen Kämpfe im 4./5. Jahrhundert[381]

Die beiden Hauptfragen

Kaum hat die Kirche ihren äußeren Frieden gefunden, so bildet sich im Inneren ein neuer Kampf heraus, der für Jahrzehnte ihren ganzen Körper erschüttert und wertvollste Kräfte lähmt. Die Kirche wird zur Beute von Lehrgegensätzen, so daß der Kaiser eingreifen muß. Die Welt macht sich über die Christen lustig.

Auf der andern Seite rufen diese Gegensätze auch die fähigsten Männer auf den Plan. Die Blütezeit der Patristik (Kirchenväter) fällt ins 4. Jahrhundert.

Es sind zwei bedeutende Hauptkämpfe, die in allgemeinen Konzilien ihren Abschluß finden:

1. Wie ist das Verhältnis zwischen Jesus Christus und Gott? Diese Frage findet im Konzil von **Nicäa (325)** sowie in **Konstantinopel (381)** ihre Antwort.

2. Wenn Jesus wahrer Gott und wahrer Mensch ist, wie ist dann das Verhältnis zwischen seiner göttlichen und menschlichen Natur? Die Frage wird beantwortet im Konzil von **Chalcedon (451)**.

---

[381] Eusebius, Kirchengeschichte (1997); G. H. Opitz, Urkunden zur Geschichte des arianischen Streites (318–328) = Athanasius, Werke III,1 (1934/5); G. Bardy, Recherches sur Lucien d'Antioche et son école (Paris 1936) Arius-Fragmente S. 216–278; Athanasius, Vier Reden gegen die Arianer = BKV 13 (2. A.); M. Tetz, Zu Leben und Lehre des Athanasius (1995); Th. Böhm, Die Christologie des Arius (1991); H. C. Brennecke, Nicäa = TRE 24 (1994) 429ff; A. M. Ritter, Arianismus = TRE 3 (1978) 692ff; A. Adam, Dogmengeschichte I (6. A.1992); F. Loofs, Leitfaden zum Studium dr Dogmengeschichte (7. A.1968) 159ff; H. R. Drobner, Lehrbuch der Patrologie (1994) 324ff; W.-D. Hauschild, a.a.O. I, §1.

Aus der Vorgeschichte

Das Neue Testament bezeugt uns die Offenbarung von Jesus Christus nicht in scharf geprägter Systematik. Es macht zwar klare Aussagen, aber es drückt diese nicht in dogmatische Formeln. Jesus ist nicht Theologieprofessor, sondern Zimmermann, und er ruft einfache Fischer aus Galiläa und nicht Philosophen aus Athen in den Kreis seiner Jünger. Auch der Apostel Paulus, selber geschult in der Bildung seiner Zeit, warnt die Christen vor leerem Trug der Philosophie. In Jesus Christus, und zwar dem Gekreuzigten, ist Gott leibhaftig unter uns (Kol 2; 1. Kor 2).

Der Christenfeind und Philosoph Celsus sagt um 180 noch offen, das Christentum sei völlig unphilosophisch und die große Masse der Christen bestehe aus einfach glaubenden Leuten. Aber bereits Apologeten wie **Justin** (um 150) geben sich alle Mühe, den Glauben als beste Philosophie darzustellen. Clemens und Origenes gehen noch einen Schritt weiter. Sie verbinden die christliche Offenbarung zu einer Einheit mit der neuplatonischen Philosophie. Wüßten wir von **Origenes** nicht, wie persönlich er Jesus liebte, so würde man meinen, derjenige sei nun der beste Christ, der sich die besten Gedanken über das Christentum mache. Als Origenes 254 stirbt, sind jedenfalls die Grundlagen für eine "wissenschaftliche Theologie" gelegt. Das griechische Denken sucht die Spekulation; aggressiv dringt es ein in das Wesen, ja hinter das Wesen von Gott und Welt. Und logisch-einleuchtend muß die Argumentation sein. Jeder Schluß-Beweis bedarf eines zureichenden Grundes usw.

Das Evangelium, der Ruf Jesu in die Nachfolge, ist sicher in erster Linie etwas ganz Persönliches. "Hast du mich lieb?" fragt Jesus seinen Jünger am See von Tiberias. Und doch hat diese Botschaft auch eine lehr- oder bekenntnismäßige Dimension. Schon bei Paulus und Johannes klingt dies an! Im Kampf mit der Gnosis muß die junge Christenheit um ihr Bekenntnis ringen. Christentum ist also nicht bloß Hingabe, Enthusiasmus und Gefühl, es geht auch um einen bestimmten Inhalt und den rechten Verstand, um die Wahrheit. Daß die Liebe und die Wahrheit "eines Lichtes Flamme" bleiben, ist stets die große Kunst für Theologie und Gemeinden. Im Zweifelsfalle aber steht die Liebe über der Erkenntnis (1. Kor 13). Wo im dogmatischen Ringen dieser Weg verlassen wird, entsteht Schaden für die Gemeinden.

Jesus - nur adoptierter Sohn?

Zwei Männer, **Theodot**, der Gerber aus Byzanz, und **Theodot** der Wechsler behaupten in Rom ums Jahr 190, Jesus sei ein bloßer Mensch gewesen. Bei der Taufe im Jordan habe ihn der Heilige Geist mit göttlicher Kraft (dynamis) erfüllt. Jesus sei aber nicht Gott, sonst hätte die Christenheit ja zwei Götter.

Man nennt diese Lehre **Adoptianismus.** Diese Behauptung widerspricht dem klaren Zeugnis von Lukas 1 oder Johannes 1. Bischof Viktor von Rom exkommuniziert den Gerber, während der Wechsler wieder in den Schoß der Kirche zurückfindet.

Die Adoptianer bangen um die Monarchie oder Einheit Gottes und erklären Jesus deshalb zu einem göttlich dynamisierten Menschen. Man bezeichnet sie darum etwas kompliziert auch als **dynamistische Monarchianer.**

Jesus - eine Erscheinungsform des Vaters? (Modalismus)

Zur gleichen Zeit (ca. 190) erscheint in Rom der kleinasiatische Konfessor **Praxeas**, ein Anhänger eines gewissen **Noetus** von Smyrna. Auch er behauptet: Gott ist einer. Jesus aber ist Gott. Er ist quasi das uns freundlich zugewandte Angesicht Gottes. Gott hat verschiedene Arten (modi) zu wirken: als Vater und als Sohn. Der Vater selber hat Geburt,

Erniedrigung und Kreuzigung auf sich genommen. Jesus ist also der Vater; und der Vater wurde ans Kreuz geschlagen, er selber hat gelitten[382].

Diese Aussagen finden in Rom zunächst sympathische Aufnahme, denn sie entsprechen dem Glauben der Gemeinde: Jesus ist Gott. Drei römische Bischöfe sympathisieren mit dieser Lehre: Viktor, Zephyrin und Callistus. Der Libyer **Sabellius** wird zum Führer dieser Bewegung in Rom. Er verkündet: Der eine Gott offenbart sich im Laufe der Weltgeschichte in drei Gestalten: Als Vater schafft er die Welt und gibt ihr die Gesetze; als Sohn wird er Mensch und kehrt bei der Himmelfahrt wieder in den Himmel zurück; als Heiliger Geist heiligt er heute die Gemeinde. Je nachdem, welche Offenbarungsstufe man meint, spricht man den einen Gott als Vater oder als Sohn oder als Heiligen Geist an.

Ist es aber wahr, daß der Vater selbst am Kreuz gelitten hat? Pater passus est? Ist Jesus der Vater? Nein, entscheidet Bischof Callistus schließlich, der Vater hat nur mitgelitten in dem Sohn. Vater, Sohn und Heiliger Geist sind **eins**, aber dem Namen nach sind sie zu unterscheiden[383]. Sabellius und Hippolyt (dieser wegen der Bußfrage) werden exkommuniziert. Damit befindet sich Rom auf dem Weg nach Nicäa.

---

382 Pater passus est → Patripassianer.

383 Auch der **Modalismus** oder **Patripassianismus** ist - wie der Adoptianismus - ein Monarchianismus. Sein Anliegen ist die Einheit Gottes. Durch die Verurteilung beider Strömungen übernimmt Rom, was **Tertullian** um 200 gegen Praxeas formuliert: Vater, Sohn und Geist sind **unum, non unus.** Die Lehre von der Dreieinigkeit ist damit im Keim gegeben.

Die Schulen von Antiochia und Alexandria

Noch einmal findet der Monarchianismus einen namhaften Vertreter. **Paul von Samosata** ist zugleich Bischof von Antiochia (260-272) und Vizekönig der glänzenden Herrscherin der Wüste, Zenobia von Palmyra, mit dem überaus stolzen Gehalt von 200.000 Sesterzen. Er lehrt: Der Mensch Jesus wird unter der Einwirkung des himmlischen Christus, des Logos, willensmäßig vergottet, aber nicht dem Wesen nach. Jesus bleibt also ein Mensch, dessen Wille mit Gott völlig eins ist. Paul ist Minderheitsbischof und lebt mit dem größeren Teil der Christenheit in Antiochia im Streit. Eine antiochenische Synode erklärt ihn 268 als Irrlehrer, doch Zenobia hält ihre Hand schützend über ihren Günstling. Sein Widerpart, Bischof Domnus ersucht Kaiser Aurelian um einen Schiedsspruch. Als der Kaiser 272 das Reich der Zenobia zertrümmert, ist es um Paul geschehen. Er muß auf kaiserlichen Befehl die kirchlichen Gebäude samt dem Bischofspalast räumen und verschwindet von der Bildfläche. Die Spaltung der Gemeinde dauert aber weiter an.

Die Exegetenschule in Antiochien

Bald nach Pauls Abgang erscheint in Antiochia **Lucian** (Märtyrer 312) an der Spitze der von ihm gegründeten sog. älteren antiochenischen **Exegetenschule**. Auch er hält sich von der Hauptkirche in Antiochia fern, steht also in einer gewissen geistigen Verwandtschaft zu Paul[384]. Paul und Lucian werden später als Urheber der arianischen Lehre verantwortlich

---

[384] Vermutlich wird Lucian nach Pauls Abgang das Haupt der nationalkirchlich-syrischen Partei in Antiochien im Gegensatz zur hellenistisch-römischen (Harnack). Jedenfalls haben die Differenzen in Antiochia nicht nur einen religiösen, sondern auch einen politischen Hintergrund.

gemacht. Fast alle berühmten Arianer oder Halbarianer, wie Eusebius von Nikomedien oder Arius selber, sind Lucians Schüler[385]. In der antiochenischen Schule steht - anders als im Konkurrenzort Alexandria - der geschichtliche Mensch Jesus im Vordergrund. Jesus ist der große Lehrer, das Vorbild. Der irdische Jesus, der gelehrt, gelitten und andern Menschen geholfen hat, steht im Zentrum des Denkens. Wer sich an Jesus und seine Lehre hält, kann besser und barmherziger leben, als wer sich an Sokrates oder Baal hält[386]. Der mehr mystischen und allegorischen Auslegung der Alexandriner stellen die Antiochener eine mehr verstandesmäßige, geschichtlich-grammatikalische entgegen. Über die Göttlichkeit Jesu äußern sie sich zurückhaltend. Sicher, er hat durch göttliche Kraft Wunder getan; er ist auferstanden und zu Gott zurückgegangen. Aber nicht als Gott ging er über die Erde, sondern als Mensch, der aß, trank und litt wie wir.

Aus der Antiochener Schule sind später Theodor von Mopsuestia, Chrysostomus, Theodoret, Diodor u.a. hervorgegangen.

Die Katechetenschule von Alexandria

Die theologische Arbeit in **Alexandria** hat einen völlig anderen Hintergrund. Wir sind in der Hauptstadt Ägyptens[387]. Ihre Kultur ist eine Mischung aus altägyptisch-religiösen Elementen und griechischer Philosophie. Auch viele

---

[385] Rundschreiben Bischof Alexanders von Alexandrien von 321 bei Theodoret, KG I,3 bzw. Philostorgius II, 12-14.

[386] Ganz in der Nähe liegt das große syrische Heiligtum von Heliopolis, das heutige Baalbek mit seinen gewaltigen römischen Tempelanlagen.

[387] Zuvor die Stadt der Ptolemäer.

Juden leben hier. **Philo** vereinigt im 1. Jahrhundert durch allegorische Auslegung des ATs das Judentum und die griechische Philosophie zu einem harmonischen System. Sein zentraler Gedanke ist der Logos. Auch **Clemens** und **Origenes** verstehen im Anschluß an Johannes 1 Jesus als den göttlichen Logos. Auch sie legen das NT geistlich-allegorisch aus, symbolisch oder spekulativ. Sie unterstreichen die Göttlichkeit Jesu, seine Erlösertat, vor der die irdische Niedrigkeit und Geschichtlichkeit zurücktritt. Sie betonen unsere Weltverfallenheit und Erlösungsbedürftigkeit durch den Retter Jesus Christus.

Liegt in Antiochia die Gefahr der Verkümmerung des Evangeliums zur reinen Sittenlehre und Weltverbesserung, so hat die alexandrinische in sich den Keim zur Spiritualisierung der irdischen Wirklichkeit und zur Weltflucht. In Ägypten entsteht das Mönchtum. Beide Schulen tragen in sich eine berechtigte Sichtweise, sie bergen aber auch beide Einseitigkeiten und Gefahren, sobald das Gespräch verstummt.

Der Beitrag des Westens

An beiden Hauptschulen des Ostens, in Antiochia wie in Alexandrien, ist von Christi **Passion**, von seinem stellvertretenden Leiden für unsere Schuld, weniger die Rede. Dieses zentrale biblische Thema wird im **Westen**, in Rom und Karthago, bewahrt. Daran haben **Tertullian** und vor allem **Augustin** mit ihrem juristisch geprägten Römersinn gearbeitet.

Der arianische Streit (318-381)

Um 310 kommt aus Libyen der Presbyter **Arius**[388] nach Alexandrien. Er ist Schüler Lucians von Antiochia. Arius ist ein hagerer, asketischer Mann, aber geselligen Wesens. Rasch sammelt er an der Baukaliskirche[389] eine Gemeinde um sich. Zu seinen Gönnern gehören vor allem hochgestellte Damen aus der Beamtenschaft. Als man ihn fragt, wer Jesus Christus sei, antwortet er: Wir haben nicht wie die Heiden viele unnütze Götter, sondern nur einen einzigen. Jesus kann unmöglich gottgleich sein, sonst hätte die Christenheit zwei Götter. Jesus gehört darum nicht auf die Seite Gottes, sondern auf die Seite der Geschöpfe. Er ist nicht ewig wie Gott, er hat einen Anfang. Natürlich wurde Jesus - wie die Engel auch - schon vor der sichtbaren Welt geschaffen. Jesus ist das erste, höchste und vornehmste aller Geschöpfe. Gott schuf ihn schon, als das All noch wüst und leer war. Die Barmherzigkeit und Menschenliebe teilt er völlig mit dem Vater, aber wir dürfen Jesus Christus nicht als ewigen und allmächtigen Gott anbeten.

Arius faßt seine Meinung in die beiden Formeln: "Es gab eine Zeit, da er nicht war" und: "Aus dem Nichts ist er geschaffen"[390]. Jesus ist dasjenige Geschöpf, das Gott von allen am nächsten kommt, aber er gehört zum Geschaffenen, zur Erde. Er ist dem Wesen des Vaters unähnlich und fremd[391].

---

[388] Areios = der dem Kriegsgott Ares Zugehörende, ähnlich wie Martin = der dem Mars Zugehörende. Seine Heimat ist Libyen gemäß Epiphanius, Panarion 68,4; 69,3; 71,1.

[389] Baukalis ist der Name des Stadtteils.

[390] En pote, hote ouk èn und ex ouk onton gegonen.

[391] anomoios und allotrios.

Jesus wird zwar Gott genannt, aber genau genommen ist er es nicht. Es bestehen deutliche Abstufungen zwischen dem Vater, dem Sohn und dem Heiligen Geist. Arius beruft sich auf Bibelstellen wie: "Niemand weiß Tag noch Stunde, weder die Engel noch der Sohn, sondern allein der Vater"(Mk 13,32) oder: "der allein wahre Gott"(Joh 17,3), "der Erstgeborene unter allen Geschöpfen"(Kol 1,15).

Gegen diese Lehre schlägt **Athanasius**[392] (ca. 295-373) auf die Pauke. Er ist der junge Diakon des Bischofs Alexander. Athanasius geht es nicht um philosophische Überlegungen. Er kämpft für die Tatsache der Erlösung. Wenn Jesus wirklich der Retter der Welt ist, dann kann er nicht selber erlösungsbedürftiges Geschöpf sein. Wenn Arius Jesus auf die Seite der Erde zieht, dann raubt er uns den göttlichen Erlöser. Dann muß sich die Menschheit - freilich durch ihren edelsten Vertreter - selber retten. Athanasius erinnert an Johannes 1. Jesus ist das Wort Gottes, der Logos. Der Logos aber ist Gott. Der Logos ist gleich ewig wie Gott. Nie war der Vater ohne den Logos[393]. Sein Anliegen wird später so formuliert: der Vater und der Sohn sind **wesenseins**[394]. Der Sohn ist "gezeugt und nicht geschaffen", er ist "aus dem Wesen des Vaters"[395].

---

[392] BKV, Athanasius I (1913): Reden gegen die Arianer, Vier Briefe gegen Serapion; BKV, Athanasius II (1917): Gegen die Heiden, Über die Menschwerdung des Logos, Leben des heiligen Athanasius.

[393] Gott war nie a-logos.

[394] Homoousios = wesens**eins**, ab 362 wesens**gleich**.

[395] Gennetheis ou poietheis, ek tes ousias tou patros.

Arius wird 319 in Alexandrien verurteilt

Bischof Alexander ruft im Jahr 319 sämtliche Bischöfe aus Libyen und Ägypten nach Alexandria. Arius wird einmütig als Irrlehrer verurteilt. Alexandria ist eine traditionelle Hochburg der Logos-Christologie, welche die Wesenseinheit des Vaters mit dem Sohne festhält. Arius wird aus Alexandrien verbannt. Natürlich bleiben auch die Anhänger von Arius nicht untätig. In seiner Gemeinde unterstützen ihn einige aus dem Klerus und vor allem eine Reihe aus dem Stand der gottgeweihten Jungfrauen[396]. In Alexandria und bald in allen Städten des Morgenlandes erheben brausende Volksmassen ihre Stimme für oder gegen Arius. Sogar die Heiden greifen den Christenzank auf, bringen ihn auf die Bühne und machen sich über die Kirche lustig[397]. Verschiedene Studienfreunde und Mitschüler Lucians, allen voran Bischof Eusebius von Nikomedien, stellen sich schützend vor Arius[398]. Arius selber schreibt in Nikomedien volkstümliche Schiffer-, Müller- und Wanderlieder, in die er seine Anliegen integriert. Nun wird Athanasius erst recht wütend. Er wirft Arius vor, er mißbrauche die heiligsten Dinge für Tanz- und Trinkgesänge.

Der Streit spaltet die Kirche

Der Streit teilt den ganzen Osten schließlich in zwei Lager. Die Freunde von Arius haben ihren Rückhalt vornehmlich in der Exegetenschule von Antiochia, die Freunde des Athanasius sind hauptsächlich in Alexandria zu Hause. In der Mitte

[396] Epiphanius, Panarion 69,3.

[397] Eusebius, vita Konst. 2,61.

[398] Arius nennt Euseb von Nikomedien stolz einen "Syllukianisten", Opiz, a.a.O. Urk. 1,5.

steht ein großes Lager von Unentschiedenen, die im wesentlichen so denken wie einst Origenes. Origenes vertrat klar die Logoslehre. Von da her haben seine Schüler Verständnis für Athanasius. Origenes betonte aber auch die Unterordnung des Logos unter den Vater. Insofern haben die Origenisten auch ein gewisses Verständnis für Arius[399].

Konstantin lädt zum Konzil nach Nicäa

Um den Brand zu löschen, schaltet sich auch Konstantin ein. Im Oktober 324 schreibt er einen Brief sowohl an Bischof Alexander, als auch an Arius. Darin heißt es:

> "Welch tödliche Wunde hat mein Ohr oder vielmehr mein Herz getroffen, als man mir meldete, unter euch sei eine noch schlimmere Spaltung im Entstehen, als sie in Afrika zurückgeblieben (Donatismus). Ich appelliere an euren Gemeinsinn und stelle mich unter Anrufung der göttlichen Vorsehung gleichsam als Friedensbringer mitten in den Streit, den ihr miteinander ausfechtet. Ich sage nicht, als ob ich euch zwingen wollte, bei dieser doch recht banalen Frage ein und derselben Meinung zu sein. Über das höchste Wesen muß es freilich einen einzigen Glauben geben, ein einziges Verständnis; was ihr jedoch untereinander über diese geringfügigen Fragen ausklügelt, das sollte im innersten Denken eines jeden verwahrt bleiben"[400].

---

[399] Origenes schreibt dem Logos göttlichen Rang zu, ordnet ihn aber, vielleicht auch unter dem Einfluß neuplatonischer Vorstellung, dem Vater unter.

[400] H.G.Opitz, Athanasius Werke III,1: Urkunden zur Geschichte des arianischen Streites, Urkunde 17, S.318ff.

Als Konstantin die Unmöglichkeit einer gütlichen Schlichtung einsieht, beruft er ein allgemeines Konzil nach Nicäa[401] ein. Das Konzil tagt während zwei Monaten im Sommer des Jahres 325. Konstantin - seit 324 Alleinherrscher - lädt alle Bischöfe des Reiches brieflich ein und bietet ihnen Reisegeld und Fuhrwerk an. Die Bischöfe erscheinen in großer Zahl. Vertreten sind Syrien, Phönizien, Arabien, Persien, Mesopotamien, Libyen, Ägypten, Kleinasien, Griechenland, Italien, Nordafrika, Gallien und sogar Spanien. Das Abendland ist zahlenmäßig nur schwach vertreten. Aus Britannien kommt keiner, aus Spanien nur Hosius von Cordova. Der römische Bischof Silvester läßt sich durch zwei Presbyter vertreten.

Besonders hervorgehoben werden Bischof Macarius von Jerusalem, Eustatius von Antiochia, Alexander von Alexandria samt seinem Diakon Athanasius, Eusebius von Nikomedien sowie Cäcilian von Karthago. Über das Konzil berichten uns die Augenzeugen Eusebius und Athanasius[402]. Im ganzen sind in Nicäa etwa 300 Bischöfe versammelt[403]. Nach längeren Vorabklärungen eröffnet der Kaiser in seinem Palast - die Kirche ist zu klein - feierlich die Synode, sitzend auf einem vergoldeten Sessel; anschließend behält er quasi den Ehrenvorsitz, überläßt die Leitung der Verhandlungen aber den "Vorstehern"; das sind wohl die eben genannten Bischöfe der bedeutendsten Orte[404].

---

[401] Griech. Nikaia, lat. Nicea in Bithynien, heute Iznik.

[402] Eusebius, vita Konstantini III,6ff; Sokrates, KG I,8ff; Sozomenos I,17ff und Theodoret I,12.

[403] Athanasius nennt 318 (vgl. 1.Mose 14,14), Eusebius 250, Sozomenos 320. Vgl. M. Aubineau, Les 318 serviteurs d'Abraham et le nombre des Pères au Concile de Nicée = Revue d'histoire ecclésiastique 61 (Löwen 1966)5-43.

[404] Alexander von Alexandria, Eustathios von Antiochia, Marcell von Ancyra, Makarios von Jerusalem auf der einen, und Eusebius von

Stimmberechtigt sind nur die Bischöfe. Die Sache der Arianer wird geführt durch Bischof Eusebius von Nikomedien, die Partei des Athanasius durch Bischof Alexander aus Alexandria. Auch Arius und Athanasius dürfen sprechen. Als tüchtiger Diplomat hinter den Kulissen versucht Athanasius, möglichst viele Unentschiedene auf seine Seite zu ziehen. Der Kaiser läßt sich vornehmlich durch den spanischen Bischof **Hosius von Corduba** beraten. Die westlichen Vertreter stehen auf der Seite der Alexandriner[405]. Die kleine Partei der Arianer ist zuversichtlich, die wissenschaftlich interessierte Hauptgruppe der Origenisten auf ihre Seite zu ziehen. Aber sie täuschen sich. Athanasius argumentiert vorwiegend mit praktisch-seelsorgerlichen Gedanken. Christus nur ein Geschöpf? Dann hat er mit sich selber genug zu tun! Der Christus, den wir verlorenen Menschen brauchen, muß aus dem Wesen Gottes selber sein, eins mit ihm von Ewigkeit her. Wer Christus zum Geschöpf macht, raubt ihm die Ehre und den Menschen die Erlösungsmöglichkeit. Arius raubt uns die volle göttliche Erlösung, den rettenden Gott, der uns allein aus den Banden des Satans herauszureißen vermag zur Freiheit der Kinder Gottes. Nur Gott allein schafft die Erlösung, nicht die Kreatur. Athanasius kämpft mit dem Herzblut der Gemeinden. Im Vergleich dazu wiegen die wissenschaftlichen Bedenken der Arianer wie dürres Gras und trockene Spreu. Das merken die meisten Bischöfe, die selber in ihren Gemeinden verankert sind. So schwimmen den Arianern die "Stimmen der Mitte" davon. Die Konzilsväter sind bald für das Anliegen des Athanasius gewonnen. Mehr Schwierigkeiten bereitet die Frage, welche Formu-

---

Nikomedien sowie teilweise Eusebius von Cäsarea auf der andern Seite. Die Akten des Konzils sind nicht erhalten, sie wurden später wohl von den Arianern vernichtet.

405 Schon Tertullian formuliert um 200: Vater und Sohn sind "unum, non unus". Seit dem Ausschluß der Adoptianisten und Modalisten in Rom um 200/220 gilt auch für den Westen die Logos-Christologie.

lierungen man den Arianern entgegenstellen soll. Zunächst versuchen es die Alexandriner mit biblischen Ausdrücken[406]. Als aber die Arianer sofort beginnen, diese Sätze in ihrem Sinne zu interpretieren, greift man zu den folgenden Formeln: "Gezeugt aus dem Wesen des Vaters" und "gezeugt und ungeschaffen, wesenseins mit dem Vater"[407].

Viele, die zwar gegen Arius sind, haben Mühe mit diesen philosophischen Formulierungen. Schließlich spricht sich Konstantin - wohl angeregt durch den Spanier Hosius - für das "Homoousios = wesenseins" aus. Sein Freund Eusebius von Cäsarea, der Origenesschüler und Kirchenhistoriker, verlangt eine Nacht Bedenkzeit und schließt sich dann - dem Frieden zuliebe - der Formulierung an. Ihn und andere dünkt es gefährlich zu sagen, der Sohn sei wesens**eins** mit dem Vater. Die Einheit Gottes ist damit zwar ausgesagt, aber wo bleibt die Verschiedenheit? Er fürchtet die Gefahr des Modalismus.

Das Konzil entscheidet sich schließlich für die Formulierungen der athanasianischen Seite. Arius wird nach Illyrien verbannt, und seine Bücher werden verbrannt.

Das Bekenntnis von Nicäa[408]

Das Bekenntnis besteht aus einem palästinischen Taufbekenntnis, das vermutlich Eusebius von Cäsarea vorlegt und das die Synode mit einigen antiarianischen Sätzen bestückt. Diese lauten u.a.:

---

[406] Ek tou theou einai oder eikon.

[407] Gennetheis ek tes ousias tou patros - gennetheis, ou poietheis, homoousios to patri.

[408] Griechisch bei Mirbt Nr. 107; deutsch in: H. Steubing, Bekenntnisse der Kirche (2.A.1997)21.

"Jesus Christus... gezeugt aus dem Wesen (ousia) des Vaters, Gott aus Gott, Licht aus Licht... gezeugt, nicht geschaffen, wesenseins (homoousion) mit dem Vater... Die aber sagen: 'es gab eine Zeit, da er nicht war' und: 'er war nicht, bevor er gezeugt wurde', und er sei aus dem Nichts geworden... die verdammt die katholische Kirche"[409].

Es ist ein Glück, daß die Entscheidung so gefallen ist. Das Nicänum wird zu einem Bollwerk gegen jede arianische und rationalistische Halbgott-Religion. Hätte das Konzil Arius akzeptiert und Athanasius verurteilt, dann wäre die Gottessohnschaft Jesu verwässert worden. Der christliche Glaube entspräche dann ungefähr dem mohammedanischen: Es gibt nur einen Gott, und Jesus ist sein Prophet. Dem unbeugsamen Willen des Athanasius verdanken wir bis heute, daß die Kirche Jesus als Gott verehrt und nicht als "obersten Gipfel des menschlich-religiösen Aufschwungs" (A.Adam).

Ein negatives Gefühl hinterläßt hingegen das aggressive Vorrücken in metaphysisch-spekulative Sphären. Das Konzil äußert sich präziser über Gott, als es die Bibel tut; es meint dies jedenfalls. Nachdem aber der Kampf auf diesen hellenistischen Denkfeldern einmal eröffnet war, mußte er entschieden werden, denn es standen zwischen Arius und Athanasius letzte Fragen des Glaubens zur Debatte. Das Studium der christologischen und trinitarischen Kämpfe bestätigt die Ahnung, daß vielleicht niemand so sehr der Vergebung bedarf wie die Schriftgelehrten.

---

[409] ...theon ek theou...gennethenta, ou poiethenta, homoousion to patri...tous de legontas: èn pote hote ouk èn kai hoti ex ouk onton egeneto...toutous anathematizei he katholike ekklesia.

Vom Nicänum bis zu Konstantins Tod 337

Im Jahr 328 wird Athanasius (gest.373) neuer Bischof in Alexandria. Eine außergewöhnlich starke Persönlichkeit! Bald nach dem Nicänum erheben die Arianer von neuem ihr Haupt, allen voran Eusebius von Nikomedien. Ihm gelingt es, durch Mittelsmänner und des Kaisers Schwester - die Witwe des Licinius - Konstantin zu überzeugen, daß die Arianer mißverstanden und irrtümlich verurteilt wurden. Der Imperator stellt sich ab 328 mehr und mehr auf die Seite der Arianer - vielleicht hält er es für notwendig, die siegreichen Athanasianer etwas zu dämpfen. Entscheidend aber ist vermutlich, daß Eusebius von Nikomedien inzwischen die Beraterrolle des spanischen Hosius übernommen hat. Die Arianer schwärzen Athanasius beim Kaiser an, sie behaupten, der junge Bischof sabotiere die kaiserlichen Befehle in Ägypten usw.

330 darf Arius aus der Verbannung zurückkehren. Er verlangt in Alexandrien ein Bischofsamt neben Athanasius. Doch Athanasius ist nicht bereit, dem Häretiker in Alexandria auch nur eine Kirche zu geben. 335 verbannt Konstantin den widerborstigen Athanasius in den äußersten Westen nach Trier. Arius aber soll in Konstantinopel wieder in die Kirchengemeinschaft aufgenommen werden. Er unterschreibt 336 ein orthodoxes Bekenntnis und schwört darauf mit der Bemerkung, Gott möge ihn rächen, wenn er falsch geschworen habe. Doch am Samstag, einen Tag vor dem feierlichen Gottesdienst, als Arius mit Euseb und anderen Freunden durch die Straßen Konstantinopels spaziert, endet sein Leben plötzlich in einem öffentlichen Abort. Konstantin ist jetzt überzeugt, Arius habe falsch geschworen und wird den Arianern gegenüber wieder vorsichtiger. Doch erst kurz vor Konstantins Tod 337 darf Athanasius nach Alexandria zurückkehren. Mit stürmischer Begeisterung wird er in seiner Stadt empfangen.

Unter Konstantins Söhnen: Nicäner in die Verbannung!

Konstantins Söhne, zwar christlich erzogen, begünstigen die arianische Partei. Fünfmal muß Athanasius aus Alexandria fliehen. 20 seiner 46 Bischofsjahre verbringt er getrennt von seiner Gemeinde. In der Wüste besucht er die aufstrebenden Klöster und lebt zeitweise selber wie ein Einsiedler. 357 - ein Jahr nach dessen Tode - verfaßt er die Biografie des Mönchsvaters Antonius.

Auch die morgenländische Mehrheit der Origenisten mißtraut dem nicänischen "Wesenseins mit dem Vater". Sie wittern die modalistische Gefahr. Auf ihrer **Kirchweihsynode zu Antiochia 341** ist nur von den drei Hypostasen die Rede, nicht von der Ousia[410]. Ein Jahr später auf dem Konzil zu **Sardica 342** droht gar eine Kirchenspaltung. Jede Seite verharrt auf ihrem Standpunkt und verurteilt die andere: Die Orthodoxen und die Abendländer bleiben beim Nicänum (Vater und Sohn sind sich eins im Wesen), die Morgenländer reden nur noch von den Unterschiedcn (drei Hypostasen).

Als Konstantius ab 350 die Herrschaft über das ganze Reich innehat, versucht er, auch dem Westen den arianischen Glauben aufzunötigen. Als sich der römische Bischof Liberius auf der Synode von **Mailand 355** weigert, Athanasius und das nicänische "Wesenseins" fallen zu lassen, muß er mit anderen in die Verbannung[411]. Der Kaiser läßt in Alexandria die vollbesetzte Kathedrale von Athanasius stürmen, doch der Patriarch entkommt in die Wüste.

---

[410] Also nur von den Verwirklichungsgestalten oder Personen, nicht aber vom (gleichen) Wesen.

[411] Auch Bischof **Hilarius von Poitiers** wandert nach Asien in die Verbannung. Er ist als "Athanasius des Abendlandes", der beste westliche Exeget und Dogmatiker seiner Zeit. Um 360 zurückgekehrt, wird er die Seele des gallischen Nationalkonzils zu Paris im Jahre 361. Er ist der bedeutendste abendländische Theologe vor Augustin. Vgl. BKV Hilarius I+II (1933/4): Über die Dreieinigkeit.

In den 50er Jahren des 4.Jh.s glauben einige Origenisten, eine neue Friedensformel gefunden zu haben. Sie ändern nur ein Jota. An die Stelle des umstrittenen Homoousios setzen sie das Wort Homoiousios[412]. Ihre Vertreter, Basilius von Ancyra, Georg von Laodicea u.a., nennen sich **Homöusianer**[413]. Doch wird inzwischen selbst über die Tische der Verkaufsläden und auf dem Fischmarkt Konstantinopels von allem Volk über dieses Jota gestritten, so hoch gehen die Wogen des Kampfes der disputierfreudigen Hellenen.

Julian - Wohltäter wider Willen

Der Tod von Konstantius 361 und das zweijährige Intermezzo des abtrünnigen Kaisers **Julian 361-363** rettet die zerstrittene Kirche aus ihrer Zwickmühle. Julian läßt alle Verbannten in ihre Heimat zurück in der Hoffnung, die Kirche würde sich dann erst recht zerfleischen. Doch seine Rechnung geht nicht auf. Der alte Athanasius ist nun hellsichtig und beweglich genug, auf der **Synode von Alexandria 362** das nicänische "Homoousios" auch im Sinne von wesens**gleich** statt wesenseins zu akzeptieren und das Homöousios der konservativen Origenisten gelten zu lassen[414]. Das neue Zusammengehen der Altnicäner und der Homöusianer wird zum Quell einer neuen Orthodoxie unter den sogenannten **Jung-Nicänern.** Unter dem Arianer Valens werden die Nicäner zwar weiter bedrückt, doch die Zeit arbeitet für die neue Orthodoxie.

---

[412] Statt wesens**eins**: wesensähnlich bzw. wesens**gleich**.

[413] Nicht zu verwechseln mit den noch freieren **Homöern:** homoios kata tas grafas. Verkappte Arianer.

[414] Einheit in der Dreiheit (Athanasius) –> Dreiheit in der Einheit. Abgrenzung zum Modalismus! Synthese Nicänum/Origenes.

Die drei Kappadozischen Väter, **Basilius** von Cäsarea, **Gregor** von Nyssa und **Gregor** von Nazianz sind die führenden Geister der 60er und 70er Jahre des 4. Jh.s.

Neu taucht nun die Frage auf, ob der Heilige Geist ebenfalls zur Gottheit gehöre oder ein Geschöpf sei. Eine Gruppe unter der Führung des Macedonius von Konstantinopel kämpft gegen die Wesensgleichheit des Geistes mit dem Vater und dem Sohne. Man nennt sie die **Pneumatomachen.**

Dank der theologischen Arbeit der drei Kappadozier und dem Druck des arianischen Kaisers Valens verstärkt sich die orthodoxe Sammlungsbewegung in Ost und West. Auf einer Synode zu Antiochia 379 werden auf Antrag des römischen Bischofs Damasus die Pneumatomachen aus der Kirchengemeinschaft ausgeschlossen. Als dann im Jahr 379 **Theodosius** Kaiser des Ostens wird, öffnet sich der Weg zur Synode von Konstantinopel 381.

Das Bekenntnis von 381 (Nicäno-Constantinopolitanum)[415]

Das Bekenntnis ist eine sinnvolle Erweiterung bzw. die Vollendung des Nicänums. Nicäa formulierte eine gültige Lehre mit festen Formeln. Dem Arianismus ist seither gewehrt, das "Wesenseins" steht gegen einen "Drei-Götter-Glauben". Was indessen noch fehlt, sind Aussagen über die drei Personen, griechisch "Hypostasen", des einen Gottes.

Mit den Formulierungen der Kappadozier "Gott ist **ein** Wesen in drei Verwirklichungsgestalten" erreicht das differenziert denkende Morgenland praktisch dasselbe, was Tertullian für den Westen bereits um 200 formuliert[416].

---

[415] Griechisch bei Mirbt Nr. 136. Deutsch H. Steubing, a.a.O. 24f. Vgl. A. Adam, Lehrbuch der Dogmengeschichte I (6.A.1992) 231-243.

[416] Dem lateinischen "**una substantia, tres personae**" entspricht das griechische "**Mia ousia en trisin hypostasesin**".

Im Bekenntnis von 381 bleiben die Aussagen des Nicänums unangetastet stehen. Die Zusätze zum I. und II. Artikel wie "Schöpfer Himmels und der Erde - ...(gekreuzigt) für uns unter Pontius Pilatus - sitzend zur Rechten des Vaters" usw. finden sich schon früher in anderen Formeln. Neu ist dagegen der III. Artikel über den Heiligen Geist:

> "*und an den Heiligen Geist*, den Herrn und Lebensspender, der vom Vater ausgeht[417], *der mit dem Vater und dem Sohn zugleich angebetet und gepriesen* wird, der durch die Propheten gesprochen hat".

Die Verurteilung der Häretiker fehlt im Bekenntnis. Sie ist in den Canones (kirchenrechtliche Beschlüsse) enthalten. Verurteilt werden die Eunomianer, Eudoxianer, Halbarianer, Sabellianer, Marcellianer, Photinianer sowie die Apollinaristen[418].

---

[417] Hier fügt die abendländische Kirche später "und vom Sohn" (**filioque**) ein. Das Konzil will der Meinung entgegenwirken, der Heilige Geist sei ein vom Sohn geschaffenes Wesen.

[418] **Eunomianer**: Eunomius, Bischof in Kappadozien (gest. ca. 393). Die E. oder Jungarianer sind radikale Arianer: der Logos ist dem Vater unähnlich, anomoios. **Eudoxianer**: Eudoxius (gest.370) Bischof von Germanicia, Antiochia und Konstantinopel. Arianer, die in Christus einen zur Gottheit erhöhten Menschen erkennen. **Semiarianer**: Pneumatomachen, die die Gottheit des Geistes bekämpfen. **Sabellianer**: Sabellius, ca. 220 Modalist in Rom, von Callistus exkommuniziert. **Marcellianer**: Marcell von Ancyra (gest. 373), zwar nicänisch, aber: der Logos ist nicht ewig-präexistent, sondern eine unpersönliche Kraft (Nähe zum Modalismus). **Photinianer**: Photinus von Sirmium, Schüler von Marcell: Der Logos in Jesus ist nicht eine Person, sondern eine unpersönliche Kraft. **Apollinaristen**: Apollinaris von Laodicea (gest. ca. 390): Jesus ist Gott, er hat eine göttliche Natur, aber keine vollkommene menschliche Natur. An die Stelle der menschlichen Seele tritt der göttliche Logos. Göttlicher Logos und menschliches Fleisch mischen sich. Und weil die Seele das bestimmende Element ist, wird die Natur Christi göttlich. Nur so glaubt Apollinaris, die Einheit der Person Christi wahren zu können.

Der Kampf um die Christologie (381-451)

Apollinaris von Laodicea, überzeugter Vertreter der Gottheit Jesu (Homousie), erklärt bereits im 4. Jahrhundert, wenn Jesus wirklich wesensmäßig eine göttliche Natur habe, dann könne er daneben nicht auch noch eine volle Menschennatur haben. Zwei römische und eine antiochenische Synode der 70er Jahre des 4. Jh.s sowie das Konzil von Konstantinopel 381 erklären Apollinaris zum Irrlehrer. Apollinaris denkt seiner Zeit voraus. Die Frage der göttlichen und der menschlichen Natur in Jesus Christus wird im 5. Jahrhundert lebhaft durchdacht und im Konzil von Chalcedon 451 beantwortet.

Der Kampf um die Christologie ist doppelt verwickelt, weil neben den theologischen Fragen auch politische Faktoren eine wichtige Rolle spielen: der Machtkampf zwischen den Metropoliten von Alexandria und Konstantinopel. Neu-Rom gilt seit 381 als erster Stuhl im Ostreich. Der Alexandriner denkt indessen nicht daran, sich als zweiter zu fügen[419].

Der Kampf um Origenes als Vorspiel

Nach dem völligen Sieg des Nicänums gerät Origenes gegen Ende des 4. Jh.s ins Zwielicht, nachdem ihn die drei Kappadozier noch verehrt haben. Treibende Kraft gegen Ori-

Man nennt diese Lehre bald "Monophysitismus". Apollinaris denkt zwei Generationen voraus! Die andere Christuslehre vertritt der Antiochener Theodor von Mopsuestia (gest.428): eine Person in zwei Naturen, "Dyophysitismus".

[419] Patriarchen von Alexandria: 385-412 Theophilus; 412-444 Cyrill; 444-451 Dioskur.

genes ist Bischof Epiphanius von Salamis auf Cypern[420]. Der Streit beginnt in Jerusalem. Epiphanius dringt (um 394) in ein Kränzchen von Origenesverehrern um Bischof Johannes von Jerusalem ein, zu denen auch die abendländischen Freunde Hieronymus und Rufinus gehören. Es gelingt ihm, Hieronymus ins gegnerische Lager zu ziehen. Der Origenesübersetzer Rufinus bleibt dem Großmeister treu, die beiden Freunde entzweien sich! Zunächst gelingt es Bischof Theophilus von Alexandrien, den Wirbel um Origenes zu beruhigen. Doch es brodelt in seinem eigenen Gebiet. Asketen der Nitrischen Wüste verehren Origenes als ihren geistigen Vater; Eremiten in der Skethischen Wüste und Mönche von Pachomius-Klöstern dagegen grollen Origenes wegen seines Hanges zur Gnosis oder verdächtigen ihn als Großvater des Arianismus.

In einer alexandrinischen Synode des Jahres 399 gibt der Metropolit dem Drängen der Mönche nach und läßt Origenes verurteilen. Bischof Anastasius von Rom bessert nach. Die nitrischen Mönche leiden jetzt Verfolgung. Etwa 50 von ihnen fliehen nach Konstantinopel, wo Bischof Johannes Chrysostomus den origenistischen Mönchen Schutz gewährt. Damit ist auch die politische Dimension mobilisiert. 403 reist der Metropolit von Alexandria - von Kaiser Arkadius gerufen - nach Konstantinopel und stürzt auf einer Synode seinen Rivalen, der wegen seiner Predigten gegen den Luxus der Hofdamen ohnehin verhaßt ist. Chrysostomus wird nach Armenien verbannt. Der Alexandriner hat gewonnen.

[420] **Epiphanius von Salamis** (gest. 403). Stammt aus Eleutheropolis in Judäa, ist dort etwa 30 Jahre lang Abt, wird 367 Bischof von Salamis. Sein Hauptwerk ist das **Panarion** (Arzneikasten) gegen 80 Häresien. Für die ältere Zeit schöpft er aus Irenäus und Hippolyt, für das vierte Jahrhundert stützt er sich auf eigene Untersuchungen.

Der theologische Gegensatz Antiochia - Alexandria

Zum kirchenpolitischen Gegensatz gesellt sich erneut der theologische. Die großen kirchlichen Schulen von Alexandria und Antiochia vertreten in der Lehre über Christus gegensätzliche Positionen. Die (neue) **antiochenische** Schule mit Diodor von Tarsus, Theodor von Mopsuestia und Theodoret von Kyros[421] betont die Trennung der beiden Naturen in Christus. Im Interesse der vollen Menschlichkeit Christi lassen sie keine Vermischung der Naturen zu[422]. Ihre dogmatische Position verteidigen sie durch eine möglichst wörtlich-geschichtliche Bibelauslegung im Gegensatz zur allegorischen der Alexandriner. Zur jüngeren antiochenischen Schule gehören auch Chrysostomus, Nestorius und Ibas von Edessa.

---

[421] **Theodoret von Kyros** (gest. um 460) ist Verfasser einer Kirchengeschichte von 323-428 in fünf Büchern sowie einer Mönchsgeschichte. Beides ist, deutsch übersetzt, in die BKV (1926) aufgenommen worden. Theodoret, Kirchengeschichte (1998).

[422] **Diodor** (gest. vor 394), Presbyter in Antiochia, später Bischof von Tarsus. Nicänisch-orthodoxer Asket. Eifriger Gegner des Apollinaris. Geachtet von Kaiser Theodosius. Er ist der Begründer der **jüngeren** antiochenischen Schule im Unterschied zur älteren von Lucian. Ein direkter Zusammenhang besteht wohl nicht. Vgl. F.Loofs, Dogmengeschichte § 36,1.
Theodor (gest.428) aus Antiochia, ab 392 Bischof von Mopsuestia. Dogmatisch: Christus ist eine Person in zwei Naturen. Der Logos hat nicht nur einen unbeseelten Körper angenommen, sonst wäre Jesus nie ein wirklicher Mensch gewesen. Er schreibt Kommentare zu den kleineren Propheten. Vgl. F.Loofs, Dogmengeschichte § 36,1 (Ausg.1959).
Theodoret (ca. 393-457), in Antiochia frommen Eltern nach 16 Jahren Unfruchtbarkeit geschenkt, daher "Gottesgeschenk" genannt, unterrichtet und erzogen in Schulen von Mönchen. Lektor in Antiochia; theologisch gebildet in Antiochia. Vielleicht sind Chrysostomus und Theodor seine Lehrer und Nestorius sein Mitschüler. Er wird 423 Bischof von Kyrus (Kyrrhos), gemäßigt-vermittelnde Natur. Verfasser einer Kirchengeschichte, ferner 10 "Vorträge über die Vorsehung, gehalten in Antiochia vor einer gebildeten Zuhörerschaft"; deutsch in: BKV (2.A. Bd.50).

Die **alexandrinische Schule** vertritt im Interesse der Erlösung die volle Einheit und Gottheit der Person Christi. Die göttliche und die menschliche Natur verbinden sich in Christus, wobei die göttliche die menschliche "verschluckt". Der Erlöser hat nur noch *eine* Natur[423], die geschichtlich-persönliche Seite an der Person Jesu interessiert nicht. Man nennt diese Anschauung Monophysitismus. Der Hauptvertreter im 5. Jahrhundert ist Bischof Cyrill[424] von Alexandria, der Neffe seines Vorgängers Theophilus.

Die **abendländische** Christologie hat ihre Grundlagen bei Tertullian und Novatian. Christus ist deus et homo. Das Wie der Einheit bleibt Geheimnis. Ambrosius, Schüler der Griechen, spricht von der doppelten substantia in dem *einen* Christus: zwei Naturen, eine Person[425]. Christus ist ihm wesentlich der Logos. Ähnlich denkt auch Augustin. Christus ist im Fleisch erschienen, und das in ihm wirkende Subjekt ist der Logos. Es ist also eine mittlere Position, welche die Abendländer einnehmen.

---

[423] Mia physis.

[424] **Cyrill** (gest.444), allegorische Bibelauslegung. Christologisch ein Gegner der Antiochener, aber Apollinaris nicht fernstehend. Er spricht auch von zwei Naturen, ja er bezeichnet sie sogar als unvermischt und unverändert. Aber die menschliche Natur ist doch nur das Kleid für den Logos, sie wirkt nicht persönlichkeitsbildend. Indem er Christus auch eine menschlich-vernünftige Seele zuschreibt, zieht er nicht die letzten Konsequenzen wie Apollinaris. Maria hat aber Gott, den Logos, geboren. Deutsche Übersetzung in BKV (1935): Briefe an Nestorius, Daß Christus einer ist, Gegen diejenigen, welche nicht zugeben wollen, daß die heilige Jungfrau Gottesgebärerin ist.

[425] Duae naturae, una persona.

Der Nestorianische Streit (431/433)

428 besteigt Nestorius, ein antiochenisch geprägter Theologe, den Bischofsstuhl von Konstantinopel. In seiner Gemeinde läuft eine Diskussion, ob Maria "Gottesgebärerin" oder "Menschengebärerin" genannt werden müsse. Er nimmt in seinen Predigten Stellung und bezeichnet Maria - ganz gemäß antiochenischer Tradition - nicht als Gottesgebärerin, sondern als Christusgebärerin[426]. Mönche und Laien protestieren gegen diese Auffassung. Sie heften an die Türen der Bischofskirche ein Schmäh-Plakat und bezeichnen Nestorius als Häretiker. Cyrill benützt diese Herausforderung als Gelegenheit zu einer Kraftprobe. In seinem Osterbrief des Jahres 429 bezeichnet er Maria als Gottesgebärerin. Kaiser Theodosius II. spricht sich gegen die Einmischung Cyrills aus. Dieser wendet sich an Rom. Wie im arianischen Streit stellt sich das Abendland zunächst auf die Seite der Alexandriner. Nicht lange zuvor hat sich Nestorius Roms Sympathien verscherzt, indem er pelagianische Flüchtlinge aufnahm. Eine römische Synode (430) droht Nestorius mit Ausschluß aus der Kirchengemeinschaft, wenn er nicht widerrufe. Als diese Aufforderung ungehört verhallt, schleudert Cyrill seinem Kollegen Nestorius zwölf Flüche (betreffend seine Lehrsätze) samt Kirchenbann entgegen. Nestorius erwidert mit gleicher Munition. Johannes von Antiochia, Theodoret und andere von der antiochenischen Schule setzen sich für Nestorius ein.

Das Konzil zu Ephesus 431

Kaiser Theodosius II. beruft 431 ein Konzil nach Ephesus. Cyrill, der zuerst eintrifft, ergreift die Initiative. Bevor überhaupt die Syrer und die Abendländer eintreffen, eröffnet er am

[426] Christotokos und theotokos heißen die Stichworte.

22. Juni in der Hauptkirche von Ephesus mit etwa 150 Bischöfen das Konzil. Er setzt es durch, daß Maria als Gottesgebärerin verehrt werden muß. Nestorius aber wird exkommuniziert. Einige Tage später trifft Johannes von Antiochia mit seinen syrischen Bischöfen ein. Er eröffnet mit etwa 50 Bischöfen ebenfalls ein Konzil und verurteilt Cyrill. Der Kaiser schlägt sich schließlich auf die Seite Cyrills. Nestorius bleibt gebannt.

Das Einigungs-Konzil des Jahres **433** rettet den Antiochenern wohl ihre Deutung der christologischen Formulierungen. Cyrill anerkennt die unvermischte Einigung von zwei Naturen. Nestorius aber bleibt im Bann. Er muß nach Arabien und in die Thebais und stirbt dort im Elend um 451.

Der Eutychianische Streit und die Räubersynode 449

Kaum 20 Jahre später - den Antiochenern gelingt es inzwischen, verschiedene Bischofsstühle zu besetzen - bricht Cyrills Nachfolger, **Dioskur** (444-451), einen neuen Streit vom Zaun. Den Anlaß dazu gibt ihm die Verurteilung des alexandrinischen Theologen **Eutyches** in Konstantinopel. Eutyches vertritt am Bosporus die Lehre, der Körper Christi habe zwar wie ein menschlicher ausgesehen, sei aber durch die göttliche Natur völlig vergottet worden. Er wird deswegen 448 als "Valentinianer und Apollinarist" verurteilt.

Dem herrschgewaltigen Dioskur kommt diese Verurteilung gerade recht. Er fordert vom Kaiser eine Synode in Ephesus. Unerwarteterweise stellt sich nun aber **Papst Leo** in einem Brief auf die Seite von Bischof **Flavian** von Konstantinopel. Für das Abendland sind in dem einen Christus immer zwei Substanzen, eine göttliche und eine menschliche, gewesen und keine hat die andere verschluckt. Dioskur aber mißbraucht die vom Kaiser einberufene **Synode zu Ephesus 449** total, indem er durch die Gewalt mitgebrachter Mönchshaufen das Konzil terrorisiert. Dioskur läßt die Türen der Kirche öffnen. Es strömen Soldaten, lärmende Mönche und eine schreiende Volksmenge ins Gotteshaus. Mitten in diesem Tumult unterschreiben die eingeschüchterten Bischöfe, was Dioskur von ihnen verlangt. Eutyches wird als rechtgläubig rehabilitiert, dafür werden Bischof Flavian von Konstantinopel sowie die Antiochener Theodoret von Kyros, Bischof Ibas von Edessa und andere als Irrlehrer verurteilt. Roms Stimme bleibt unbeachtet. Papst Leo I., vertreten durch Gesandte, bezeichnet die Synode als Räubersynode.

Der Alexandriner steht nun auf dem Höhepunkt seiner Macht. Sein Rivale Flavian ist gestürzt, die antiochenische Schule verurteilt, Papst Leo steht im Regen. Doch der Umschwung wartet vor der Tür.

Das Konzil zu Chalcedon 451

Ende Juli 450 stirbt Kaiser Theodosius II. an den Folgen eines Sturzes vom Pferde. Erbin des Kaisers wird seine energische Schwester **Pulcheria**, die vier Wochen später den illyrischen Offizier **Gratian** heiratet und ihn als Kaiser ausrufen läßt. Das neue Kaiserhaus verbündet sich mit Papst Leo gegen den Ägypter. Auf das Jahr **451** beruft Gratian ein allgemeines Konzil ins nahegelegene **Chalcedon**. Gegen die Mehrheit cyrillischer Bischöfe setzt das Konzil unter kaiserlichem Druck den ägyptischen Machthaber Dioskur ab. Das Chalcedonense bekennt einen Christus als vollkommenen Gott und vollkommenen Menschen in zwei Naturen. Diese beiden Naturen in Christus sind "**unvermischt**" (gegen Eutyches), aber auch "**ungetrennt**" (gegen Nestorius)[427].

Das Bekenntnis wehrt extreme Positionen auf beiden Seiten ab. Die Abgrenzungen gegen die Extreme erfolgen mit lauter Negativ-Attributen. Es werden Irrtümer abgewehrt, aber

---

[427] **asynchytoos, atreptoos** (gegen Eutychus), aber auch **adihairetoos, achooristoos** (gegen Nestorius).

das Geheimnis der Person Christi selber wird nicht durchforscht oder mit positiven Formeln aggressiv durchleuchtet. Das ist bis heute der Wert dieses unter nicht eben würdigen Bedingungen zustandegekommenen Bekenntnisses[428].

Mit der Hilfe des römischen Bischofs hat der neue Kaiser den übermächtigen Patriarchen von Alexandrien gestürzt. Um nun auch den Papst nicht übermächtig werden zu lassen, verfügt er in **Kanon 28** von Chalcedon die Gleichstellung der Bischöfe von Rom und Konstantinopel.

Das Konzil in der Kirche der heiligen Euphemia zu Chalcedon ist das größte, das die Alte Kirche gesehen hat. 350 Bischöfe, davon sechs Vertreter des Westens, waren versammelt. Doch das Bekenntnis bleibt lange umstritten. Ägypten ist in voller Fahrt zur monophysitischen Kirche. Die koptische Kirche[429] in Ägypten und Äthiopien ist heute noch monophysitisch.

Umgekehrt lehnt die ostsyrisch-persische Kirche die christologischen Kompromißformeln von Chalcedon, aber auch das "Theotokos" von Ephesus ab. Die sogenannte "**Nestoriani-**

---

[428] Das christologische Bekenntnis von Chalcedon ist eine Enttäuschung für jeden das Christusgeheimnis aggressiv durchforschen wollenden Geist. Es wird gerühmt von denen, die Christus nicht durchforschen, sondern anbeten wollen. In diesem Sinne hat das Bekenntnis auch wegleitende Bedeutung für die **Erforschung der Bibel** bzw. die Hermeneutik. Vgl. A. Sierszyn, Das Wort Gottes (2.A.1994).

[429] Die Weichenstellung zur **Koptischen Nationalkirche** erfolgt 451 in Chalcedon. Der ägyptische Monophysitismus fährt schon damals auf festem Gleis. Die Bevölkerung empfindet den Druck der chalcedonensischen Griechen als unerträglich. Nach dem Einfall der Araber - durch die Spannungen mit Byzanz erleichtert - werden die hellenistischen Elemente zugunsten einer rein koptisch-monophysitischen Kirche rasch ausgeschieden. Wie die byzantinische Kirche entfaltet auch dic koptische eine intensive Missionstätigkeit in Nubien und Äthiopien. Äthiopien, zwar schon im vierten Jahrhundert missioniert, wird erst im zweiten Anlauf des 6. Jahrhunderts intensiver christianisiert.

sche Kirche", die noch heute in Resten existiert, sagt sich noch im 5. Jahrhundert endgültig von der Reichskirche los. Sie unternimmt eine ausgedehnte Missionsarbeit bis nach Indien (Thomaschristen) und China[430].

Der oströmische Kaiser sitzt politisch in einer Zwickmühle. Die zentrifugalen, nationalistischen Tendenzen im Südosten seines Reiches werden durch den Glaubensstreit verstärkt. Mehrere Kaiser umgehen das Chalcedonense, um die monophysitischen Ägypter beim Reich zu behalten. Dieses Lavieren

---

[430] Die Lehren von Nestorius bzw. Theodors von Mopsuestia, dem Haupt der antiochenischen Exegetenschule, finden in einer Lehranstalt zu Edessa eine neue Heimat (E.R. Hayes, L'école d'Edesse (Paris 1930). Bischof Ibas von Edessa wird an der Räubersynode von Edessa 449 abgesetzt, in Chalcedon wieder rehabilitiert.

Als Ableger von Edessa gründen **Nestorianer** in Nisibis eine "Schule der Perser". Im Persischen Reich entwickelt sich der Nestorianismus rasch zur "christlichen Landeskirche". Ein unermüdlicher Missionar ist Bar Sauma, der in einvernehmlichem Verhältnis zum persischen Großkönig steht. Gegenüber Westsyrien und dem Oströmischen Reich entwikkelt die Nestorianische Kirche ein kirchliches und theologisches Eigenbewußtsein. Ihr Obermetropolit sitzt in Seleukeia-Ktesiphon am Tigris.

Gegenüber dem Westen schließt sich die Nestorianische Kirche wegen der Verurteilung ihrer Väter ab. Um so mehr entwickelt sie einen missionarischen Großeinsatz ostwärts. Im 6. Jahrhundert erreichen ihre Missionare Malabar im westlichen Indien; im 7. Jahrhundert stehen die ersten Boten auf chinesischem Gebiet. Die Träger dieser Mission sind hauptsächlich persische Mönche, die ihr Zentrum in Nisibis haben (A.Vööbus, History of Ascetism in the Syrian Orient I (Louvain 1958).

Druck und Gewährenlassen der Justinianischen Politik ermöglicht auch die Entstehung der **syrisch-jakobitischen Kirche** seit dem 6. Jahrhundert. Jakob Baradai organisiert die monophysitischen Syrer zu einer eigenen Nationalkirche. Seit 542 Bischof in Edessa, missioniert und organisiert er während über 30 Jahren die Jakobitische Kirche, freilich nur ein schwaches Gebilde im Vergleich zu früheren Zeiten. Die jakobitischen Syrer vermitteln dem arabischen Islam im 8. Jh. den Anschluß an die Wissenschaft der Mittelmeerwelt. Die Jakobitische Kirche findet auch Eingang bei den Arabern. Ihre heutigen Nachfahren sind die syrisch-orthodoxen Christen des Patriarchates Antiochia mit Sitz in Damaskus (1977: 145.000 Gläubige).

führt bereits 484-519 zu einem 35jährigen Schisma zwischen Rom und dem Morgenland.

Zu dieser Zeit (um 500) verfaßt ein anonymer Schreiber, vermutlich ein syrischer Mönch, vier neuplatonisch-mystische Schriften, die er dem Paulusschüler "**Dionysius Areopagita**" (Apg 17,34) unterschiebt und die deswegen - ins Lateinische übersetzt - seit dem 9. Jh. im Westen eine starke Wirkung entfalten[431].

---

[431] Spätplatonische Philosophie (Proklus, gest.485) verbindet sich mit orientalischem Christentum. Die Schriften "Über die himmlische Hierarchie" und "Über die kirchliche Hierarchie" sind übersetzt in BKV, Dionysius Areopagitus (1911).

17. Dogmatische Wirren bis zu den Araberstürmen

Das Konzil von Konstantinopel 553

Das 5. ökumenische Konzil von Konstantinopel 553 unter Justinian anerkennt das Chalcedonense in cyrillischer Auslegung und verurteilt die Häupter der antiochenischen Theologie (Verwerfung der Drei Kapitel und von origenistischen Sätzen)[432]. Der Kaiser steht in einer heiklen politischen Zwickmühle. Das Chalcedonense kann er nicht abschaffen, aber den Monophysiten sollte er entgegenkommen. Faktisch bedeutet das Ergebnis des Konzils die definitive Vertreibung der Nestorianer aus dem Römischen Reich.

Andererseits vermag auch der kleine Einlenker die Bildung monophysitischer Nationalkirchen in Ägypten und Syrien nur etwas zu verzögern. Im 7. Jahrhundert begrüßen beide die ins Reich einfallenden Perser und Araber als Befreier. Trotzdem versuchen die byzantinischen Kaiser und Patriarchen unermüdlich, den Graben zwischen der Ein- und Zweinaturenlehre durch allerlei Formeln zu überbrücken, zum Beispiel so: Wenn Christus schon nicht zwei Naturen haben darf, dann hat er wenigstens nur einen einzigen (gottmenschlichen) Wil-

---

[432] Verurteilt werden die sog. **Drei Kapitel, Werke** dreier antiochenischer Theologen, nämlich: 1. **Theodor von Mopsuestia**, Exeget und Vater des Nestorianismus (Person und Schriften) 2. Bischof **Ibas von Edessa** (ein Brief) 3. **Theodoret von Kyros** (Schriften gegen Kyrill). Ibas und Theodoret sind schon auf der Räubersynode verurteilt, zwei Jahre später in Chalcedon aber wieder rehabilitiert worden. Diese neuerliche Verurteilung der Antiochener ist im Grunde ein Angriff auf das Konzil von Chalcedon. Papst Vigilius wird in Konstantinopel sechs Jahre gefangengehalten. Seine erzwungene Zustimmung entspricht weder dem Willen der römischen noch der nordafrikanischen Kirche. Vgl. Genaueres bei F. Winkelmann, Kirchengeschichte in Einzeldarstellungen I,6: "Die östlichen Kirchen in den Epochen der christologischen Auseinandersetzungen (5. bis 7. Jahrhundert)".

len[433]. Papst Honorius anerkennt 638 den Monotheletismus, also die Lehre, daß in Christus nur ein einziger Wille herrsche, nämlich derjenige der Logos-Persönlichkeit.

Der griechische Mönch **Maximus Confessor** (gest.662) widerspricht und plädiert mit Berufung auf Matth. 26,39 heftig für den Dyotheletismus. Beide Naturen in Christus hätten einen eigenen freien Willen gehabt, aber der menschliche Wille in Christus habe sich dem göttlichen in stetigem Gehorsam unterzogen. Die Lateransynode unter Papst Martin I. entscheidet sich für den Dyotheletismus.

Das Konzil zu Konstantinopel von 681

Das sechste ökumenische Konzil zu Konstantinopel im Jahr 681 entscheidet sich auf Antrag des Westens für den Dyotheletismus. Damit spricht ein ökumenisches Konzil ein Anathema über einen Papst und erklärt ihn als Irrlehrer. Als im 1. Vatikanischen Konzil 1870 die Unfehlbarkeit des Papstes besprochen und beschlossen wird, erweist sich der Fall des Papstes Honorius als Knacknuß.

Das genannte Konzil beendet eine lange Phase mühsamer dogmatischer Kämpfe. Als der Streit endlich beendet ist, sind die Provinzen, um deretwillen man ihn so heftig und berechnend geführt hat, in die Hände der Araber gefallen. Ägypten, Syrien und Nordafrika, Länder, in denen die Christenheit neben Rom und Kleinasien ihre Kerngebiete hatte, gelangen im 7. Jahrhundert unter die Herrschaft des Halbmonds.

[433] Monotheletischer Streit oder monergischer Streit, (ein einziges, gottmenschliches Wirken).

18. Anhang

Das Glaubensbekenntnis von Nicäa (325)[434]

Πιστεύομεν εἰς ἕνα θεὸν πατέρα παντοκράτορα, πάντων ὁρατῶν τε καὶ ἀοράτων ποιητήν. καὶ εἰς ἕνα κύριον Ἰησοῦν Χριστὸν τὸν υἱὸν τοῦ θεοῦ, γεννηθέντα ἐκ τοῦ πατρὸς μονογενῆ, — τουτέστιν ἐκ τῆς οὐσίας τοῦ πατρός — *θεὸν ἐκ θεοῦ, φῶς ἐκ φωτός, θεὸν ἀληθινὸν ἐκ θεοῦ ἀληθινοῦ* · — γεννηθέντα, οὐ ποιηθέντα, ὁμοούσιον τῷ πατρί — *δι' οὗ τὰ πάντα ἐγένετο, τά τε ἐν τῷ οὐρανῷ καὶ τὰ ἐν τῇ γῇ, τὸν δι' ἡμᾶς τοὺς ἀνθρώπους καὶ διὰ τὴν ἡμετέραν σωτηρίαν κατελθόντα καὶ σαρκωθέντα, ἐνανθρωπήσαντα, παθόντα καὶ ἀναστάντα τῇ τρίτῃ ἡμέρᾳ, ἀνελθόντα εἰς τοὺς οὐρανούς, καὶ ἐρχόμενον κρῖναι ζῶντας καὶ νεκρούς. καὶ εἰς τὸ ἅγιον πνεῦμα.* — τοὺς δὲ λέγοντας · ἦν ποτε ὅτε οὐκ ἦν, καὶ πρὶν γεννηθῆναι οὐκ ἦν, καὶ ὅτι ἐξ οὐκ ὄντων ἐγένετο, ἢ ἐξ ἑτέρας ὑποστάσεως ἢ οὐσίας φάσκοντας εἶναι ἢ κτιστὸν ἢ τρεπτὸν ἢ ἀλλοιωτὸν τὸν υἱὸν τοῦ θεοῦ · τούτους ἀναθεματίζει ἡ καθολικὴ ἐκκλησία. —

Wir glauben an *einen* Gott, den allmächtigen Vater, den Schöpfer alles Sichtbaren und Unsichtbaren;

Und an *einen* Herrn Jesus Christus, den Sohn Gottes, der als Einziggeborener aus dem Vater gezeugt ist, d.h. aus dem Wesen des Vaters, Gott aus Gott, Licht aus Licht, wirklicher Gott aus wirklichem Gott, gezeugt, nicht geschaffen, wesenseins mit dem Vater, durch den alles geworden ist, was im Himmel und was auf Erden ist,

der wegen uns Menschen und wegen unseres Heils herabgestiegen und Fleisch geworden ist, Mensch geworden ist, gelitten hat und am dritten Tage auferstanden ist, aufgestiegen ist zum Himmel, kommen wird, um Lebende und Tote zu richten;

und an den Heiligen Geist.

Diejenigen aber, die da sagen: "es gab eine Zeit, da er nicht war" und: "er war nicht, bevor er gezeugt wurde", und er sei aus dem Nichtseienden geworden, oder die sagen, der

---

434 Als Grundlage diente ein Taufbekenntnis aus Palästina. Die Zusätze des Konzils sind im griechischen Text mit senkrechten Buchstaben gedruckt. Mansi II,669ff; H. Steubing, Bekenntnisse der Kirche (2.A.1997).

Sohn Gottes stamme aus einer anderen Hypostase oder Wesenheit, oder er sei geschaffen oder wandelbar oder veränderbar, die verdammt die allgemeine Kirche.

Das Nicäno-Konstaninopolitanum (381)

Πιστεύομεν εἰς ἕνα θεὸν πατέρα παντοκράτορα, ποιητὴν οὐρανοῦ καὶ γῆς, ὁρατῶν τε πάντων καὶ ἀοράτων. καὶ εἰς ἕνα κύριον Ἰησοῦν Χριστόν, τὸν υἱὸν τοῦ θεοῦ τὸν μονογενῆ, τὸν ἐκ τοῦ πατρὸς γεννηθέντα πρὸ πάντων τῶν αἰώνων, φῶς ἐκ φωτός, θεὸν ἀληθινὸν ἐκ θεοῦ ἀληθινοῦ, γεννηθέντα οὐ ποιηθέντα, ὁμοούσιον τῷ πατρί, δι' οὗ τὰ πάντα ἐγένετο· τὸν δι' ἡμᾶς τοὺς ἀνθρώπους καὶ διὰ τὴν ἡμετέραν σωτηρίαν κατελθόντα ἐκ τῶν οὐρανῶν καὶ σαρκωθέντα ἐκ πνεύματος ἁγίου καὶ Μαρίας τῆς παρθένου, καὶ ἐνανθρωπήσαντα, σταυρωθέντα τε ὑπὲρ ἡμῶν ἐπὶ Ποντίου Πιλάτου καὶ παθόντα καὶ ταφέντα καὶ ἀναστάντα τῇ τρίτῃ ἡμέρᾳ κατὰ τὰς γραφάς, καὶ ἀνελθόντα εἰς τοὺς οὐρανούς, καὶ καθεζόμενον ἐκ δεξιῶν τοῦ πατρός, καὶ πάλιν ἐρχόμενον μετὰ δόξης κρῖναι ζῶντας καὶ νεκρούς· οὗ τῆς βασιλείας οὐκ ἔσται τέλος. καὶ εἰς τὸ πνεῦμα τὸ ἅγιον, τὸ κύριον, τὸ ζωοποιόν, τὸ ἐκ τοῦ πατρὸς ἐκπορευόμενον, τὸ σὺν πατρὶ καὶ υἱῷ συμπροσκυνούμενον καὶ συνδοξαζόμενον, τὸ λαλῆσαν διὰ τῶν προφητῶν. εἰς μίαν, ἁγίαν, καθολικὴν καὶ ἀποστολικὴν ἐκκλησίαν. ὁμολογοῦμεν ἓν βάπτισμα εἰς ἄφεσιν ἁμαρτιῶν, προσδοκῶμεν ἀνάστασιν νεκρῶν καὶ ζωὴν τοῦ μέλλοντος αἰῶνος. ἀμήν.

Wir glauben an *einen* Gott, den allmächtigen Vater, den Schöpfer des Himmels und der Erde und alles Sichtbaren und Unsichtbaren;

und an *einen* Herrn Jesus Christus, den Sohn Gottes, den Einziggeborenen, der aus dem Vater vor allen Äonen gezeugt wurde, Licht aus Licht, wirklicher Gott aus wirklichem Gott, gezeugt, nicht geschaffen, wesensgleich mit dem Vater, durch den alles geworden ist,

der wegen uns Menschen und wegen unseres Heils vom Himmel herabgestiegen und aus dem Heiligen Geist und der Jungfrau Maria Fleisch geworden ist und Mensch geworden und für uns gekreuzigt worden ist unter Pontius Pilatus und gelitten hat und begraben worden ist und am dritten Tage auferstanden ist nach den Schriften und aufgestiegen ist zum Himmel und sitzt zur Rechten des Vaters und wieder kommen wird in Herrlichkeit, um Lebendige und Tote zu richten, dessen Herrschaft kein Ende haben wird;

und an den Heiligen Geist, den Herrn und Lebensspender, der vom Vater ausgeht, der mit dem Vater und dem Sohn zusammen angebetet und gepriesen wird, der durch die Propheten gesprochen hat;

an *eine* heilige, allgemeine und apostolische Kirche. Wir bekennen *eine* Taufe zur Vergebung der Sünden. Wir erwarten die Auferstehung der Toten und das Leben des kommenden Äons. Amen.

Das Christus-Bekenntnis von Chalcedon (451)

Ἑπόμενοι τοίνυν τοῖς ἁγίοις πατράσιν ἕνα καὶ τὸν αὐτὸν ὁμολογεῖν υἱὸν τὸν κύριον ἡμῶν Ἰησοῦν Χριστὸν συμφώνως ἅπαντες ἐκδιδάσκομεν, τέλειον τὸν αὐτὸν ἐν θεότητι καὶ τέλειον τὸν αὐτὸν ἐν ἀνθρωπότητι, θεὸν ἀληθῶς καὶ ἄνθρωπον ἀληθῶς τὸν αὐτόν, ἐκ ψυχῆς λογικῆς καὶ σώματος, ὁμοούσιον τῷ πατρὶ κατὰ τὴν θεότητα καὶ ὁμοούσιον τὸν αὐτὸν ἡμῖν κατὰ τὴν ἀνθρωπότητα, κατὰ πάντα ὅμοιον ἡμῖν χωρὶς ἁμαρτίας· πρὸ αἰώνων μὲν ἐκ τοῦ πατρὸς γεννηθέντα κατὰ τὴν θεότητα, ἐπ᾽ ἐσχάτων δὲ τῶν ἡμερῶν τὸν αὐτὸν δι᾽ ἡμᾶς καὶ διὰ τὴν ἡμετέραν σωτηρίαν ἐκ Μαρίας τῆς παρθένου τῆς θεοτόκου κατὰ τὴν ἀνθρωπότητα, ἕνα καὶ τὸν αὐτὸν Χριστόν, υἱόν, κύριον, μονογενῆ, ἐν δύο φύσεσιν ἀσυγχύτως, ἀτρέπτως, ἀδιαιρέτως, ἀχωρίστως γνωριζόμενον· οὐδαμοῦ τῆς τῶν φύσεων διαφορᾶς ἀνῃρημένης διὰ τὴν ἕνωσιν, σωζομένης δὲ μᾶλλον τῆς ἰδιότητος ἑκατέρας φύσεως καὶ εἰς ἓν πρόσωπον καὶ μίαν ὑπόστασιν συντρεχούσης, οὐκ εἰς δύο πρόσωπα μεριζόμενον ἢ διαιρούμενον, ἀλλ᾽ ἕνα καὶ τὸν αὐτὸν υἱὸν καὶ μονογενῆ, θεὸν λόγον, κύριον Ἰησοῦν Χριστόν· καθάπερ ἄνωθεν οἱ προφῆται περὶ αὐτοῦ καὶ αὐτὸς ἡμᾶς ὁ κύριος Ἰησοῦς Χριστὸς ἐξεπαίδευσε καὶ τὸ τῶν πατέρων ἡμῖν παραδέδωκε σύμβολον.

Wir folgen also den heiligen Vätern und lehren alle einmütig, einen und denselben Sohn zu bekennen, unseren Herrn Jesus Christus. Derselbe ist vollkommen in der Gottheit und derselbe vollkommen in der Menschheit, derselbe wirklich Gott und wirklich Mensch aus einer vernünftigen Seele und einem Körper. Er ist dem Vater wesensgleich nach der Gottheit und derselbe uns wesensgleich nach der Menschheit, in jeder Hinsicht uns ähnlich, ausgenommen die Sünde. Vor aller Zeit wurde er aus dem Vater der Gottheit nach gezeugt, in den letzten Tagen aber wurde derselbe um unsert- und unseres Heiles willen aus der Jungfrau und Gottesgebärerin Maria der Menschheit nach geboren.

(Wir bekennen) einen und denselben Christus, den Sohn, den Herrn, den Einziggeborenen, der in zwei Naturen, unvermischt, ungewandelt, ungetrennt, ungesondert geoffenbart ist. Keineswegs wird der Unterschied der Naturen durch die Einigung aufgehoben, vielmehr wird die Eigenart jeder Natur (gerade) bewahrt, und beide vereinigen sich zu einer Person und einer Hypostase. (Wir bekennen) nicht einen in zwei Personen gespaltenen oder getrennten, sondern einen und denselben einziggeborenen Sohn, den göttlichen Logos, den Herrn Jesus

Christus, wie vorzeiten die Propheten über ihn und (dann) Jesus Christus selbst uns unterwiesen haben und wie es das Glaubensbekenntnis der Väter uns überliefert hat.

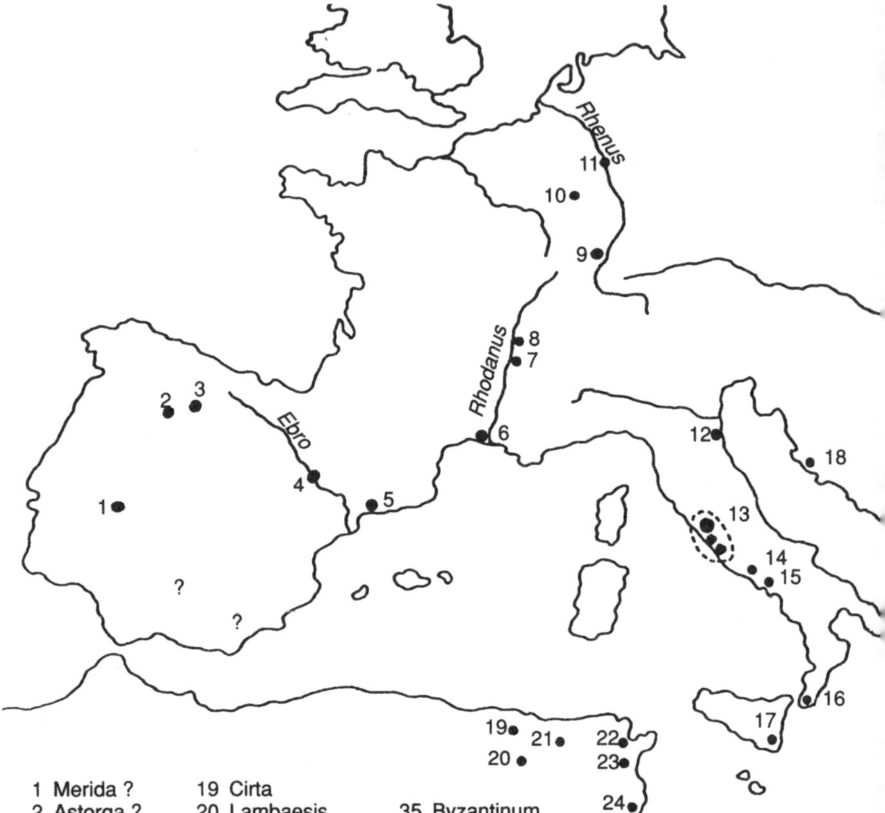

1 Merida ?
2 Astorga ?
3 Leon ?
4 Saragossa ?
5 Tarragona ?
6 Arles
7 Vienne
8 Lyon
9 Straßburg ?
10 Trier
11 Köln
12 Ravenna ?
13 Rom
Ostia, Antium
14 Puteoli
15 Neapel
16 Regium
17 Syrakus
18 Salonae

19 Cirta
20 Lambaesis
21 Madaura
22 Karthago
23 Uthina
24 Thysdrus
25 Knossus
Gortyna
26 Lacedaemon
27 Korinth
28 Athen
29 Nikopolis
30 Thessalonich
Edessa, Beroea,
Larissa
31 Neapolis
32 Philippi
33 Debeltum
34 Anchialus

35 Byzantinum
36 Troas
37 Parium
38 Nicomedia
39 Amastris
40 Ionopolis
41 Sinope
42 Amisus
43 Pergamon
44 Pepuza
Zentrum des
Montanismus
45 Ephesus
Thyatria, Sardes,
Philadelphia
Smyrna
Magnesia
Tralles, Milet

46 Laodicea
Hierapolis
Kolossae
47 Myra
48 Antiochia
49 Perge
50 Derbe
51 Lystra
52 Ikonium
53 Caesarea
54 Tyana
55 Tarsus

56 Paphos
57 Salamis
58 Cyrene
59 Alexand
60 Tripolis
Tyrus
Sidon
Caesar

Christliche Gemeinden um das Jahr 200

Für Spanien und Germanien bezeugen Irenäus und Tertullian Gemeinden. Konkrete Namen begegnen erst ab 250/300

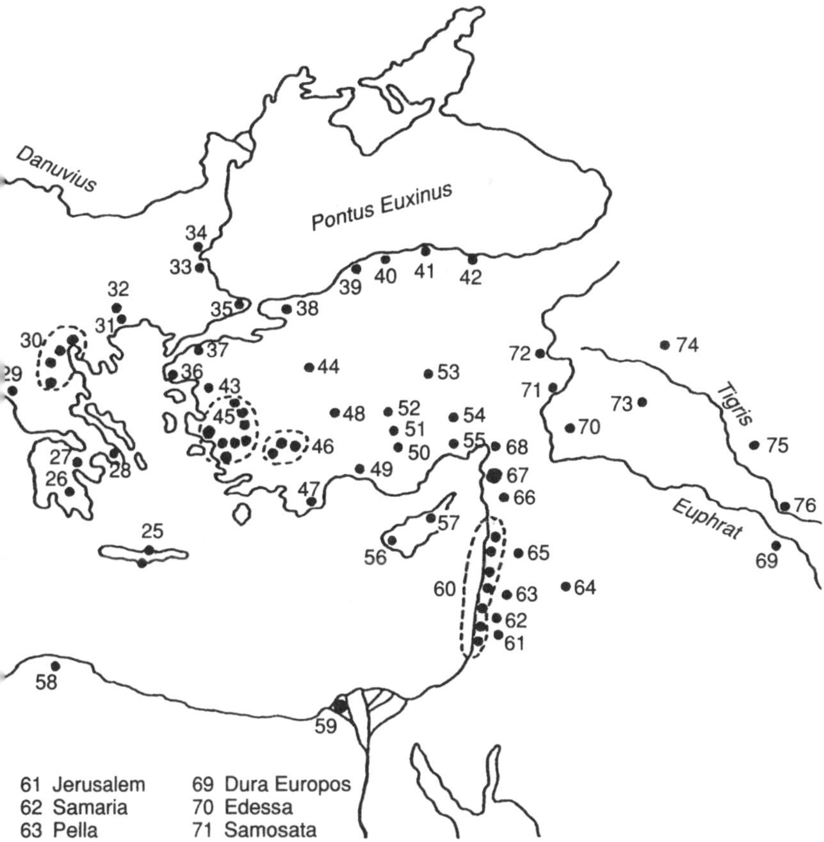

61 Jerusalem
62 Samaria
63 Pella
64 Bostra
65 Damaskus
66 Apamea
67 Antiochia
68 Alexandria

69 Dura Europos
70 Edessa
71 Samosata
72 Melitene
73 Nisibis
74 Arzon
75 Arbela ?
76 Ktesiphon

Vgl. die Karten von A. Harnack, Mission und Ausbreitung des Christentums (1924) sowie K. W. Tröger, Das Christentum im zweiten Jahrhundert (1988)

	Hebr.	Aquila	Symmachus	LXX	Theodotion	Varr.
לַמְנַצֵּחַ	λαμανασσηα	τῷ νικοποιῷ	ἐπινίκιος	εἰς τὸ τέλος	τῷ νικοποιῷ	εἰς τὸ τέλος
לִבְנֵי קֹרַח	βνη κορα	τῶν υἱῶν κορέ	τῶν υἱῶν κορὲ	ὑπὲρ τῶν υἱῶν κορέ τοῖς υἱοῖς	τοῖς υἱοῖς κορέ	
עַל־עֲלָמוֹת	αλ· αλαμωθ	ἐπὶ νεανιοτήτων	ὑπὲρ τῶν αἰωνίων	ὑπὲρ τῶν κρυφίων	ὑπὲρ τῶν κρυφίων	
שִׁיר׃	σιρ	ᾆσμα	ᾠδή·	ψαλμός	ᾠδή	ψαλμός
אֱלֹהִים לָנוּ	ἐλωειμ λανου	<ὁ θεὸς ἡμῖν>	ὁ θεὸς ἡμῖν	ὁ θεὸς ἡμῶν	ὁ θεὸς ἡμῶν	
מַחֲסֶה וָעֹז	μαασε· ουοζ	ἐλπὶς καὶ κράτος	πεποίθησις καὶ ἰσχύς	καταφυγὴ καὶ δύναμις	καταφυγὴ καὶ δύναμις	
עֶזְרָה	εζρ	βοήθεια	βοήθεια	βοηθὸς	βοηθὸς	
בְצָרוֹת	βσαρωθ	ἐν θλίψεσιν	ἐν θλίψεσιν	ἐν θλίψεσι	ἐν θλίψεσιν	
נִמְצָא מְאֹד׃	νεμσα· μωδ	εὑρεθεὶς σφόδρα	εὑρισκόμενος σφόδρα	ταῖς εὑρούσαις ἡμᾶς σφόδρα εὑρεθήσεται ἡμῖν	εὑρέθη σφόδρα ταῖς εὑρούσαις ἡμᾶς	
עַל־כֵּן	αλ· χεν	ἐπὶ τούτῳ	διὰ τοῦτο	διὰ τοῦτο	διὰ τοῦτο	
לֹא נִירָא	λω· νιρα	οὐ φοβηθησόμεθα	οὐ φοβηθησόμεθα	οὐ φοβηθησόμεθα	οὐ φοβηθησόμεθα	
בְּהָמִיר	βααμιρ	ἐν τῷ ἀνταλλάσσεσθαι	ἐν τῷ συγχεῖσθαι	ἐν τῷ ταράσσεσθαι	ἐν τῷ ταράσσεσθαι	
אָרֶץ	[α]αρσ	γῆν	γῆν	τὴν γῆν	τὴν γῆν	
וּבְמוֹט	ου βαμωτ	και ἐν τῷ σφάλλεσθαι	καὶ κλίνασθαι	καὶ μετατίθεσθαι	καὶ σαλεύεσθαι μετατίθεσθαι	
הָרִים	αριμ	ὄρη	ὄρη	ὄρη	ὄρη	
בְּלֵב	βλεβ	ἐν καρδίᾳ	ἐν καρδίᾳ	ἐν καρδίᾳ	ἐν καρδίᾳ	
יַמִּים׃	ιαμιμ	θαλασσῶν	θαλασσῶν	θαλασσῶν	θαλασσῶν	

19. Register